羊城学术文库·文史哲系列

晚唐文人仕进心态研究

A Study on the Official Advancement Mentality of Scholars in the Late Tang Dynasty

徐乐军 著

社会科学文献出版社
SOCIAL SCIENCES ACADEMIC PRESS (CHINA)

羊城学术文库学术委员会

主　　　任　顾涧清
委　　　员　马卫平　王永平　王志雄　朱名宏
　　　　　　　　李兰芬　杨长明　杨清蒲　郑伯范
　　　　　　　　郭　凡　徐上国　徐俊忠　马　曙
　　　　　　　　谢博能　雷忠良　谭曼青
编辑部主任　陈伟民　金迎九

羊城学术文库
总　序

　　学术文化作为文化的一个门类，是其他文化的核心、灵魂和根基。纵观国际上的知名城市，大多离不开发达的学术文化的支撑——高等院校众多、科研机构林立、学术成果丰厚、学术人才济济，有的还产生了特有的学术派别，对所在城市乃至世界的发展都产生了重要的影响。学术文化的主要价值在于其社会价值、人文价值和精神价值，学术文化对于推动社会进步、提高人的素质、提升社会文明水平具有重要的意义和影响。但是，学术文化难以产生直接的经济效益，因此，发展学术文化主要靠政府的资助和社会的支持。

　　广州作为岭南文化的中心地，以其得天独厚的地理环境和人文环境，其文化博采众家之长，汲中原之精粹，纳四海之新风，内涵丰富，特色鲜明，独树一帜，在中华文化之林中占有重要的地位。改革开放以来，广州成为我国改革开放的试验区和前沿地，岭南文化也以一种崭新的姿态出现在世人面前，新思想、新观念、新理论层出不穷。我国改革开放的许多理论和经验就出自岭南，特别是广州。

　　在广州建设国家中心城市、培育世界文化名城的新的历史进程中，在"文化论输赢"的城市未来发展竞争中，需要学术文化发挥应有的重要作用。为推动广州的文化特别是学术文化的繁荣发展，广州市社会科学界联合会组织出版了《羊城学术文库》。

晚唐文人仕进心态研究

　　《羊城学术文库》是资助广州地区社会科学工作者的理论性学术著作出版的一个系列出版项目，每年都将通过作者申报和专家评审程序出版若干部优秀学术著作。《羊城学术文库》的著作涵盖整个人文社会科学，将按内容分为经济与管理类，文史哲类，政治、法律、社会、教育及其他等三个系列，要求进入文库的学术著作具有较高的学术品位，以期通过我们持之以恒的组织出版，将《羊城学术文库》打造成既在学界有一定影响力的学术品牌，推动广州地区学术文化的繁荣发展，也能为广州增强文化软实力、培育世界文化名城发挥社会科学界的积极作用。

广州市社会科学界联合会
2013 年 5 月

序

封建社会文人仕进问题，历朝历代都是社会的焦点。它关系文人们的前途和命运，也关系文人自身家庭乃至整个家族的兴衰。由于仕进问题的重要性，文人仕进心态研究本应是古代文学研究者颇多关注的话题，恰恰相反的是，这方面研究一直较少。现在，乐军这本书稿以研究文人仕进心态为主，并选取了晚唐这一独特时段作为研究范围，学术价值和创新之处还是值得称道的。概要地说，主要有以下几点。

一是首次对晚唐文人仕进心态进行系统和专门研究。勿庸讳言，古代文学研究中，对文人心态的研究近些年出了一些成果，但在文化背景下将文人心态进一步细析并将仕进心态进行专论者寥寥，这正是本书独特的选题价值和意义。唐代文学一直是古代文学研究的重镇，相关成果汗牛充栋，本书能够另辟蹊径，选取人们关注而研究相对薄弱的文人仕进心态作为写作的切入点，并将晚唐这一具体时段作为研究范围，总体上做到了宏观与微观的有机结合。全文点面结合，立论扎实，有较高的学术价值。

二是大处着眼，小处着手，研究的视野开阔，具体写作则是精耕细作。全书从历史文化地理的角度，比较了不同地域的文人仕进心态。其中路途远近、政治氛围、经济和文化发展状况不同，均会产生不同的仕进心态。并在此基础上，考察了域外如日本、大食、渤海、新罗等国文人在晚唐的仕进情由，得出了较为中肯的结论。从不同阶层角度，分析了士族、小姓、寒素阶层由于社会地位、经济状况、家族背景、人际关系之不同而产生的多种多样的仕进心态。从仕进的过程角度，分别研究了求贡、科场、为官三个时期的文人仕进不同心态；从政治历史背景角度，将晚唐三大政治变故作为文人仕进心态变化的发酵场，深刻论述了文人多种复杂的仕进情由。

  三是对传统文学研究方法的良好继承和拓展。古代文学研究，应落脚在文学二字上，特别应重视文本本身的解读。仕进心态是文人心态，说到底是通过文人的作品展示出来的一种已经固化的历史文化现象。本书将对文本的精细解读作为分析心态的主干材料，得出的结论自然是最直接、最可靠的；但唐代文学之文本研究已相当成熟，如果囿于文本本身研究，无疑会作茧自缚；而将文本史料并重，作家、作品、时代三者融通研究，才应是文史学者最佳的治学途径。本书在撰写过程中多结合相关史料立论，较好地体现了这一治学经验，往往于细微处见出作者非常之功。如对唐政府有关新罗文士在华参加科考方面的优惠政策进行分析时，得出唐廷之所以不将域外文士录取标准等同于国内文士，是因为出自睦邻友好的外交策略考量，是从技术层面降低了标准，但从政治层面上赢得了域外文士之心，显出一定的政治智慧。对论者关注颇少的小姓文人，本书在其仕进问题上也作了一番探究，得出当时社会上小姓阶层确实存在的现实且文人有着不同于士族和寒素的仕进心态。对令狐滈仕进问题的探究，结合了晚唐权要子弟别头试的相关史料，得出晚唐科举在一定范围内相对公平的结论。对秦韬玉《贫女》诗及相关史料的分析，大胆提出秦韬玉可能的家族背景及其仕进优势和劣势，为解读这首著名的唐诗增添了新的思路，富有深义。在此前的晚唐文学研究中，学者们多围绕小李杜和温庭筠展开，唐末诸多著名文人如皮日休、罗隐、杜荀鹤、顾云、方干、赵嘏、薛逢、许浑、郑谷、司空图、陆龟蒙、吴融、韩偓、韦庄、黄滔等人在唐亡

序

前后的活动事迹、诗文创作并由此体现出来的仕进心态则研究较少，本文钩沉史料，列出附表，对这批文人的仕进心态作了较为深入的研究和概括，特别是对唐亡后一批遗民文人的仕进心态的研究，丰富了全书的主旨，也为文章作了很好的收束。

四是多学科研究方法的综合运用。多学科的交叉研究一直是古代文学研究中行之有效的方法。采用心理分析、比较、统计、列表、列举等方法，可使论证过程富有哲理，见于逻辑，结论真实可靠。从心理分析的角度来讲，全书采取了"以心会心"、"将心比心"的研究方法，对文人的特定心态给予足够的理解和尊重，特别是文人在动乱中面对杀身破家之祸而不得不委曲求全的做法，并不一味地粗暴指责。再如将罗隐、顾云比较，以说明文人求仕时容貌因素所产生的影响；将唐亡后散处于五代十国各地方政权的文人加以统计并列表，以说明大量文人的仕进出路及心态；将举子展才学、求怜悯、依强藩、攀权阉、哗众宠等干谒心态一一列举，以说明晚唐文人干谒之盛及心态之复杂。

五是独特的双"十"字推进式的研究思路贯穿全书。全书研究思路明确，第一、二章分别从横向之地域因素和纵向之阶层因素进行交叉式研究，论证文人求仕心态产生的客观背景，形成第一个"十"字结构；第三、四、五章基于文人仕进过程的前进式研究，揭示文人求仕及为官后复杂的心路历程；第六章则是将晚唐三大政治变故作为三大原点进行历时性与共时性的交叉式研究，形成第二个"十"字结构。这样，精致的结构再辅以平实、生动的语言和翔实具体的材料，使得全书具有鲜明的逻辑性和可读性。

我们说，心态决定行为，文人心态是解读文学作品的一把钥匙。如果我们的研究仅停留在作品本身所传递出来的信息之上，得出的结论只会雷同且缺乏张力。本书能够结合文人心态的具时研究，对作品的创作环境作出恰当的分析，作品本身的活力和趣味便跃然纸上，这更符合我们阅读作品的目的和规律，对其他同类型研究同样具有一定的借鉴意义。

现代社会虽已远离晚唐，但反映出来的诸多问题却与其有很多相似之处。本书研究对象虽限于晚唐文人仕进心态，但对现代公职人员的管理工作具有现实阅读、借鉴、参考和警醒价值。现代社会复杂的矛盾和利益冲突，有相当大的一部分原因来自公职人员特别是公务员队伍的管理问题。在写作过程中，作者对那些孜孜以求、不放弃儒家治国平天下理想并通过正当途径谋求仕进的文人，给予了必要的理解和尊重；对于那些靠家族背景或其他特殊社会关系破坏既定规则而巧取仕宦者，理所当然地加以鄙弃和谴责。晚唐时代虽离我们渐行渐远，但其反映出来的政治、经济、文化等方面因素综合影响下的文人仕进制度和心态，却又是那么鲜活地通过文史材料展现在我们眼前。其间成功的经验和失败的教训，值得我们现代人给予足够的关注和警醒，这也正是全书应有的现代阅读价值之所在。

乐军2007年9月入学开始随我攻读唐宋文学博士学位，作为导师，我一直关注和指导着他的学习方向和进度，并不时布置一些课业让其完成。他很努力，作为年届不惑而又在职学习者，还承担着原单位大量的教学工作，辛苦自然是难免的，但他不负所望，按时交出了博士论文的初稿，经过我们的商量修改后，仅推迟半年便顺利参加答辩并获得学位，这些应该都是其自我奋进的回报吧。

当然，论文的出版并不是这一学术论题研究的结束，相反，这本书虽经过几次修改，仍然有研究薄弱之处，如历史与文学的结合研究有些地方显得顾此失彼，作品分析有时停留在现在材料的表面，对唐代墓志材料的使用还不是很多等问题，都希望作者在将来的学术研究中得到加强。

戴伟华
二〇一三年八月二十五日于广州

内容提要

晚唐文人仕进心态是与其文学创作和所处时代背景紧密相关的。一方面，仕进心态是文人创作最为主要的原动力，文人为求仕而进行的各种干谒行为就是以文学创作成就作为最重要的媒介，作品中表达了文人渴求仕进的各种诉求；另一方面，仕进过程中的各种心态体验外化为文学创作，并可能诱发其他各种心态的产生，这样又丰富了文学创作的内容。同时，时代的政治、经济、文化方面的现实深深影响了文人仕进心态的各个方面。

全书共分六章。第一章论述地域因素对文人仕进心态的影响。地域因素包括自然和社会两个方面。自然因素中，因路途遥远而生成的仕进心态更为伤感；社会因素中，良好的地域政治氛围有可能促进文人仕途进取之心，反之，则会妨碍文人的求进之心。第二章论述阶层因素在文人仕进过程中的影响。晚唐文人分为士族、小姓和寒素阶层。士族文人独重进士，轻视其他入仕之途，没落士族文人则有狂傲与哀怜心态，小姓文人求仕心态平和，寒素文人希望通过读书入仕，改变自身命运并借以改变家庭门户。第三章论述文人求第心态。这一心态可从求贡和为了求第而进行的干谒两方面进行考察。文人于监寺试求贡心态已较难考知，求贡地方州府则是多方努力，积极争取入围。文人对于干谒行为本身充满矛盾，干谒时则希望通过各种手法获得权要赏识。第四章论述科场成败之际文人的仕进心态。成功之时，文人一般欣喜若狂，踌躇满志，但往往释褐不易，复添新愁。失败时则哀伤不已，期待公道并希望再战文场。部分失意文人的怨恨心态相当强烈，容易引发政治恶性事件或直接导致反叛行为的发生。第五章论述文官阶层的仕进心态。锐意仕途者勇于任事，尽职尽责，或通过攀附权阉，以图升迁。仕宦难达者多寄心官俸，遭遇贬谪弃官者则心态不一。第六章论述晚唐三大政治变故之际文人仕进心态。牛李党争之际，由于牛李两党在文人仕进问题上态度不一，造成文人的人生价值多重选择。唐末战乱中，人民起义期间文人多不屑入伍起义军中谋求仕进。藩镇叛乱期间，文人们心态复杂，不一而足。唐亡后未仕者多出于避乱、避祸、耻事强藩心态，出仕者或出于仕进梦想，或事出无奈，或巧于仕宦，善识时务。馀论探讨在"唐宋变革"这一背景之下，本论题研究成果的价值及意义。

目录
CONTENTS

绪 论 ……………………………………………………… 001

第一章　地域因素与晚唐文人求仕心态 ……………… 016
第一节　路途远近与文人求仕心态 ……………… 018
第二节　地域社会因素与文人求仕心态 ………… 022
第三节　域外入唐文人求仕心态 ………………… 031

第二章　阶层因素与晚唐文人求仕心态 ……………… 043
第一节　士族文人求仕心态 ……………………… 044
第二节　小姓文人求仕心态 ……………………… 072
第三节　寒素文人求仕心态 ……………………… 076

第三章　晚唐文人求第心态 …………………………… 088
第一节　文人求贡心态 …………………………… 089
第二节　举子干谒心态 …………………………… 103
第三节　举子干谒作品之文体选择与其求第心态 ………… 132

第四章　晚唐文人科场成败之际心态 …… 143
第一节　科场成名者心态 …… 144
第二节　科场失意者心态 …… 150
第三节　科场失意文人之怨恨心态与人生选择 …… 161

第五章　晚唐文官仕进心态 …… 179
第一节　锐意仕途，以图升迁 …… 180
第二节　仕宦难达，稻粱为谋 …… 189
第三节　仕途风雨，贬谪弃官 …… 198

第六章　晚唐三大政治变故之际文人仕进心态 …… 213
第一节　牛李党争期间文人仕进心态 …… 214
第二节　唐末战乱期间文人仕进心态 …… 235
第三节　唐亡后文人仕进心态 …… 252

馀　论 …… 266

附　录 …… 269

参考文献 …… 274

后　记 …… 285

绪　论

一　问题的提出与相关研究现状

（一）问题的提出

文人仕进问题，实质上是文职官员的选拔、录用、考核、升降等一系列问题的综合。由于官员对社会资源支配权力的实际存在，文人仕进问题就不仅仅是关系文人自身一家一族的兴衰荣辱，而且还是关系社会大多数人的生存状态乃至命运走向的大事，自然引起全社会的高度关注。仕进心态是文人在仕进之途产生的各种心态的统称，也是在全社会高度关注下的必然产物。仕进心态在文人心态中占主导地位，对处于求仕时期的文人来说，仕进问题是"才下眉头，却上心头"之事；对于已仕的文人来说，官职的升降直接带来个人和家庭生活的变化，当然会引起他们各种心态的产生。因此可以说，仕进心态是文人各种心态产生的主要动因，也是我们研究文人生活、文学现象时经常面对却又熟视无睹的一个问题。

由于受儒家积极入世思想的影响，在古代文学研究中，学者们习惯将文人的仕进心态当作理所当然的前提，并运用到各种研究中去，却对文人仕进心态本身及其由于个体不同所呈现出来的多样性特征缺乏应有的关注。尽管有一些论文对文人干谒活动及心态作了研究，却没有专著对文人仕进心态作专项研究，连单篇论文也极其罕见；且干谒只是文人一时一地的活动，而仕进问题却是文人生活的主要内容。他们为求仕、升官等仕进问题做出的努力可能贯穿其人生大部分历程，同时他们还因仕进问题而创作了大量的文学作品，这些作品就成了研究文人心态的绝佳文本。基于此，本文拟结合相关的文史资料展开论述，以求对这一问题进行较为深入的研究，并能够有所创新。

《论语·卫灵公》言："君子谋道不谋食。耕也，馁在其中矣；学也，禄在其中矣。"一语道出了古代文人读书求仕的根本动因。唐代是我国历史上文人较为活跃的时期。开放的风气，强盛的国势，为文人仗剑出游、谋取功名提供了必要的精神和物质基础。初盛唐时，文人意气风发，以"初唐四杰"和李杜为代表的文人怀着经邦济世的壮志，高谈王霸，平交王侯，以相当自信的心态渴望进入仕途实现个人建功立业的理想。安史之乱后，国家的残破使中唐文人对仕进的追求多了一份经世致用的情怀，柳宗元、刘禹锡等"永贞革新"文人不仅站在个人仕进的风口浪尖，也站在时代变革的前沿，虽功败垂成，但他们强烈的仕进渴求是值得肯定的。到了文宗大和九年，"甘露之变"毁灭了许多有志于建功立业文人的梦想，全身保命成了文人士大夫的头等大事，其时著名文人如白居易、杜牧等虽心有不满，却在诗文中表达隐晦，不敢公然指斥。[①] 唐代历史也由此进入晚唐时代。晚唐文宗开成、武宗会昌、宣宗大中时期，尽管有牛李党争的影响，但国势仍基本稳定，特别是大中朝收复百年沦陷的河湟故地，社会经济持续发展，出现了晚唐时期最为繁荣的现象，这是晚唐前期；懿宗咸通以后，唐王朝在人民起义、边患、南北司之争、朋

---

① 胡可先：《唐代重大历史事件与文学研究》，浙江大学出版社，2007年，第513～527页。该书第五章"甘露之变：中晚唐政治与文学的交汇点"，其中论及白居易等文人全身远祸心态，颇为详细，对本文撰写较有启迪。

绪 论

党、藩镇的多重因素破坏之下迅速衰亡,这是晚唐后期,亦为很多研究者称为唐末时期。[1]

晚唐文人的仕进心态与此前不同的是其更为世俗化,更多地与谋生紧密联系在一起,当官成了晚唐文人最值得追求的目标。对于晚唐文人仕进心态世俗化倾向,胡震亨以杜牧为界点,道:"杜牧之门第既高,神颖复隽,感慨时事,条画率中机宜,居然具宰相作略。顾回翔外郡,晚乃升署紫微。堤筑非遥,甑裂先兆,亦由平昔诗酒情深,局量微嫌疏躁,有相才,乏相器故尔。自牧之后,诗人擅经国誉望者概少,唐人材益寥落不振矣"。[2] 所谓"寥落不振",正是缺乏理想和事功精神的表现,对个人生存状态的关注成了文人生活和创作的主要内容,这也是文人仕进心态世俗化最主要的特征。对他们来说,仕进问题更多的是形而下的,是与生活的环境和质量密不可分的。尽管他们也会有精神层面的追求,但那毕竟是高层次的,是在满足低层次需求后的事情。由于晚唐后期社会经济遭到了严重的破坏,对仕进高层次的追求之于绝大多数文人来说已变得遥不可及,入仕为官获取俸禄成了最现实的需要。为了入仕,文人从小就在科举的"指挥棒"下苦读诗书,锻炼文学创作本领;青年时期,感觉学有所成后便会走出家门,到处以文学干谒权要,以求荐引。通过这些努力后,文人便会按照制度的安排进入考场,胜利者即可进入仕途,失败者或另择他途,或重复此前的种种努力。入仕后,官卑俸薄的现实会促使他们向更高的官位努力,成功者可能高居庙堂或位居方面,失意者只能沉沦下僚甚或寄人篱下。在以上种种经历中,文人多会将其仕进心态通过文学创作的形式表达出来,这就为后人的研究提供了丰富的材料。结合这些材料,

---

[1] 李定广总结了苏雪林、郑宾于、许总、吕武志等人对唐末分期的提出或对"唐末"概念的引用及众人对当时文学的看法,基本涵盖了学者有关唐末分期和文学的观点,值得参看。李定广:《唐末五代乱世文学研究》,中国社会科学出版社,2006年,"引论"第4~6页。

[2] 胡震亨:《唐诗谈丛》卷一,中华书局,1985年,第20页。

再联系其他诸如正史、野史、笔记、墓志等史料进行多学科交叉式的研究，本论题研究的范围和深度将会得到进一步的拓展和延伸。①

唐朝经过近二百年的发展，至晚唐时，各种政治、经济、文化制度已基本定型。仕进制度包括入仕的各种科举制度和官员考课及升降制度。晚唐时进士科的一枝独秀，使得此科考生人数大大增加，其中政治、经济因素起了很大作用。进士出身者较他途入仕者更易仕至高位，武宗朝、懿宗朝连续下诏将进士出身与享受免除赋役的"衣冠户"相连，这都促成了进士科的竞争空前激烈；由此引起了全社会的高度关注，文人的仕进问题也就渗透到社会生活的各个方面，进而影响到不同地域和阶层文人的价值选择。这些制度及其文化层面的内涵对文人仕进所带来的影响，自然引起文人各种心态的产生。本文试图将制度文化与文人心态结合起来研究，将有助于从客观的角度和开阔的视野探求文人在仕进问题上的心态反映，并当心态外化为行动和创作时，我们就能通过解读这些行动和作品，更为深刻地认清晚唐文人内心最为真实的一面，得出恰当的结论。

晚唐文人生活在较为复杂且险恶的社会环境之中。中晚唐之交的"甘露之变"是宦官专权的恶例，此后文人对宦官可谓恨惧并存。一方面，文人在不同场合对宦官表现出极其痛恨的态度，特别是对文人群体中的少数依附宦官者在现实及诗文中痛加挞伐；另一方面，为个人生存及前途计，又不得不委曲求全而避其锋芒，在仕进途上对宦官小心翼翼。起始于中唐之际的牛李党争，至晚唐时两派斗争已呈白热化，你死我活的互掐和内耗，大大损伤了牵涉其中的文人的精力。这一场持续四十余年的党争虽然以宣宗上台贬谪李德裕为形式上的结束，但留在文人心中的阴影却久久

---

① 关于古代文学与其他学科交叉研究的相关问题，可参见戴伟华《交叉学科中的古代文学研究》，《社会科学战线》2001年第6期。

难以消除。至晚唐后期，人民起义期间，文人生存愈发艰难，大量中下层文人奔走呼号，谋求一食或一职而不得，仕进之途尤显艰难，部分文人甚至死于非命。人民起义平定后，藩镇战争继之而起，文人在衣食仕途之忧外更平添大厦将倾的末世悲凉之感，仕进心态也就愈发无奈和绝望。唐亡前后，文人坚守气节或依附新主者不一而足。总之，晚唐这一系列重大事件均在不同程度上波及文人的生活和命途，而末世情怀使得晚唐文人的整体性格更显抑郁和内敛。在这样的环境中，文人仕进问题变得异常复杂，各种不确定因素使得不同身份、地域、阶层的文人心态变得异常多样。因此，考察晚唐文人在这些重大事件中的仕进心态与文学创作关系，能够使我们深入文人内心去聆听他们最为真实的声音，得出可靠的结论。

（二）晚唐文人仕进心态与文学创作关系研究现状

本书是由晚唐文人、仕进心态及其相关的文学创作三方面有机组成的整体。在唐代文学研究领域，有关文人的生活、学习、仕进及文学创作已有不同程度的研究，取得了一些学术成果。将晚唐文人作为整体研究的，则是近些年的事。如尹楚彬《唐末诗人群体研究》[1]将唐末诗人分为以皮陆为主的吴中诗派、"咸通十哲"和"芳林十哲"等京城士子群、咸通和乾符之际的京城艳情诗人群、写实诗人群、隐逸与苦吟诗人群、江南诗僧群几类，涉及仕进问题较多的只是"咸通十哲"和"芳林十哲"，心态分析并不突出。赵荣蔚《晚唐士风与诗风》[2]将晚唐诗人分为以贾岛为代表的苦吟诗人群体、以许浑为代表的格律诗人群体、小李杜和温庭筠诗歌的历史文化色彩诗人群、唐末之际的尚俗寒士诗人群，侧重于分析诗的艺术成就和风格，并于其中探讨晚唐文人们的悲苦情怀。其中虽涉及仕进问题，但只是作为论及诗风生成的一项因素，并未展开论

---

[1] 尹楚彬：《唐末诗人群体研究》，南京师范大学博士学位论文，1997年。
[2] 赵荣蔚：《晚唐士风与诗风》，上海古籍出版社，2004。

述。赖瑞和《唐代基层文官》和《唐代中层文官》[①]二书,论及文人入仕后的基层和中层文职官员及其仕进前景,颇有新意,但侧重于史学研究,并无多少涉及仕进心态的内容。另外,将唐代文人作为整体观照的著作近年来亦有不少,如陈秀宏《科举制度与唐宋士阶层》[②]研究了唐宋文人在科举制度中的结构变动、地位升降、价值观念变化等问题,视野较为开阔。黄云鹤《唐宋下层士人研究》[③]跨越唐宋二朝,将下层文人各方面生活作了较全面的探讨。吴在庆《唐代文人的生活心态与文学》[④]第二编"科举求仕的心态与文学",论及投文干谒、场屋风习情态、及第与黜落之际的心态与文学创作,对本文撰写有较高的参考价值。但该书研究对象为整个唐代,并不专在晚唐,且限于篇幅,结合文人个人创作部分并不多,故此部分内容仍有较大可深入研究的空间。艾炬《唐末文人心态与创作研究》[⑤]将唐末文人心态概括为悲剧意识、隐逸消沉思想和眷恋大唐盛世三方面,较有特色,但并未就仕进心态进行研究。董敏《唐代寒士研究》[⑥]从史学角度研究一般寒士和士族寒士在科举制度下的仕进情形,材料全面,结论可靠,但因为是史学研究,仕进心态和文学创作方面的论述较少。戴伟华师《唐代使府与文学研究》[⑦]论及使府文人心态时,将其归纳为"求名躁进、纵情娱乐、自重自尊、趋势逐利、居安惧乱、尚文露才"几方面,对本论题颇具启发意义。文人中的学士阶层一直是学界关注的重点,突出的如毛蕾《唐代翰林学士》[⑧]一书,主要研究唐代翰林学

[①] 赖瑞和:《唐代基层文官》、《唐代中层文官》,台湾联经出版事业股份有限公司,2004、2008。
[②] 东北师范大学博士学位论文,2004。
[③] 湖北人民出版社,2006。
[④] 黄山书社,2006。
[⑤] 山东大学硕士学位论文,2007。
[⑥] 上海师范大学硕士学位论文,2007。
[⑦] 广西师范大学出版社,2007。
[⑧] 社会科学文献出版社,2000。

士产生、职掌、功能与其仕宦前景。李福长《唐代学士与文人政治》①纵论整个唐代文馆学士和翰林学士，涉及面较为广泛。傅璇琮《唐翰林学士传论·晚唐卷》②将文宗至唐亡150余位翰林学士生平事迹逐一考订，并尽可能地论及其与其他文人之交往，其中涉及不少干谒求进之事，对本书撰写有一定帮助。

仕进心态在文人一生中占主导地位，可能由于其太过平常，平常得几乎无须追问其产生缘由，学者尚未注意于此，目前也没有见到此方面论著。对绝大多数文人来说，仕进心态是较为稳定且持久的，其他诸多心态几乎都缘此生成，所以研究者已注意到了文人仕进心态中最具行动特征的干谒心态，如薛天纬《干谒与唐代诗人的心态》，③葛晓音《论初盛唐文人的干谒方式》，④朱学忠《唐代士人进取意识的强化与公关意识的自觉》，⑤王佺《唐人投匦与献书行为中的干谒现象研究》，⑥从不同角度结合文学创作对干谒行为作了分析。

上述论著主要是从文人仕进问题入手，但对于仕进心态的研究基本处于缺失状态。从文学创作入手论述仕进问题的研究成果对心态关注同样不多，如郑晓霞《唐代科举诗研究》⑦一文认为唐代科举诗的主题在于对文人物质和精神生存状态的反映，并未对其间之心态加以分析。滕云《唐代落第诗研究》⑧一文论述了落第者羞恨和反思心态，对本书撰写有一定的参考价值，但并未全面对文人之仕进心态进行考察。陶绍清《晚唐赋与科举及铨选之

---

① 齐鲁书社，2005。
② 辽海出版社，2007。
③ 《唐代文学研究》第五辑，广西师范大学出版社，1994。
④ 参见《诗国高潮与盛唐文化》，北京大学出版社，1998年，第211～234页。
⑤ 《江淮论坛》2002年第1期。
⑥ 《云梦学刊》2006年第1期。
⑦ 华东师范大学博士学位论文，2005。
⑧ 华东师范大学博士学位论文，2008。

关系研究》①探讨了晚唐试赋中文人的处境与心态及赋的创作情况，涉及了文人仕进心态研究，但并未将其当作主要论述对象。贺叶平《中晚唐干谒散文研究》②从文体入手，宏观地论述了文人的精神内涵和注重实际的求仕心态，概括得较为恰当，只是对仕进心态并未作具体深入的研究。

晚唐文人仕进问题牵涉面较广，除政治、经济、文化方面的因素外，科举制度是与其关系最密切的论题。这方面成果很多，从史学角度来说，关于先唐的有两部系统的专著问世，一是黄留珠《秦汉仕进制度》，③以汉代察举制度为研究重点；一是阎步克《察举制度变迁史稿》④除了论及汉之察举制度外，重点论述魏晋南北朝时期察举制度的衰落，对先唐仕进制度作了深入的探讨。唐代科举制度研究成就突出的有阎文儒《唐代贡举制度》、⑤吴宗国《唐代科举制度研究》、⑥高明士《隋唐贡举制度》。⑦毛汉光《中国中古社会史论》⑧一书研究视角独特，点面结合，将中古社会阶层分布和专项研究均作了深入探讨，结论中肯，本书采用较多。将制度与文学结合起来进行研究，成就突出的有程千帆《唐代进士行卷与文学》，⑨该书将进士干谒时所持的行卷材料与文学创作结合研究，颇具开创之功；傅璇琮《唐代科举与文学》⑩一书，首次将科举制度与文学创作结合起来研究，重点探讨文学创作与科举制度的内在关系，以求从更广泛的文化角度研究文学问题，新见迭出，是

---

① 广西师范大学硕士学位论文，2003。
② 华南师范大学硕士学位论文，2007。
③ 西北大学出版社，1985。
④ 辽宁大学出版社，1991。
⑤ 陕西人民出版社，1989。
⑥ 辽宁大学出版社，1997。
⑦ 台北文津出版社，1999。
⑧ 世纪出版集团上海书店出版社，2002。
⑨ 上海古籍出版社，1980。
⑩ 陕西人民出版社，2003。

文史结合研究的典范之作。王勋成《唐代铨选与文学》①将文人科举合格后如何得官、中下层官员任满后如何赴选等问题做了深入研究，结论较为中肯，对研究文人仕进问题颇具参考价值。

二　相关概念的界定及研究对象说明

本书将主要围绕晚唐文人仕进心态与文学创作的相关性而展开研究，"仕进心态"是本书最主要的研究视点，因此有必要对"仕进心态"及其相关问题进行说明。

（一）"晚唐"之时间界定

中国历史上，朝代的更替是最为重要的社会政治事件，自然成为历史分期的标志，但一个朝代内部不同阶段的划分则常常难以统一意见，主要原因在于对历史事件之定性因研究角度和目的不同而产生歧义。如将唐代分为初、盛、中、晚四期人们并无异议，但各期时间界定则一时难以统一。晚唐结束时间自然是以唐代灭亡为标志，但晚唐之起始，即中晚唐划分时间则众说纷纭。本文以文宗大和九年（835年）为界点，主要缘于以下几点考虑：一是唐朝灭亡后，后人研究唐诗之学者如严羽、高棅、杨士弘等从唐诗发展状况的角度出发，从提出到不断归纳完善了唐诗分期之"四唐说"，②这一说法千百年来深入人心，其范畴早已超出了对唐诗的研究而扩大到整个唐代文史研究领域，具有超时代的丰蕴的审美内涵。本文沿用唐代分为初、盛、中、晚四期的说法，正是基于这一前提。二是后世学者曾从不同角度将中晚唐分期界定为835年。明徐师曾《文体明辨序说》论近体律诗发展状况道："自文宗开成初至五季为晚唐。"③虽将律诗发展之晚唐时间延长到五代，但中晚唐之界定时间还是明确的。明沈骐、清冒春荣亦附和这一分法，今人胡可

---

① 中华书局，2001。
② 参见张红运《二十世纪唐诗分期研究述略》，《南京社会科学》2006年第6期。
③ 人民文学出版社，1982年，第107页。

先直接将甘露之变看作是"中晚唐政治与文学的交汇点"。三是将中晚唐划分在大和九年是对历史真实的尊重。有论者认为将文宗在位时间分属于中晚唐两个不同时期不当，这一看法不过是囿于封建帝王拥有绝对权力因而政策有连贯性的观念提出的。实际上甘露之变后唐朝政局已急转直下，文宗皇帝形同傀儡，郁郁而终；文人士大夫多明哲保身，精神状态趋向内敛而世俗，与甘露之变前之社会精神状态已有明显改变，晚唐社会的到来已是不争之事实。

（二）"仕进"和"仕进心态"

《辞源》将"仕进"释为"晋升为官"，举《后汉书·崔骃传》例："少游太学，与班固傅毅同时齐名。常以典籍为业，未遑仕进之事。"又举《旧唐书》卷一十九《武宗纪》例："然臣祖天宝末以仕进无他伎，勉强随计，一举登第。"《汉语大辞典》释为：①入仕，做官。如韩愈《上考功崔虞部书》："抱愚守迷，固不识仕进之门。"②指在仕途中进取。如《南史·王秀之传》："秀之先为诸王长史、行事，便叹曰：'仲祖之识，见于已多'，便无复仕进，止营理舍亭山宅，有终焉之志。"③谓求取功名之路。封演《封氏闻见记·铨曹》："贞观中，天下丰饶，士子皆乐乡土，不窥仕进。"

可见"仕进"一词既指入仕为官，亦指入仕后的仕途情形，如《旧唐书》卷一百七十六《杨虞卿传》言"父宁，贞元中为长安尉……仕进不达而卒。"①《资治通鉴》卷二百二十五"大历十二年"："元载以仕进者多乐京师，恶其逼己，乃制俸禄，厚外官而薄京官。"②权德舆《代贾相公陈乞表》："仕进之荣，无逾公相。"③综合上述，本文所谓"仕进"，既指进入仕途为官，又指入仕后之仕途进取。因此，仕进心态正是基于传统儒家文化这一背景

---

① （后晋）刘昫等撰《旧唐书》，中华书局，1975年，第4561页。
② （宋）司马光《资治通鉴》，中华书局，1956年点校本，第7243页。
③ （清）董诰等编《全唐文》卷四八五，中华书局，1983年，第4956页。

下，文人在积极入世、求取功名的仕进过程中产生的各种心态。心态是一种较为稳定的心理状态，它不同于心情和心绪之多变，而是在相对较长的一段时间内有其可供认知和研究的表征。文人的仕进心态正是这样一种产物，是在传统的儒家文化影响下的一种个体生存和发展的原动力。同时，"仕进"问题往往贯穿着文人一生绝大部分时间，其心态之表现在不同时期就会呈现出不同的特征。入仕前，文人们为求第成功而积极干进；入仕后，则会因浮沉于宦海而产生不同的仕进之心。在此过程中，文人因仕进问题而创作的文学作品正是我们探究其仕进心态的主要研究对象。

三 本书基本思路与基本构架

中国古代社会中，文人的仕进问题一直是全社会关注的重点，并由此形成了相应的仕进制度。仕进制度是政治学和史学范畴的内容，但与文人关系极大。一方面，文人受儒家传统文化的影响，读书求仕进而实现人生理想的观念早已根深蒂固，这一文化心态虽是本论题应有之义，但因其太过宏观且历来论述颇多，本书只拟将其作为文人仕进心态之一大背景，不作具体阐述。实际上，在晚唐既有仕进制度这一现实环境中，文人才会真正确立其人生价值观念，做出其认为最为明智的人生选择并付诸行动。无论是人生价值观念、生存方式还是由此形成的各种心态，都不是孤立而静态的自然物，而是最大限度地体现在主体行动之中。文人在此一制度范畴中的自我奋斗的经历一定是相当复杂的，有些人甚至终生难以入仕，更遑论实现理想进而建功立业。他们的心态如何？是什么原因支持他们中的绝大多数在仕进的道路上矢志不渝地追求？我们说，尽管有各种力量和因素在支持着他们的奋斗，但归根结底地说，是心灵的力量。心态正是一个人心灵流变的历程，是动态的、主观的，但随着生命的消逝，心态又可以说是静态的、客观的，它外化为文人的行为和相应的文学创作，这就为我们提供了研究对象自身相对稳定的范畴。通过正史、野史、墓志、笔记小说的记载，我们可以获

得旁证材料；通过文学研究，特别是文人自己的作品研究，我们可以更为直接地探究他们的内心世界。这恰如法国著名文学批评家泰纳所言："如果一部文学作品内容丰富，并且人们知道如何去解释它，那么我们在这作品中找到的，会是一种人的心理，时常也就是一个时代的心理，有时更是一个种族的心理。"① 对文人心态的研究，作品的阅读是第一位的，宁宗一道："心态史的研究与叙述，其资源是极为丰富的，它可以来自社会思潮、群体意识乃至于时代风尚等等方面提供的信息，成为观照心灵流变的参照系。但是，窃以为，作为作家精神产品的文学文本仍然是心态史叙述的第一依托物和支撑点，细读文本和尊重文本提供的一切资讯，应当是第一要义"。② 贺仲明在其《中国心像》"前言"中说："对于一个作家来说，最真实地反映他的内心世界的只有他的文学作品。也只有在进行文学创作时，他才是最为真诚、最为可信的……只有从文学作品出发，既不拘泥于将作品思想与作家心理简单对应，又要深切地把握这二者之间的密切关系，才能捕捉到作家心灵在文学世界中的真实跃动。"③ 所以本书立论主要是建立在对作品的研读和分析基础之上的，但这不是唯一的方法。我们既要给予作品以尽可能的信任，又不能完全盲从。金人元好问《论诗三十首》其六："心话心声总失真，文章宁复见为人。高情千古《闲居赋》，争信安仁拜路尘。"④ 唐代文人如潘岳者多矣！如方干，他一方面在作品中不断表达归隐田园的志向，一方面到老也没有停止干谒求仕的脚步。同样表达仕进心态的作品，由于作者所处生存状态不同，生存体验和情感自然存在差异，其真实性和表达效果也就不同。本文在论述中

---

① 伍蠡甫主编《英国文学史序言》，《西方文论选》，上海译文出版社，1979年，第241页。
② 宁宗一：《心灵史·心态史·经典文本》，《青年思想家》2005年第5期。
③ 中央编译出版社，2002年，第2页。
④ 姚奠中主编，李正民增订《元好问全集》，山西古籍出版社，2004年，第269页。

绪　论

会特别注意到此点并尽可能加以区分，一般来说，自遣、咏怀类作品较为真实，与人交流类会稍含委蛇，干谒类作品则多好夸张。所以，考察文人的仕进心态，并不是仅研读其干谒类作品就能得出稳妥的结论。

心态是动态的心灵流变，受文人个人遭际、社会精神、时代思潮乃至政治形势等因素的影响，因此一时一地的心态不能代表一个人的全部人生定位，借用法国学者雅克·勒高夫的话："从前有人犯了用经济解释一切的错误，而今有人犯着用心态解释全部历史的错误，必须把心态史维持在它所属的范畴之内。"① 就晚唐文人来说，纷繁的社会现实自然会引起他们心态的变动，如刘蜕，任职拾遗时仗义敢言，曾上书直斥权相令狐绹徇私枉法之事，其文义正辞严，何其凛然！但出守地方时却收人十万贿赂，行径又何其卑污！所以在研读作品时，本书力求抓住作者内心哪怕一刹那的心灵悸动，探究文人的仕进心态乃至命运走向。比如晚唐文人困守科场多年者比比皆是，为何陆龟蒙一举不第就从此归隐？他在《奉酬袭美先辈吴中苦雨一百韵》中自叙身世，感慨时事艰难，战争不已："此时淮海波，半是生人血。"述及自己为何不力求仕进时，言："吾皇自神圣，执事皆间杰。"这是对朝政的反讽，也是怀才不遇的牢骚，但关键还是自己"不可抱词章，巡门事干谒。"② 这是其夫子自道，但还不能彻底回答清楚这个问题，所以本文在论及此类仕进心态时，还需结合其他材料：原来陆龟蒙祖上曾为达官，有田数百亩，仕进不顺时可退守家园，而晚唐其他很多文人则是家无田产可守，成为纯粹的游士。从这一家境的角度去探究文人的仕进心态，也许能更好地说明问题。

本书在论述过程中，采用"以心会心"、"将心比心"的研究

---

① 〔法〕勒高夫：《年鉴运动及西方史学的回归》，刘文利译，见《中山大学史学集刊》（第3辑），广东人民出版社，1995。
② 陆龟蒙著，宋景昌、王立群点校《甫里先生文集》，河南大学出版社，1996年，第5页。

方式，对文人的仕进心态给予足够的理解和尊重。在作品研读和分析时，尽可能结合他人著作和史料，客观地将文人仕进心态与文学创作之关系充分揭示出来。因此，本书的思路框架是按照事物发展的一般顺序，将文人的仕进心态按影响因素、进取历程论述；同时，为了更深入地说明文人在晚唐这一动荡时代的仕进心态特征，最后辟专章探讨文人在牛李党争、唐末战乱、唐朝灭亡这三大政治变故时期的仕进心态，这对全书架构既能达到宏观与微观的统一，又能做到点与面的结合。影响文人仕进心态的因素很多，晚唐时期政治、经济、文化、宗教等各种意识形态都会起到一定的作用，这些较为笼统的因素在文中将作为相关论述的背景，对文人求仕影响最为直接的客观因素还是地域和阶层两大因素。如果说成就一件事需天时、地利、人和三要素的话，宏观社会历史背景是天时因素，生长的地域则是文人求仕之地利因素，其家庭所处的社会阶层则是人和因素。本书第一、二章分别从自然之地域和社会之阶层这两方面对文人求仕的外在客观因素进行全面论述，可以深入地研究文人在求仕过程中，对于客观存在的因素持怎样的心态，进而为后面研究其主观努力并付诸行动的心态打下基础。唐人入仕之途颇多，但对于文人来说，最主要，也是最荣耀的还是通过科举入仕。本书将文人之进取历程分为求第、科场成败、入仕为官三个阶段，分别在第三、四、五章中论述：求第时的逐贡、干谒权要及其所用文学文体之选择是仕进心态的外在反映；科场成败决定着文人人生命运，成功和失败之际，心态的不同直接关系其此后的人生道路之选择；入仕后无论是积极求进还是稻粱为谋均是晚唐文人仕进心态之真实反映。牛李党争、唐末战乱、唐朝灭亡这三大政治变故贯穿了整个晚唐时期，本书第六章即重点研究文人在这三个不同社会环境中的仕进心态，既是个案与整体研究的有机结合，也是对全文形成整体性的收束，并将本书的研究推向纵深。馀论部分在对全书研究的回顾的基础上，提出在"唐宋变革"这一大的历史背景下，处于中国封建科举制度逐渐成熟这一过渡时期中的晚唐文人，其必然经历

绪 论

和承受社会大的变革即将到来时的阵痛，他们在仕进道路上成功和失败的心态体验都是宋以后近古时期科举制度逐渐完善的重要基础。

概言之，本书主要是研究晚唐文人基于仕进心态而进行的文学创作和他们文学创作中的仕进心态，二者关系是互相影响、互相促进的。所以说，仕进心态既是研究的出发点，也是全书之旨归。基于此，本书形成双"十"字推进式结构，即一、二章是对影响文人仕进心态的横向之地域和纵向之阶层因素进行交叉式研究，探讨文人求仕心态产生的客观前提和基础；三、四、五章则是基于仕进过程的阶段式研究，揭示文人求仕时复杂的心路历程；第六章则是以晚唐三大典型政治变故为原点进行的历时性与共时性之交叉式研究，加深对论题的探究。由于本论题较为宏观，研究时虽尽可能地关注每一个体，但限于篇幅，写作成书时则难以逐一涉及，只能选择富有代表性的个体以点带面式地进行观点论述，但相信不会影响本书的论证力度。

第一章
地域因素与晚唐文人求仕心态

　　生活在同一地域中的人群，因水土、风物等原因，会形成一些共同的特征，如语言、习俗、信仰等方面的相同或相似，由此与生活在其他地域的人群产生区分。《汉书》卷二十八《地理志下》云："凡民函五常之性，而其刚柔缓急，音声不同，系水土之风气，故谓之风；好恶取舍，动静亡常，随君上之情欲，故谓之俗。"① 说的就是这一问题。汪辟疆《汪辟疆说近代诗》云："若夫民函五常之性，秉水土之情，风俗因是而成，声音本之而异，则随地以系人，因人而系派，溯渊源于既往，昭轨辙于方来，庶无忧焉。"② 汪氏虽然说的是因地域风情水土不同而形成不同的诗派，但同样包含了地域因素在人们的行为和观念形成当中所起的重要作用。因地域不同而形成不同的地域文化，地域文化是以地形地貌等自然地理环境为标志形成的特色文化，它对人们的生活方式、思维习惯、审美取向乃至个性气质等都有影响和制约。丹纳在《艺术哲学》中说："所谓地域不过是某种温度，湿度，某些主要形势，相当于我们在另一方面所说的时代精神与风俗概况。自然界有它的气候，气候的变化决定着

---

① （汉）班固著，（唐）颜师古注《汉书》，中华书局，1962年，第1640页。
② 汪辟疆：《汪辟疆说近代诗》，上海古籍出版社，2001年，第18页。

第一章 地域因素与晚唐文人求仕心态

这种那种植物的出现；精神方面也有它的气候，它的变化决定着这种那种艺术的出现。……精神文明的产物和动植物界的产物一样，只能用各自的环境来解释。"① 丹纳强调了艺术作品的地域色彩，而艺术品正是艺术家心灵外化的产物，它体现了艺术家人生价值观的取向和对艺术表现手法的选择。晚唐未仕文人生活在不同的地域，他们因仕进问题而创作的作品自然是他们心灵外化的产物，也就是说，他们的仕进心态外化在他们的作品之中。因此，从地域因素的角度考察这些文人的仕进问题及由此产生的心态特征，自然有助于我们深入研究文人的仕进心态与文学创作之间的关系。

近三百年间，唐代形成了以京城长安为政治、文化中心的地缘态势，政府行政力量的推动起了关键作用。政府通过移民、兴学、藏书、科举等手段促进了首都的经济文化繁荣；诸多文人通过科举晋升至官场，驰骋于仕宦文苑二途，名利双收。这不仅让近水楼台的京畿文人受到极大的鼓舞，还能将这一影响辐射到全国各地。②

晚唐文人来自全国不同的地域，还有来自域外如新罗等地。一般来说，文人在准备求仕之前，须考虑诸多自然和社会方面的因素，如路途远近、当地读书求仕风气、自身学识水平、家庭经济条件、有无权要提拔等，更细致的还有诸如自身健康状况、容貌、语言，再加上难以说清的运气等。与地域因素密切相关的，从自然因素角度来看，主要在于路途远近；从社会因素角度来看，则与当地政治氛围、经济和文化发展状况密切相关。而域外文人入唐求仕问题又不同于本土文人，故专论之。下文的内容即从此三方面展开。

---

① 〔法〕丹纳：《艺术哲学》，人民文学出版社，1963年，第9页。
② 曾大兴：《中国历代文学家的地理分布——兼谈文学的地域性》，《学术月刊》2003年第9期。

晚唐文人仕进心态研究

第一节　路途远近与文人求仕心态

唐都长安，东有函谷、临潼二关之险，西有西域之遥，北依大漠，南凭秦岭，易守难攻，政治和军事地理位置优越。同时，从人口和交通条件来看，以长安为中心的北方也占有绝对的优势。据研究，"以首都长安为轴心，以东都（今河南洛阳）、汴州（今河南开封）、曹州（今山东定陶西）、青州（今山东益都）、魏州（今河北大名）、沧州（今河北沧州）、晋州（今山西临汾）、北都（今山西太原）、甘州（今甘肃张掖）等北方交通都会为支撑点，从而形成东至今山东半岛，南至广州珠江流域，东北至今外兴安岭，西至今中亚诸国等交通大网络。"① 但相对于东南部地区来说，特别是生长于偏僻之地的文人来说，长安偏处西北，实在是太遥远了。由于晚唐文人求仕多集中于科举一途，举办地主要在长安，长安便成了文人心中既神圣又充满悲欢之地。"长安名利路，役役古由今。征骑少闲日，绿杨无旧阴。"② 对长安及其附近地区文人来说，求仕时路途的远近并不是什么问题，故反映这方面内容的材料极少；但对来自较远地域的文人来说，遥远的路途却大大增添了时间和经济方面的压力，使得他们的求仕心态更加疲惫。崔涂道："蝴蝶梦中家万里，子规枝上月三更。"③ 孙郃道："仕宦类商贾，终日常东西。"④ 刘沧道："峡路谁知倦此情，往来多是半年程。"⑤ 文人刘蜕在《上礼部裴侍郎书》中诉道：

> 家在九曲之南，去长安近四千里。膝下无怡怡之助，四海

---

① 莫立民：《唐代文学人才的地理分布及成因》，《中州学刊》2006年第5期。
② 崔涂：《灞上》，《全唐诗》卷六七九，中华书局，1999年，第7840页。
③ 《春夕》，《全唐诗》卷六七九，第7845页。
④ 《全唐诗》卷六九四，第8061页。
⑤ 《下第东归途中书事》，《全唐诗》卷五八六，第6854页。

第一章 地域因素与晚唐文人求仕心态

无强大之亲。日行六十里,用半岁为往来程,岁须三月侍亲左右,又留二月为乞假衣食于道路。是一岁之中,独留一月在长安。王侯听尊,媒妁声深。况有疾病寒暑风雨之不可期者,杂处一岁之中哉。①

刘蜕家在湖南,去长安尚如此艰难,我们不难想象距长安比湖南更远的河北、福建、江西、岭南等地文人为求仕所走过的路途又是何等辛苦之状。

由于赴举路途遥远,文人们的经济压力无疑会大大增加。刘蜕能够得以赴举,与时任荆南节度使的崔铉大力资助有关。《唐摭言》卷二《海述解送》:"荆南解比号天荒。大中四年,刘蜕舍人以是府解及第。时崔魏公作镇,以破天荒钱七十万资蜕。蜕谢书略曰:'五十年来,自是人废;一千里外,岂曰天荒!'"② 然而并不是每一个举子都有这么好的运气。一般来说,举子随计吏上路,虽可入住官驿,但费用是要自理的,交通工具费用同样需要自行支付。如王贞白《随计》:"徒步随计吏,辛勤鬓易凋。归期无定日,乡思羡回潮。冒雨投前驿,侵星过断桥。何堪穆陵路,霜叶更潇潇。"③ 因为家贫,雇不起车马,竟然徒步进京赴试。再如任蕃,《唐才子传》卷七载:"初亦举进士之京,不第,榜罢,进谒主司曰:'仆本寒乡之人,不远万里,手遮赤日,步来长安,取一第,荣父母。不得,侍郎岂不闻江东一任蕃,家贫吟苦,忍令其去如来也!敢从此辞,弹琴自娱,学道自乐耳。'"④ 即使是今天这样的路况,从江西徒步到西安也是充满艰难,何况一千多年以前的晚唐!

由于当时并无今日发达的金融机构,钱财一般需要随身携带,

---

① 《全唐文》卷七八九,第8256页。
② (五代)王定保撰,阳羡生校点《唐摭言》,载《唐五代笔记小说大观》,上海古籍出版社,2000年,第1587页。
③ 《全唐诗》卷七〇一,第8138页。
④ 傅璇琮主编《唐才子传校笺》(第三册),中华书局,1990年,第347页。

稍微殷实一点的家庭，为了让文人集中精力应考，往往还会有仆人跟随照料，这自然增加了开支。所以说，路途越远，哪怕是殷实之家钱财供应也会出现困难，穷困文人就更容易陷于饥馁境地。进京之后，食宿费用本已开支不菲，又需干谒交游，花费更是惊人，这些费用对普通人家来说确实是一项沉重的负担。

路途遥远加强了文人渴求尽快入仕的愿望，但残酷的现实却令他们不止一次地往返奔波在故乡和京城的路上，身心疲惫不堪。为了节约时间和减轻家庭负担，有些文人多年不回家乡。他们中或滞留长安，或宦游各地，寻求入仕之机，这样难免与亲人长期别离，造成人伦之痛。《唐摭言》卷八《忧中有喜》："公乘亿，魏人也，以辞赋著名。咸通十三年，垂三十举矣。尝大病，乡人误传已死，其妻自河北来迎丧。会亿送客至坡下，遇其妻。始，夫妻阔别积十余岁，亿时在马上见一妇人，粗縗跨驴，依稀与妻类，因睨之不已，妻亦如是。乃令人诘之，果亿也。亿与之相持而泣，路人皆异之。后旬日，登第矣。"① 这是悲剧中令人略感欣慰的一幕，但这种巧合又能上演几回呢？再如《太平广记》卷七十四《陈季卿》："陈季卿者，家于江南，辞家十年，举进士，志不能无成归，羁栖辇下，鬻书判给衣食。"后遇一僧，施法术令其返乡，但不可久住，"妻子兄弟，拜迎于门。夕有《江亭晚望诗》，题于书斋云：'立向江亭满目愁，十年前事信悠悠。田园已逐浮云散，乡里半随逝水流。川上莫逢诸钓叟，浦边难得旧沙鸥。不缘齿发未迟暮，吟对远川堪白头。'此夕谓其妻曰：'吾试期近，不可久留，即当进棹。'乃吟一章别其妻曰：'月斜寒露白，此夕去留心。酒至添愁饭，诗成和泪吟。离歌栖凤管，别鹤怨瑶琴。明夜相思处，秋风吹半衾。'将登舟，又留一章别诸兄弟云：'谋身非不早，其奈命来迟。旧友皆霄汉，此身犹路歧。北风微雪后，晚景有云时。惆怅清江上，区区趁试期。'一更后，复登叶舟，泛江而逝。兄弟妻属，

---

① 《唐五代笔记小说大观》，第1648页。

恸哭于滨,谓其鬼物矣。……"① 陈季卿之悲怆遭遇,路途遥远是主要原因。其十年难归,与家人恍如隔世,三首诗作,充满了功名未就,前途渺茫却不甘久居人下的苦恨之心。遥远的路途对求仕者来说是辛酸的,但同时又可成为他们干谒时乞请垂怜的理由,如顾云,池州人,求荐多门,常在干谒文中叙及自己到京之不易,"爰自随计遐方,观光上国。难沽声价,易掇羁愁。出谷风高,先摧弱羽。"② "加以故国三千,青霄九万。"③

来自僻远之地的文人多将长安称为"上国",以说明自己赴举之不易。如许浑"方趋上国期干禄,未得空堂学坐禅。"④ 姚鹄"东吴与上国,万里路迢迢。"⑤ 李群玉"上国刘翘楚,才微甘陆沉。"⑥ 黄滔"七千里而辛勤上国,二十年而惆怅东风。"⑦ 来到可以决定自己仕进命运的"上国",回想自己遥远而又僻远的故乡,心中常会感到无限酸楚,命薄地寒之感油然而生,如罗隐"言重不能轻薄命,地寒终是泣春风",⑧ "命薄地卑,自己卯至于庚寅,一十二年,看人变化。"⑨ 这些文人为求仕不仅要承受舟车劳顿之苦,有时还会遇到他人不太友好的对待,《唐摭言》卷十二《自负》:"卢肇初举,先达或问所来,肇曰:'某袁民也。'或曰:'袁州出举人耶?'肇曰:'袁州出举人,亦由沅江出龟甲,九肋者盖稀矣。'"⑩ 袁州在晚唐时经济文化已较发达,尚有人发此疑

---

① (宋)李昉等编,汪绍楹点校《太平广记》,中华书局,1961年,第462~463页。
② 《投顾端公启》,《全唐文》卷八一五,第8578页。
③ 《投陆侍御启》,《全唐文》卷八一五,第8582页。
④ 《经行庐山东林寺》,《丁卯集笺证》卷九,许浑著,罗时进笺证,江西人民出版社,1998年,第283页。
⑤ 《送人归吴》,《全唐诗》卷五五三,第6459页。
⑥ 《全唐诗》卷五六八,第6636~6637页。
⑦ 《祭陈侍御峤》,《莆阳黄御史集》,中华书局,1985年影印本,第246页。
⑧ 《罗隐集校注》,潘慧惠校注,浙江古籍出版社,1995年,第82页。
⑨ 《湘南应用集序》,同上,第555页。
⑩ 《唐五代笔记小说大观》,第1685页。

问,可想见更远且不太发达地区的文人到京城会碰到怎样的冷遇了。

第二节 地域社会因素与文人求仕心态

一 地域政治氛围与文人求仕心态

在封建专制时代,地方官之所以被称为"父母官",主要在于其施政策略和文化人格都对当地人文社会环境产生重大影响。上文所言文人刘蜕,得荆南节度使崔铉资助得第事,正是其重视文人求仕的结果。尽管其中不排除崔铉有借此邀名的动机,但其执政时的政治氛围对文人求仕当然会起到积极推动作用。《唐摭言》卷十《海叙不遇》:"任涛,豫章筠川人也,诗名早著。有'露团沙鹤起,人卧钓船流',他皆仿此。数举败于垂成。李常侍骘廉察江西,特与放乡里之役,盲俗互有论列。骘判曰:'江西境内,凡为诗得及涛者,即与放邑役,不止一任涛耳。'"① 这一宽松尚文的政治氛围,对奖劝文人读书进取之心应大有促进之效,只是封建时代政策随意性太强而不能持久,人亡政息,难见长期功效。晚唐自黄巢乱后,许多地方乡贡废弛,江西钟傅则极为重视,形成文人求仕之良好的政治氛围。《唐摭言》卷二《争解元》:

> 国朝自广明庚子之乱,甲辰,天下大荒,车驾再幸岐梁,道殣相望,郡国率不以贡士为意。江西钟傅令公起于义聚,奄有疆土,充庭述职,为诸侯表式,而乃孜孜以荐贤为急务。虽州里白丁,片文只字求贡于有司者,莫不尽礼接之。至于考试之辰,设会供帐,甲于治平。行乡饮之礼,常率宾佐临视,拳拳然有喜色。复大会以饯之,筐篚之外,率皆资以桂玉。解元

---

① 《唐五代笔记小说大观》,第 1666 页。

第一章 地域因素与晚唐文人求仕心态

三十万，解副二十万，海送皆不减十万。垂三十载，此志未尝稍怠。时举子有以公卿关节，不远千里而求首荐者，岁常不下数辈。①

可见，良好的地域政治氛围对促进文人积极仕进心态的形成会起到重要导向作用。但反过来，不好的地域政治氛围自然会限制和压抑文人的求进之心。杜牧《唐故范阳卢秀才墓志》：

> 秀才卢生名霈，字子中。自天宝后，三代或仕燕，或仕赵，两地皆多良田畜马。生年二十，未知古有人曰周公、孔夫子者，击球饮酒，策马射走兔，语言习尚，无非攻守战斗之事。镇州有儒者黄建，镇人敬之，呼为先生。建因语生以先王儒学之道，因复曰："自河而南，有土地数万里，可以燕、赵比者百数十处。有西京、东京，西京有天子，公卿、士人畦居两京间，皆亿万家，万国皆持其土产，出其珍异，时节朝贡，一取约束。无禁限疑忌，广大宽易，嬉游终日。但能为先王儒学之道，可得其公卿之位，显荣富贵，流及子孙，至老不见战争杀戮。"生立悟其言，即阴约母弟云，窃家骏马，日驰三百里，夜抵襄国界，舍马步行，径入王屋山，请诣道士观。道士怜之，置之门外庑下，席地而处。始闻《孝经》《论语》。布褐不袜，捽草为茹，或竟日不得食，如此凡十年。年三十，有文有学，日闲习人事，诚敬通达，汝洛间士人稍稍知之。开成三年，来京师举进士，于群辈中酋酋然，凡曰进士知名者多趋之，愿与之为交。生尝曰："丈夫一日得志，天子召于座前，以筹画地，取山东一百二十城，唯我知其甚易耳。"因言燕、赵间山川夷险，教令风俗，人情之所短长，三十年来王师攻击利与不利，其所来由，明白如彩画，一一可以目睹。开成四

---

① 《唐五代笔记小说大观》，第 1589 页。

年，客游代州南归，某月日，于晋州霍邑县界，昼日盗杀之。京师名进士闻之，多有哭者，资其弟云至霍邑，取生丧来长安。以某年月日，葬于城南某乡里，其所资费，皆出于交游间。曾祖昌嗣，涿州刺史，祖颎，易州长史。父劝，镇州石邑令。某常以生之材节，荐生於公卿间，闻生之死，哭之。因志其墓。①

范阳卢霈兄弟生于范阳，其地尚武薄文，胡风严重，当与中唐后河北藩镇一直游离于中央政权统治范围外这一政治氛围密切相关。毛汉光对此有过细致的分析，"在安史乱后的河北地区，镇州暨鳔沱河是很重要的社会暨文化线。在此以北，即河北之北部，其人武质极浓，儒学甚淡；在此以南，其文化水准及文风以两京及江东士人看来颇为低下，但仍有若干士人在各地教学或任职州郡。"② 这一划分大致说明了当时地域政治文化氛围。卢氏兄弟家庭世代仕宦，一旦得知读书求进要优于尚武杀伐生涯，立即不惜冒险越境私逃至长安。卢氏兄弟好言攻守之势，这与杜牧志趣相投，故杜牧特以标出。后虽壮志未酬，但其偏向朝廷、向往长安先进文化之心并未因地域政治氛围的限制而泯灭。由此也可反观当地未能有卢氏兄弟经历之文人求进之心受压抑之不利情形。

二 地域经济发展状况与文人求仕心态

晚唐时期，除两京和江南地区，其他地域经济发展缓慢，特别是历经唐末战乱后，田园荒芜，民生凋敝。以湖南为例，当地经济发展落后，故常被作为左降官安置之地。据李德辉《唐代交通与

---

① 杜牧著，陈允吉校点《樊川文集》卷九，上海古籍出版社，2007，第144~145页。
② 毛汉光：《论安史乱后河北地区之社会与文化——举在籍大士族为例》，载淡江大学中文系主编《晚唐的社会与文化》，台北学生书局，1980，第109~110页。

文学》一书统计，唐代湖南安置左降官比江西多一倍。① 湖南本地文人仕进之心不强，主要原因在于经济条件所限，李德辉道："至于知名而未得第，原因有二：出身孤寒，家财有限，不能支持举业，二则身无奥援。""身无奥援"也与经济条件不好有关，游历干谒以求取达人奥援，所需花费也是不低的。同时，"湖南诗人的另一特点是不乐仕进，多隐逸。郴州李韶'固穷不仕'。湘阴诗人任鹄也是有学问而不仕。……原因一是南人仕进困难重重，难以打进文化中心，二是经济上缺乏有力支持。潭州诗人王仲简因家贫，虽'修进士业'却'未能随计入试'。"② 不少文人因家贫而"不乐仕进"，以李群玉为例，《北梦琐言》卷六《李群玉轻薄事》："有诗名，散逸不乐应举，亲友强之，一上而已。"③ 一旦涉足举场，其仕进之心便起。方干《题赠李校书》言其："名场失手一年年，月桂尝闻到手边"，④ 可见其并非"一上而已"。武宗会昌六年（842）有《旅游番禺献凉公》，诗献给岭南节度使李玭，表达无人赏拔的寂寞。大中五年（851）落第后有《将游荆州投魏中丞》，魏中丞为魏谟，时任御史中丞。大中七年（853）以诗《重阳日上渚宫杨尚书》投牛党要员杨汉公，抒落拓之感。接连上书，汲汲求荐，已是干谒常客。其通过多次干谒，有可能获得了一些经济支持；不仅锻炼了胆识，也在不同程度上改变了他的人生价值观，"不乐应举"的观念早已是明日黄花。他说："小子书代耕，束发颇自强。艰哉水投石，壮志空摧藏。十年侣龟鱼，重头在沅湘。"⑤ 大中八年（854），李群玉献诗三百篇于宰相裴休和令狐绹，受知并获得推荐，令狐绹《荐处士李群玉状》称赞他："苦心歌篇，屏

---

① 李德辉：《唐代交通与文学》，湖南人民出版社，2003年，第316页。
② 李德辉：《唐代交通与文学》，湖南人民出版社，2003年，第325页。
③ 《唐五代笔记小说大观》，第1855页。
④ 《全唐诗》卷六五二，第7541页。
⑤ 《自澧浦东游江表途出巴丘投员外从公虞》，《全唐诗》卷五六八，第6634页。

迹林壑，佳句流传于众口，芳声籍甚于一时。守道安贫，远绝名利。"① 为了荐举其入仕，褒扬得有点夸张。得官后，李群玉异常兴奋，道："庶期白雪调，一奏惊凡聋。昨忝丞相召，扬鞭指冥鸿。姓名挂丹诏，文句飞天聪。"② 通过李群玉的求仕经历可以看出，地域经济状况对文人仕进心态的形成作用并不明显，只能作为研究某一地域文人仕进情况的一个参考因素。因为某一地域整体经济状况与文人个体经济条件并不绝对同步，只要文人涉足举场，了解到外界文人仕进情由，同样会尽力克服经济问题，做出读书求仕的努力。

三 地域文化发展状况与文人求仕心态

东汉以后，造纸术的发明使得文人得书越来越容易，书籍的大量印刷给好学的文人提供了极大的便利。入唐后，选择"以书代耕"的谋生方式的文人也越来越多。唐代文化尽管从整体上来看发展状况较好，但由于地域不同的原因，会存在很大差异。戴伟华师指出："因地域不同存在的文化上的差异要比今天明显，只是时人见多不怪，缺少记载，或者在诗文中有所表现，我们不易体会而被忽视了。"③ 具体到不同地域，文化较发达地区，读书求仕多得其门，成功率自然较高；文化不发达地区，读书求仕之风难以形成，文人们求仕无方，成功率也就较低，这当然不利于当地读书求仕风气的形成。如睦州，杜牧在《上周相公启》中道："伏以睦州治所，在万山之中，终日昏氛，侵染衰病，自量忝官已过，不敢率然请告，唯念满岁，得保生还。"④ 可见睦州地理位置相当闭塞，交通不便，但还不至于如杜牧所言"得保生还"。当然杜牧为了入

---

① 《全唐文》卷七五九，第7885页。
② 《始忝四座奏状闻荐蒙恩授官旋进歌诗延英宣赐言怀纪事呈同馆诸公二十四韵》，《全唐诗》卷五六八，第6639页。
③ 戴伟华：《地域文化与唐代诗歌》，中华书局，2006年，第129页。
④ 《樊川文集》卷十六，第236页。

京，对睦州环境可能有夸张的成分，但其文化发展状况之差当可想见。如郑谷《闻进士许彬罢举归睦州怅然怀寄》："桐庐归旧庐，垂老复樵渔。吾子虽言命，乡人懒读书。"① 可以想见许彬归乡后，由于当地难觅读书求仕而志趣相投的文人，是何等的苦闷，友人郑谷才会因其归乡而"怅然"。再如封州，远处岭南，经济发展不如全国诸多地域，但文化发展并不落后，文人读书求进之风一直很浓。白鸿儒《莫孝肃公诗集序》一文载封州状元莫宣卿事：

> 唐宣宗大中五年，龙集辛未，设科求贤。合天下士对策於大廷，胪传以莫公宣卿为第一。公字仲节，广南封州人也。所产之乡曰文德，所居之里曰长乐。厥考讳曰让仁，虽不仕，亦有隐德。蚤年不禄，公母梁氏，恐公孤立无倚，改适。……及今公族子姓言动气象，犹有公之遗风。虽乡曲五尺童子与夫田野愚夫愚妇，皆重公名，莫不喜谈乐道之。凡游於庠序者，罔不贤其贤。守其宗祀者，莫不亲其亲。得非状元公神化之所感也耶？②

这位莫宣卿状元之所以成名，与其母亲的苛责密切相关。从文中可以看出，其母因其父未仕，毅然改嫁，可见当地读书求进之风是多么浓厚！成名后，莫宣卿成了家乡后学者的榜样，故数年后的咸通十三年，户部侍郎、翰林学士承旨张祎被贬到封州，"封民语不可解，祎时以文义教之，渐知诗书，士子日来请益，与论文章，无倦时。"③ 亦可见当地文人上进之心。

唐代关中、河南地区多为旧族和权贵聚居之地，读书求仕观念

---

① 郑谷著，傅义校注《郑谷诗集编年校注》，华东师范大学出版社，1993年，第135页。
② 《全唐文》卷八一六，第8590～8591页。
③ （清）屠英等修，江藩等纂《肇庆府志》卷十七，《续修四库全书》第七一四册《史部　地理类》，第404页。

早已深入人心，明人李东阳道："唐之盛时称作家在选列者，大抵多秦晋之人也。盖周以诗教民，而唐以诗取士，畿甸之地，王化所先，文轨车书所聚，虽欲其不能，不可得也。"① 说的就是这一现象。晚唐东南地区经济文化发达，扬州、金陵、苏州、杭州等通都大邑为文人宦游之中心。除以上地域外，普通州县文化发展大不相同，地域差别很大，文人求仕情形亦不尽相同。如江西袁州，中晚唐时经济文化发展迅速。②《唐才子传》载当地词人王毂作《玉树曲》词，大播人口，并以此词喝退了无赖，③可见当地崇尚文学之风。韦庄《袁州作》云："家家生计只琴书，一郡清风似鲁儒。"④赞该地文化氛围浓郁，人们崇尚读书求仕之风。又《题袁州谢秀才所居》有"主人年少已能诗"，⑤亦可见当地文化教育之发达。如卢肇状元及第，《成名后作》："桂在蟾宫不可攀，功成业熟也何难。今朝折得东归去，共与乡闾年少看。"⑥以自己成功折桂事例回乡教育年轻一辈，鼓励他们参加科举考试而求仕。

福建在晚唐前期仍属文化不太发达地区，只有到唐末战乱中入闽文人增多后，文化氛围才逐渐浓厚起来。黄滔《祭陈侍御（峤）》：

> 首武德之科级，自贞元之英哲，其后继生硕儒，叠叠鸿都，交怀荆璞，互握隋珠。皆指期于拾芥，终恸哭于弯弧。洎宣皇之后年，则夫子之斯出。……天子复含元谒见，有司新都省权衡。巍巍令闻，赫赫嘉声。……十二人林君茂蹐，一百年莆邑大数。……滔乡则中外亲姻，帝里则参差砚席。干名而后

---

① （明）李东阳：《麓堂诗话》，中华书局，1985年，第8页。
② 参见《地域文化与唐代诗歌》附录"中晚唐袁州诗文"，第215~270页。
③ 傅璇琮主编《唐才子传校笺》（第四册），第358页。
④ 韦庄撰，聂安福笺注《韦庄集笺注·浣花集》卷六，上海古籍出版社，2002年，第249页。
⑤ 《韦庄集笺注·浣花集》卷第六，第250页。
⑥ 《全唐诗》卷五五一，第6443页。

第一章　地域因素与晚唐文人求仕心态

乎一纪，论友而仰乎三益。蝉槐给念，几同京洛之愁。莺柳看时，各署神仙之籍。……滔复晓夕以思，江山之事，林君则以合浦垂名，夫子则以申秦得意。高步斯振，宏规靡异。前辈旷世，后来遂志。俱蟠使下之柏，俱擅乙中之二（林端公贞元七年首闽越之科第，以《珠还合浦赋》擅名。后十年莆邑许员外荣登。自此文学之士继踵，而悉不偶。时旷八十七年始钟于延封。其文以申秦续篇擅名，后六七年徐正字及第，兼滔尘忝。林端公同延封榜皆第十二人，皆开路于后人，皆终使府大判官。判官皆柏台。林荆南、延封闽中也）。①

此文详述了闽地进士登科者情况和仕履之荣耀，大致是：贞元七年林藻登第，后十年许稷登第。自后虽读书求仕人很多，但均未中，直到八十七年后陈峤登第，后又有徐寅和黄滔本人中第，可见福建一地进士及第者仅五人。② 在《司直陈公墓志铭》中，黄滔言未及第者有"陈厚庆陈泛陈黯林显许温林速许龟图黄彦修许超林郁"，"俱以梦笔之词，籯金之学，半生随计，没齿衔冤，旷乎百年。"③ 登第者虽少，但只要有人负有文名甚或登第，便会带给乡人巨大鼓舞，薪火相传，不绝于路，这也是文化不太发达地域文人求仕之特征。如未第文人陈黯是黄滔姑夫，文名早负；黄滔又有外甥翁袭明者，少小读书求进，赴举时黄滔亲为之序，其中"中兴之第，吾庆有司之得人，非庆袭明得也。"④ 言词巧妙，一箭双雕，充满期待。

---

① 《莆阳黄御史集》，第 245~249 页。
② 黄滔统计有误。《唐摭言》卷十五《闽中进士》载有薛令之，"闽中长溪人，神龙二年及第，累迁左庶子"；欧阳詹，"闽越之人举进士，繇詹始也。"又与薛令之矛盾。见《唐五代笔记小说大观》，第 1707 页。笔者据陈尚君《唐代闽籍诗人考》统计整个唐代闽籍诗人登第者共二十三人。《唐代文学丛考》，中国社会科学出版社，1997 年，第 171~183 页。
③ 《莆阳黄御史集》，第 316 页。
④ 《送外甥翁袭明赴举序》，《莆阳黄御史集》，第 183 页。

某一地域文化只有与外地进行文化交流才能发展起来，如果该地文化本就不太发达，文人与外界缺乏交流，自然影响其仕进成效，仕进之心就会遭到挫折。罗隐的遭遇就颇为典型，《北梦琐言》卷六《罗顾升降》：

> 唐罗给事隐、顾博士云俱受知于相国令狐公。顾虽鹾商之子，而风韵详整；罗亦钱塘人，乡音乖剌。相国子弟，每有宴会，顾独与之，丰韵谈谐，莫辨其寒素之士也。……罗既频不得意，未免怨望，竟为贵子弟所排，契阔东归。①

罗隐与顾云一同受知，但遭冷遇的原因竟是"乡音乖剌"，与人没法交流。罗隐为浙江新城人，②虽距余杭大郡不远，但文化并不发达，且未能做好求仕时之语言准备，难免与人产生距离。出生于池州的顾云则不然，按说池州方言亦属南方口音，北人难以听明；但池州地处长江之滨，交通便利，出生于池州的杜荀鹤道："池阳今日似渔阳，大变凶年作小康。江路静来通客货，郡城安后绝戎装。"③可见池州在唐末战乱中一旦得以休养生息，凭借地理位置的优越便很快重新繁荣起来。晚唐大量文人出身于此地，有名者如杜荀鹤、顾云、殷文圭、张乔、张霞、张蠙、周繇、周繁、孟迟、卢嗣立、康骈、王季文等。池州交通便利带来文化信息的畅通，文化相对发达，文人求仕之风盛行。顾云父为盐商，眼界开阔，故其为求仕早有准备，学好了官话，言谈之间，诙谐且有风度，根本看不出其来自僻远之地，当是见多识广且与外界多交流所致。罗隐本就自负才学，以《谗书》行卷，其中文章议论风生，纵横捭阖，

---

① 《唐五代笔记小说大观》，第1859页。
② 参见《唐才子传校笺》（第四册）周祖譔、吴在庆关于罗隐籍贯的辩证，第112~113页。
③ 《献池州牧》，《〈唐风集〉校注》卷二，《杜荀鹤及其〈唐风集〉研究》，胡嗣坤、罗琴著，四川出版集团巴蜀书社，2005年，第151页。

未想到因乡音这一颇不起眼的小问题遭人冷遇，自是仕进之心大挫，怨刺之心萌生，在一定程度上影响了其求仕之途和心态。

第三节　域外入唐文人求仕心态

晚唐入华之域外文人，据现存资料，主要来自日本、大食、渤海、新罗等国。日本国文人晚唐时来华，并未打算在唐求仕为官，可不论。大食国晚唐来华文人二人：李彦昇，大中二年（848）登宾贡进士；波斯人李珣，在僖宗乾符六年（879）登第，二人登第后情形无考。[①] 渤海国晚唐来华文人二人，即该国宰相乌昭度、乌光赞父子。[②] 乌昭度及第时，由于排名在新罗进士李同之前，还引发两国一场争论，[③] 可见唐时周边小国对唐进士科第之重视。

晚唐入华文人主要来自新罗。《唐会要》卷三十六《附学读书》载："开成二年三月……新罗王差入朝宿卫王子，并准旧例，割留习业学生，并及先住学生等，共二百十六人。"[④] 可见人数不少。此后至唐末，新罗入唐文人登进士第者不乏其人。"严耕望考出新罗人在唐登宾贡有23人，其引安鼎福（1712～1791）年《东史纲目》卷5上曰：'长庆初，金云卿始登宾贡科。所谓宾贡科者，每自别试，附名榜尾。自云卿后至唐末，登科者五十八人，五代梁唐之际亦至三十二人。'考得有名者'金云卿、崔致远、崔慎

[①] 高明士《隋唐贡举制度》言："开成三年是日本遣唐使第十七次赴唐，其前一次在贞元二十（804）年……但此次可考五人之中，除伴始满、长岑宿祢之目的不明以外，其余三位之中，春苑宿祢玉成是专程请益阴阳学；菅原梶成是请益医学；伴须贺雄是唯一获准入长安的请益生。……请益生当无意也不易在唐建立功名。开成三年的遣唐使团，实际上是日本最后一次派遣到达中土者。"台北文津出版有限公司，1999年，第153页。

[②] 《隋唐贡举制度》，第151页。

[③] 详见党银平《从崔致远诸文看唐末与新罗的交往关系》一文，《南京师范大学文学院学报》2004年第2期。

[④] （宋）王溥：《唐会要》卷三十六，上海古籍出版社，2006年，第668页。

之、崔承祐、朴充、金夷鱼、崔利贞、金叔贞、朴孝业、金允夫、金立之、朴亮之、李同、崔霙、金茂先、杨颖、崔涣、崔匡裕、金绍游、金可纪、朴仁范、金文蔚、金渥.'"① 严考虽详，仍漏一人名崔彦㧑者，僖宗中和五年（885）第。据《登科记考》（中）："《东国通鉴》载：'彦㧑，新罗人，禀性宽厚，自少能文。年十八，入唐登科。……及卒，年七十七，谥文英.' 以年推之，及第在是年。"② 本部分拟从地域因素角度探讨新罗文人来华求仕心态。需说明的是，由于崔致远本人留下的作品最多，后世关于他的记载也最多，故下文中所引材料自然以他为主，其他文人作品和有关记载亦会适当加以引用。

一 他山之石，可以攻玉

晚唐大量新罗文人来华，其中不少人参加了科举考试。由于唐政府对域外文人在仕宦方面的政策限制，他们不可能在唐博得高位。但在唐登进士第的身份却可以使他们回国后颇具仕宦之资，进而可能实现个人政治理想，恰可谓"他山之石，可以攻玉"的求仕心态。这一心态的形成独具其背景、动机和利益支持，其中地域因素之作用明显。

（一）求仕心态之背景

大量新罗人来华是建立在两国关系发展良好的基础之上的。据崔致远《上太师侍中状》云：

> 伏闻东海之外有三国，其名马韩、卞韩、辰韩，马韩则高勾丽，卞韩则百济，辰韩则新罗也。高勾丽、百济全盛之时，强兵百万，南侵吴越，北挠幽燕、齐鲁，为中国巨蠹。……我武烈大王请以犬马之诚，助定一方之难，入唐朝谒，自此而

---

① 《隋唐贡举制度》，第149页。
② （清）徐松撰，赵守俨点校《登科记考》，中华书局，1984年，第885页。

始。……至今三百余年，一方无事，沧海晏然，此乃我武烈大王之功也。①

正因为唐罗两国长期的友好交往，唐政府对来华入四门馆学习文人给予了一定程度的物质帮助，据崔致远《遣宿卫学生首领等入朝状代新罗王作》云：

> 贞观元年……上谓侍臣曰："朕虽以武功定天下，终当以文德绥海内。"寻建学舍数百间，聚四方生徒。无何诸蕃慕善，酋长请遣子弟受业，许之……学其四术，限以十冬……买书金则已均薄贶，读书粮则窃觊洪恩。且千里之行，聚费犹劳于三月；十年为活，济穷惟仰于九天……（伏乞）敕京兆府，支给逐月书粮，兼乞冬春恩赐时服。所冀身资饱学，无忧馁在其中；迹异暗投，不愧艺成而下。更沾荣于挟纩，终免苦于易衣。②

可见这些帮助是以十年为限的，主要是以"读书粮"和冬春"时服"形式提供，基本解决了新罗入学文人的生活问题。

从地域因素来看，新罗来华文人比本土文人求仕更为辛苦，除了路途遥远之外，身份、语言、生活习惯等方面都会碰到很多困难。好在中晚唐时，山东、河南、江苏境内已有新罗人聚居区，大者已形成不同规模的"蕃坊"。③ 比如崔致远《进诗赋表状等集状》云：

---

① 《全唐文》第十一册《唐文拾遗》卷四三，第10863页。
② （新罗）崔致远：《孤云集》卷一，《韩国文集丛刊》第一辑，景仁文化社，1996年，第158～159页。按：此篇《全唐文》和《全唐文补编》均未收录，本文转引自张伯伟《"宾贡"小考》一文，《古典文献研究》第六辑，江苏古籍出版社，2003年，第275～299页。
③ 赵红梅：《从在唐新罗人看唐罗民间关系》一文对唐时新罗在华形成的蕃坊考证颇详，可以参看。延边大学硕士学位论文，2003年。

臣自年十二离家西泛，当乘桴之际，亡父诫之曰："十年不第进士，则勿谓吾儿，吾亦不谓有儿。往也勤哉，无隳乃力。"臣佩服严训，不敢弥忘，悬刺无遑，冀谐养志。……观光六年，金名榜尾。①

十二岁的孩童，其父并未送行，应该是与别人一同来华，开始的落脚点极可能是这些新罗人聚居区，这为首次来华的新罗文人融入唐朝社会提供了较为便利的条件。

（二）求仕心态之动机

新罗文人大量来华，出自为祖国效力进而实现个人政治理想的动机。据王氏高丽时期的历史学家金富轼说，新罗"以至诚事中国，梯航朝聘之使，相续不绝。常遣子弟，造朝而宿卫，入学而讲习，于以袭圣贤之风化，革鸿荒之俗，为礼仪之邦"，②特设宾贡科以待之。其他诸国学子固有登宾贡科第者，毕竟是少数，而新罗自长庆至五代登第者盖近百人。③这是言其出自羡慕心理才就试。其实，深层原因还在于当时新罗实行严格的"骨品"制度，④普通文人很难进入中上层统治集团，再加上内乱不已，这些文人为了寻求治国良策，实现个人政治理想，不远万里入唐求学，其间辛苦可想而知。

（三）求仕心态之利益支持

唐作为新罗之宗主国，入唐文人归国后受重用的机会更多，登第进士身份更为隆显，回国后多担当朝中大吏、翰林学士或外交使节等重任，这一非常现实的利益支持和仕宦前景势必激励文

---

① 《全唐文》第十一册《唐文拾遗》卷四三，第10862页。
② 金富轼原著，孙文范校勘《三国史记》卷十二《新罗本纪》，吉林文史出版社，2003年，第171页。
③ 严耕望：《新罗留唐学生与僧徒》，转引自高明士《隋唐贡举制度》，第148页。
④ 参见倪文波《崔致远文学创作研究》第一章"崔致远的生平"相关时代背景论述，中央民族大学2006年博士学位论文，第5页。

第一章　地域因素与晚唐文人求仕心态

人大量入唐求取科第。为说明此一问题，兹看新罗文人回国后仕宦情形：金岩入唐兼宿卫并学历法，回国后为司天大博士；① 崔致远在唐登第后只做过县尉和幕府馆驿巡官，回国后任侍读兼翰林学士、守兵部侍郎、知瑞书监；崔彦㧑登第归国后任执事侍郎、瑞书院学士；② 哪怕没有登第，只要有过入唐求学经历，也会适当任用，如新罗元圣王五年（789，唐贞元五年），以子玉为扬根县小守，执事史毛肖驳言：子玉不以文籍出身，不可委分忧之职。侍中议云：虽不以文籍出身，曾入大唐为学生，不亦可用耶？王从之。③

二　政策优惠，渴求登第

出于地域因素考虑，唐政府对域外文人参加科举考试有政策优惠，较本土文人而言，主要体现在手续简化、人数固定和标准降低三方面，这当然大大强化了域外文人在唐求第之心。

（一）手续简化，入试便捷

唐代本土文人参加科举考试，需由国子监荐举或到地方州府取得解送文书方可获取资格，但对域外文人来说，由于他们主要入国子监学习，只需要国子监荐送即可，无须地方荐送。④ 这看起来与本土国子监生参加省试者手续相同，但由于二者来自不同地域，相较于域外文人，本土文人具有较多的人脉资源，若双方都需游走各地干谒求荐的话，域外文人必定吃亏。所以无须地方荐送这一规定，简化了域外文人要求参加省试的手续。但无须地方荐送并非禁止域外文人干谒地方权要，为了提高登第的保险系数，一些域外文人也会寻求地方藩镇荐引。据陈黯《华心》载："大中初年，大梁连帅范阳公得大食国人李彦昇，荐于阙下。天子诏春司考其才，二

---

① 《三国史记》卷四十三，第503页。
② 《三国史记》卷四十六，第527、530页。
③ 《三国史记》卷十《新罗本纪第十》，第107页。
④ 详见张伯伟《"宾贡"小考》一文。

年以进士第名显,然常所宾贡者不得拟。"① 李彦昇得宣武节度使卢钧荐举后,天子下诏交由礼部考其才华,且于第二年登第,可见程序上与本土文人一致。所谓"然常所宾贡者不得拟",当指普通域外文人拟参加科考者不可效仿。言下之意,此不可效仿的应是域外文人参加科考时由藩镇节帅专门荐举这一做法。既然不一定要由地方荐举,域外文人参加科考手续也就简化了。但此例有可能诱发域外文人在考试前获得权要荐引的渴望,如崔致远及第前与很多普通本土文人一样,到处干谒求人。他在咸通十四年(873)参加进士科考试前曾远赴襄阳,上书山南西道节度使兼襄阳刺史李蔚,在《上襄阳李相公让馆给启》中云:"切念致远,久役旅游,又萦微恙,精神沉顿,气力疲羸。未获走拜旌幢,整持簦屦;犹滞身于客舍,唯恋德于高门……"② 崔于次年(僖宗乾符元年,874)及第,是否因这次干谒而成功已难考证,但他利用域外文人身份求荐,并以宾贡身份登第的努力正说明地域因素在其中所起的重要作用。实际上,不少域外文人举目无亲,连崔致远这样上书求荐的门路都没有。由此可见,手续简化对于入唐不久且无权要荐引之域外文人赴试是具有很大便利作用的。

(二)名额固定,登第有望

对于域外文人参加科举考试,唐政府在录取名额方面相对固定,只是未见明确的官方资料记载,故本文拟于此处作一推测。《南部新书》丙集:"大中以来,礼部放榜,岁取三、二人,姓氏稀僻者,谓之色目人,亦谓曰榜花。"③ 所谓"色目人",应是当时对外国来华者的统称。高明士认为:"唐朝对于这些'姓氏稀僻'的塞外人、西域人,称为'诸色目人',或单称为'色目人'"。④ 但对此条材料的理解也有另一种解读,萧涤非在《皮子文薮》前

---

① 《全唐文》卷七六七,第7986页。
② 陈尚君:《全唐文补编》卷九七,中华书局,2005年,第1190页。
③ (宋)钱易撰,黄寿成点校《南部新书·丙》,中华书局,2002年,第34页。
④ 《隋唐贡举制度》,第153页。

第一章 地域因素与晚唐文人求仕心态

言中引用了这条材料后,"这才恍然大悟,皮日休之得以榜末挂名,在很大程度上叨光了他的尊姓。"① 皮姓确实稀僻,皮日休为此还遭人嘲笑。② 但问题是此一优惠政策是本土僻姓文人和外国文人共享呢还是只面向其中一方? 从相关材料来看,这应是只面向外国文人,皮日休中第并非由此。因为此则材料为一孤证,只见萧涤非的推测,且后代均没有关于唐代其他本土文人因姓氏稀僻而侥幸及第的记载,倒是有本土非僻姓文人于榜末及第。如邹希回,"咸通十三年三月,新进士集于月灯阁为蹴鞠之会。……邹希回者,年七十余,榜末及第。"③ 陈河,大中十四年中书舍人裴坦知贡举,放进士三十人,"惟陈河一人孤贫,负艺第于榜末。""时举子尤盛,进士过千人,然中第者皆衣冠士子……皆以门阀取之。"④ 邹、陈二姓均非僻姓,二人却能于榜末及第,从反面说明唐时对本土如皮日休等僻姓文人并无榜末照顾登第的优惠政策,可见高明士之解读较之萧涤非之解读更为恰当。由于域外文人登第后单列于榜尾,故本土文人如邹希回、陈河登第之榜末当还在域外文人之前。

中晚唐时期宾贡文人主要来自新罗,安鼎福(1712~1791)《东史纲目》曰:"长庆初,金云卿始登宾贡科。所谓宾贡科者,每自别试,附名榜尾。自云卿后至唐末,登科者五十八人,五代梁唐之际亦至三十二人。"其次为渤海,今可考者有5人。还有大食

---

① 皮日休:《皮子文薮》附录三"一九五九年版前言",上海古籍出版社,1981年,第251页。
② (唐)无名氏撰,阳羡生校点《玉泉子》载:"皮日休,南海郑愚门生。春关内尝宴于曲江,醉寝于别榻,衣囊书笥,罗列旁侧,率皆新饰。同年崔昭符,镣之子,因蔑视之,亦醉更衣。见日休谓其素所熟狎者,即固问,且欲戏之。日休童仆遽前呼之,昭符知日休也。曰:'勿呼之,渠方宗会矣。'以其囊笥皆皮,时人传之,以为口实。"《唐五代笔记小说大观》,第1425页。
③ 《唐摭言》卷三《慈恩寺题名游赏赋咏杂记》,《唐五代笔记小说大观》,第1608页。
④ (宋)王钦若等:《册府元龟》卷六百五十一《贡举部·谬滥》,中华书局,1960年,第7802页。

人李彦昇、波斯人李珣2人。① 可见，自从金云卿在长庆初年登第后，至大中时已有不少域外文人登第。唐政府为了和睦边疆，有意从大中后开始每科都让少数域外文人登第，"岁取三、二人"当为约数。因为大中至唐末共六十年，按此计算，当有一百二十至一百八十人左右，而已考出的域外登第文人即使加上长庆至大中时的一共也才六十五人，当有大部分已难考知。由于唐王朝对于域外文人在录取名额上的相对固定，这就极大地刺激了这些文人求仕之心，甚而多年不第也绝不放弃，走上了一条与本土文人一样的充满坎坷的求仕之路。

从上引崔致远两篇作品可知，新罗文人来华是以十年为限的，这当指入学后和参加科举考试成功之前这段时间。若登第，衣食自然不成问题；若十年仍未能登第，新罗政府提供的"买书金"和唐政府提供的衣食补贴就会取消，这一政策让新罗文人颇感压力。上文所引崔致远父亲的话看似有些绝情，实际上正是在这一政策背景下的勉励之词。当然，十年不第后仍滞留在唐谋求登第者大有人在。如崔匡裕，屡试不第，长期羁留在唐，其《长安春日有感》云："麻衣难拂路歧尘，鬓改颜衰晓镜新。上国好花愁里艳，故园芳树梦中春。扁舟烟月思浮海，羸马关河倦问津。只为未酬莹雪志，绿杨莺语大伤神。"② 其中充满了功名未就的凄凉。又《送乡人及第归国》："同离故国君先去，独把空书寄远家"，指自己未能登第，难以告慰亲人，家信自是"空洞"之语。《郊居呈知己》："仙桂未期攀兔窟，乡书无计过鲸涛。"《早行》："谁念异乡游子苦，香灯几处照银屏。"③ 再如顾非熊《送朴处士归新罗》："少年离本国，今去已成翁。客梦孤舟里，乡山积水东。鳌沉崩巨岸，龙

---

① 转引自《隋唐贡举制度》，第149~153页。
② 《全唐诗》第十五册《全唐诗续拾》卷三十六，第11452页。
③ 这三首诗转引自查屏球《从游士到儒士——汉唐士风与文风论稿》一书附论：《新补〈全唐诗〉一百首——高丽〈十抄诗〉中所存唐人佚诗》，复旦大学出版社，2005年，第584~585页。

第一章 地域因素与晚唐文人求仕心态

斗出遥空。学得中华语，将归谁与同。"① 此朴姓文人在唐多年，仍失意而回。由此亦可见到，名额固定是一把双刃剑，虽对新罗文人求仕给予了心理上的保障，却也加大了科场竞争的激烈程度，但从整体上来说对新罗文人是有利的。

（三）标准降低，不为空言

宾贡文人考试时采取"别试"，且受到一些优待则是肯定的。如崔致远《与礼部裴尚书瓒状》云："春官历试，但务怀柔，此实修文德以来之，又乃不念旧恶之旨。"② 谢海平《唐代留华外国人生活考述》云："唐中叶以后，蕃胡留学中国，参与贡举者甚众，因又有宾贡科之设。宾贡之制，异于一般科目，其特色为'各自别试，附于榜尾'，盖以蕃胡的国学修养不及唐人，故命题、阅卷、放榜均不得与唐人同列也。"③ "不与唐人同列"，标准自是有所降低。党银平认为"异邦贡士与唐本国士子同等对待"则有武断之嫌。④ 兹举一例：尹鄂《嘲李珣》宾贡李珣，字德润，本蜀中土生波斯也，少小苦心，屡称宾贡。所吟诗句，往往动人。尹校书鄂者，锦城烟月之士，与李生常为善友。遽因戏遇嘲之，李生文章，扫地而尽。诗曰：

> 异域从来不乱常，李波斯强学文章。假饶折得东堂桂，胡臭薰来也不香。⑤

李珣之所以"屡称宾贡"正在于唐政府给予宾贡文人考试时标准降低的优惠政策，否则何必如此徒然惹人嘲弄？尹鄂此诗既嘲笑李珣生为波斯人不懂中原文化却勉强向学，又嘲其希望以宾贡身份获

---

① 《全唐诗》卷五百九，第5824页。
② 《全唐文补编》卷九七，第1190~1191页。
③ 台湾商务印书馆，1978年，第124页。
④ 党银平：《唐代有无"宾贡科"新论》，《社会科学战线》2002年第1期。
⑤ 《全唐诗》第十四册《全唐诗续补遗》卷一三，第10749~10750页。

得优待而及第；再讽其即使以此冒充手段得第，也不是真材实料，同样为人瞧不起。诗虽写得刻薄，但明确反映了宾贡文人考试时受到优待的事实。

或曰，既然名额固定，何不将域外文人录取标准与本土文人相同？乍一看来，确实这样，也就是说，只要本土文人不占用域外文人名额，标准高低有何区别？但要知道，域外文人才学如崔致远者不可能为多，若皆按本土文人录取标准，就会出现无人达标的局面。此时就会出现两难情形，是宁缺毋滥而将名额作废呢还是再行降低标准录取？名额作废则成空言，失信于人；再行降低标准则会耽误整体科考成绩公布，均不可取。何况若不事先表明标准已降，必然令不少域外文人知难而退，这就有违唐政府利用科举来显示睦邻友好国策的初衷，岂不因小失大？所以说，降低录取标准是一明智的技术层面的决策，对域外文人求仕心态起了积极的引导作用。

要言之，考试手续简化、录取人数的保障和录取标准的降低等优惠政策，在唐朝统治者心中是对外夷的一种恩赐，当触及人才使用这一根本问题时，防范和歧视心理就会表现无遗。一是在放榜形式上，将域外文人列于本国文人之后，虽在同一榜上，但名次却分为两种，而按唐代政策，及第进士授官好坏与进士登第时的排名密切相关。如崔致远在《谢职状长启》有"某东海一布衣也，顷者万里辞家，十年观国，本望止于榜尾科第，江淮一县令耳"之句，又在《谢探请料钱状》言"蓬飞万里，迷玉京之要路通津；桂折一名，作金榜之悬疣附赘。乃是常常之事，徒云远远而来。"[①] 前引高丽朝名臣崔瀣语"附名榜尾"亦言此一事。二是授官时只授卑微小官，远不能和本土文人所授官职相比，甚或干脆不授。此即崔瀣所言"不得于诸人齿，所除多卑冗，或便宜放归。"故崔致远仅望登第后得"江淮一县令"，其及第后守选三年多方得宣州溧水

---

① 二文分别见于《全唐文》第十一册《唐文拾遗》卷四二，第10846~10847、10849页。

尉这一低职。不授官放归情况亦有，如张乔《送人及第归海东》："东风日边起，草木一时春。自笑中华路，年年送远人。"① 杜荀鹤《送宾贡登第后归海东》："归捷中华第，登船鬓未丝。直应天上桂，别有海东枝。国界波穷处，乡心日出时。西风送君去，莫虑到家迟。"② 两诗均未言期待再会之愿望，可见这两位及第者应是就此归国，而不是归国守选后再图在华得官。这些防范和歧视政策，域外文人已有心理准备，故许多域外文人目的只在登第而取回国入仕之资；相对于唐政府政策方面的优惠，这些因地域因素而产生的不利方面并不会对域外文人求仕心态产生多少实质性的冲击。

小结

其一，文人仕进心态与其所处地域关系密切。距离都城长安远近的自然因素，地域政治、经济、文化等社会因素都会对文人求仕心态产生不同程度的影响。

其二，地域自然因素对文人求仕心态影响颇为明显。唐都长安偏处西北，这无疑增加了东南等僻远之地文人求仕的时间、经济方面的压力，疲惫伤感之心会伴随他们求仕的整个过程。这一心态在他们的诗文中多有表现，刘蜕、陈季卿二人的境遇较具典型意义。

其三，地域社会因素对文人求仕心态有着不同程度的影响。地方行政长官意志往往决定着地域政治和文化氛围，进而影响当地文人求仕之心。江西钟傅大力资助乡贡举子赴京应试，从而形成良好的地域仕进之政治文化氛围；河北不臣之强藩采取与朝廷有意隔绝的政策，地域政治氛围紧张，文化发展滞后，自然阻碍了文人求仕之心，造成绝大部分文人无缘仕途，但仍有少数文人冒险求进，鲜明地体现了地域政治氛围对文人求仕心态具有较大的影响力。地域

---

① 《全唐诗》卷六三九，第7376页。
② 《〈唐风集〉校注》卷一，《杜荀鹤及其〈唐风集〉研究》，第53页。

经济状况则与文人求仕心态之间并无必然联系。据研究，如湖南在晚唐时多为官员贬谪之地，经济并不发达，不少文人因家贫而难以应举。但家贫如李群玉者，一旦步入求仕之列，经验和教训的积累反而会更加促使其求进之心。地域文化的发展程度与文人求仕之心一般是成正比的。文化欠发达地域如睦州，读书求进士人很少，而文化较发达之封州，士子读书之风浓厚。整体来看，关中、河南、江南大邑之地文化发达，颇尚求仕之风，江西袁州是一典型个案，福建在晚唐时期的文化发展同样使得其著名文人逐渐增多。地域文化的交流可促使文人眼界开阔，易识求仕之途，而相对闭塞的环境则会使求仕准备不足，成为失败的原因之一，顾云、罗隐二人成败之因，据此可一窥个中情由。

其四，晚唐域外入唐文人主要来自新罗，其中以崔致远最为著名，他的求第心态最为典型。这些新罗文人求第心态可概括为两种：一是他山之石，可以攻玉。唐与新罗之间良好的外交关系这一时代背景、新罗文人为国效力进而实现政治理想的个人动机、留学大唐回国后易于入仕升迁的利益支持是形成这一心态的三个原因。二是政策优惠，渴求登第。新罗文人参加晚唐科举考试，手续相对简化而便捷。唐廷每年均有两三个录取名额专给域外文人，使得这部分文人求第之心大增。为了和睦边疆，唐廷降低了录取标准，客观上促使大量域外文人参加科考。这些优惠政策的实施，整体上鼓励和引导了新罗文人在唐求第之心，鲜明地体现了地域因素在此中所起的重要作用。

第二章
阶层因素与晚唐文人求仕心态

　　唐代是我国中古时期最后一个讲究门第的朝代,近三百年中,文人仕进以门第和科举交相作用。魏晋以来的门第观念在当时大行其道,但为了巩固和扩大统治基础,又实行科举考试,大量非门阀旧族子弟得以进入仕途。非门阀子弟凭才学求仕,门阀子弟除可凭才学外,还可凭门第抢占入仕先机,增添仕途之砝码。这样,文人仕进问题就不是仅凭才学取胜那么简单,而是变成唐代社会中一个非常复杂的社会问题,引起广泛的关注;同时,文人由此而创作的文学作品在历代也是最多、最著名的。晚唐文人在此问题上的特别之处在于仕进心态的世俗化倾向非常明显,不仅初盛唐文人建功立业的理想渐行渐远,中唐文人锐意改革的志向也已几乎消磨殆尽;以书代耕、求禄养亲的谋生需求使得他们以进入仕途获取官俸作为人生最值得追求的生存和发展方式,并得到全社会的普遍推崇。但由于种种因素所限,这样一种人生选择对大多数文人来说注定是一条坎坷的道路。本章试从阶层因素这一角度分析文人求仕问题及由此产生的各种心态。

　　"阶层"是社会等级划分中亚于"阶级"的一种人群划分概念。本文避免使用阶级概念,主要原因在于传统的阶级观念认为封建社会时期对立的只有地主阶级和农民阶级:地主阶级是统治阶级,以剥削农民劳动成果为生;农民租用地主的土地,受地主阶级的剥削。这是按社会经济地位且有明显对立倾向的划分。但

实际情况是唐代存在大量的自耕农，即平民，他们有的雇有奴仆，同时又亲自参加劳作，唐代下层寒素文人绝大部分来自此类平民群体。[①] 因此我们认为使用阶层概念更能准确反映文人群体的真实面貌。据此，本文将晚唐未仕文人划分为士族、小姓、寒素三个阶层，研究其求仕心态特征。其中士族文人构成较小姓、寒素复杂，其求仕心态多样，故下文论述的主体也以士族文人求仕心态为主。

第一节　士族文人求仕心态

关于唐代士族范围，毛汉光《中国中古社会史论》第二篇"中古统治阶层之社会成分"认为："本书士族之定义，包含柳芳所说的郡姓、虏姓、吴姓；亦包括正史中所提及的大族；还包括一切三世中有二世官居五品以上的家族，其中有唐代新族——列朝皇室亦包含在内。故本书所谓士族实比一般所谓高门大族之门第的范围为广，是广义的士族。"[②] 再看中唐柳芳所说的郡姓、虏姓、吴姓范围："过江则为侨姓，王、谢、袁、萧为大。东南则为吴姓，朱、张、顾、陆为大；山东则为郡姓，王、崔、卢、李、郑为大；关中亦号郡姓，韦、裴、柳、薛、杨、杜首之；代北则为虏姓，元、长孙、宇文、于、陆、源、窦首之。"[③] 毛汉光书又在第四篇"中古士族性质之演变"中言及新族之范围："唐代新族者，系指新进士族、新进士族之后裔、蕃姓等。换言之，士族阶层中除去魏晋南北朝以来的旧族以外，盖称唐代新族。"[④] 毛汉光关于士族范围之界定虽较宽泛，但包括了自魏晋以来无论是自我标榜还是他人

---

① 参见韩国磐《隋唐五代史论集》之"隋唐五代时的阶级分析"，三联书店，1979，第1~87页。
② 毛汉光：《中国中古社会史论》，上海书店出版社，2002年，第37页。
③ 柳芳：《姓系论》，《全唐文》卷三七二，第3778~3779页。
④ 《中国中古社会史论》，第103页。

第二章 阶层因素与晚唐文人求仕心态

认可的士族在内,是可信的;其关于士族包括魏晋南北朝以来的旧族和入唐后的新族观点,较为准确地反映了唐代士族性质演变之特质。蕃族是指异族后裔在唐之姓氏,《北梦琐言》卷第五《中书蕃人事》:"李肇《国史补》云:'贞元末,有郎官四人,自行军司马赐紫而登粉署,省中谑之为四君子也。'唐自大中至咸通,白中令入拜相,次毕相諴、曹相确、罗相劭,权使相也,继升岩廊,崔相慎猷曰:'可以归矣,近日中书尽是蕃人。'盖以毕、白、曹、罗为蕃姓也。"① 蕃族入唐后,凭事功、科举等非门第因素而进入高层官僚队伍者越来越多,由于政治、经济地位的升迁,他们自然要求在门第上给予尊崇,为巩固其既得利益和进而猎取新的利益张本。初唐时朝野上下对此问题之争论正反映这一大势所趋之现实。② 中晚唐后,新族在科举方面的斩获越来越多,直接威胁到旧族在政治、经济方面的既得利益,从而引发旧族和新族之文人纷纷进入科举,特别是进士科中求仕之局面。如崔雍,"与兄朗、序、福昆仲八人,皆升籍进士,列甲乙科,尝号为'点头崔家'。"③ 再如范阳卢氏,"自兴元元年癸亥德宗幸梁洋,二年甲子鲍防侍郎知举,至乾符二年乙未崔沆侍郎知举,计九十二年,而二年停举;九十年中,登进士者一百一十六人,诸科在外。"④ 据孙国栋统计,肃宗至唐亡,科举人数中世族家庭出身者占76.4%,中等家庭和寒族出身者占23.6%。⑤ 结果恰如毛汉光所言:"士族子孙大幅度地带有进士第,说明了士族似乎找到了保持其政治地位的良方,多项有利的因素聚集在一人之身,增长其官宦气势,当然严重地抵消

---

① 《唐五代笔记小说大观》,第1838~1839页。
② 《旧唐书》卷六十五《高士廉传》,第2443~2444页。
③ 《金华子杂编》卷上,《唐五代笔记小说大观》,第1755页。
④ (宋)王谠撰,周勋初校证《唐语林校证》卷四《企羡》,中华书局,2008年,第382~383页。
⑤ 孙国栋:《唐宋之际社会门第之消融》,《新亚学报》第四卷第一期,(1959年8月)。

平民寒素纯进士第官宦的机会。"① 本节的论述正是在这一背景之下展开的。

晚唐士族文人按其家庭政治、经济地位，可细分为三个层次：权要子弟、普通士族文人和没落士族文人。三个层次文人的求仕心态不尽相同，特别是权要子弟和普通士族文人求仕心态共同之处较多，但也存在差异；没落士族文人则与前二者大不相同。为了便于行文，故以心态为主进行分类，再结合不同层次论述。需要说明的是，群体心态只是群体中一种共同心理趋向，并不表明群体中所有个体均按此做出了人生选择。如重进士科是晚唐举场风习，但应考明经者仍大有人在；同样，人们轻视其他入仕之途，但从其他之途入仕者仍占所有入仕者的大部分。

一 独重进士，轻视其他入仕之途

这一心态是权要子弟和普通士族文人共同的求仕心态。可分为独重进士、轻明经和其他诸科、用荫之无奈、不求军功四类。

（一）独重进士

中唐以后，进士科一枝独秀，愈发受到重视，主要原因在于仕至高位者多为进士出身。以最高职事官宰相为例，据吴宗国统计，宪宗朝宰相29人，进士出身17人；穆宗朝宰相14人，进士出身9人；敬宗朝宰相7人，进士出身7人；文宗朝宰相24人，进士出身19人；武宗朝宰相15人，进士出身12人；宣宗朝宰相23人，进士出身20人；懿宗朝宰相21人，进士出身20人。② 这一仕宦实绩直接左右文人的求仕心态，进士出身不仅是入仕之优选，也是人生价值的体现。大量的晚唐文人一生苦求一第尚不待言，就连高官显宦也对其无比看重。如刘邺，为翰林学士时"为同列所轻"③，

---

① 《中国中古社会史论》，第349页。
② 吴宗国：《唐代科举制度研究》，辽宁大学出版社，1997年，第180页。
③ 傅璇琮主编《唐五代文学编年史·晚唐卷》，辽海出版社，1998年，第459页。

有可能是其非进士出身所致。所以他入相后，就利用位高权重之机，谋得诏赐进士出身。韦岫《贺刘相邺敕赐及第启》："用敕代榜，由官入名。仰温树之烟，何人折桂；溯甘泉之水，独我登龙，禁门而便是龙门，圣主而永为座主。三十浮名，每年皆有；九重知己，旷代所无。"① 韦岫是宰相韦宙弟，韦宙与刘邺相善，故文中虽对刘邺大肆吹捧，我们仍能读出这种取第方式不为时人看重的荒唐可笑。

　　文宗大和末、武宗会昌年间，李德裕主政时曾对进士科浮华朋比之风加以抑制，如停诗赋而试经义、② 禁主司向宰相呈榜、③ 禁门生与座主称谓和禁游宴奢华等，④ 但随着武宣二朝更替，李德裕贬死崖州，人亡政息。宣宗君臣"务反会昌之政"，⑤ 极力推崇进士科，且宣宗后帝王均是其直系子孙，自当维护其既定政策，这是晚唐进士科大受追捧又一原因。宣宗重进士科，主要体现在以下几方面：一是恢复进士杏园宴集。二是微服私访考察进士科得失。《旧唐书》卷十八下《宣宗本纪》"大中元年二月丁卯"条："帝雅好儒士，留心贡举。有时微行人间，采听舆论，以观选士之得失。每山池曲宴，学士诗什属和，公卿出镇，亦赋诗饯行。……又敕：'自今进士放榜后，杏园任依旧宴集，有司不得禁制'。"⑥ 三是以乡贡进士为荣，并以之自称。《唐语林》卷四《企羡》载："宣宗爱羡进士，每对朝臣，问：'登第否？'有以科名对者，必有喜。并问所试诗赋题并主司姓名，或有人物优而不中者，必叹息久之。尝于禁中题'乡贡进士李道龙'……殿柱自题曰'乡贡进士

---

① 《全唐文》卷七九二，第8301页。
② 《资治通鉴》卷二百四十四"文宗太和七年"载："上患近世文人不通经术，李德裕请依杨绾议，进士试论义，不试诗赋。"
③ 《请罢呈榜奏》，《李德裕文集校笺》，河北教育出版社，2000年，第717页。
④ 《停进士宴会题名疏》，《李德裕文集校笺》，第718页。
⑤ 《资治通鉴》卷二百四十八"宣宗大中元年"，第8030页。
⑥ 《旧唐书》，第617页。

李某'。"① 四是临死前诏裁大批宫女,并允许嫁给文武百官,但不许嫁给未及第的举子。《云溪友议》卷下《题红怨》载:"及宣宗既省宫人,初下诏,许从百官司吏,独不许贡举人。"②

(二) 轻明经及其他诸科

晚唐进士科的一枝独秀,使得其他诸科愈发不为人看重。明经科录取人数最多,在初盛唐时明经及第者获授官职并不亚于进士及第者,但到中晚唐时已等而下之。《文献通考》卷三十五《选举八·输财得官》载:"至德二年七月,宣谕使侍御史郑叔清奏:……又准敕纳钱百千文与明经出身,如曾受业、粗通帖策、修身谨行、乡曲所知者,量减二十千文;如先经举送、到省落第、灼然有凭、帖策不甚寥落者,减五十千文。"马端临于此处按云:"时届幽寇内侮,天下多虞,军用不充,权为此制,寻即停罢。"③ 此事虽为筹措军饷之权宜之计,但明经可买而进士不可买,明经地位之下降已是不争的事实。中唐李贺不见明经及第的元稹事虽不实,却反映了当时客观社会现实。晚唐宰相李珏少举明经,为人所阻而举进士,《新唐书》卷一百八十二《李珏传》载:"甫冠,举明经。李绛为华州刺史,见之,曰:'日角珠廷,非庸人相,明经碌碌,非子所宜。'乃更举进士高第。"④ 再如孙俐,"虽始与举明经第,实冀策进士。"⑤ 李昼,"帖经如格,遂擢第焉。色无纤介喜,白于师曰:'某于礼部见进士者所试艺亦可效之,愿求古文拾其业,且三数年,冀其有得。'"⑥ 明经不受重视,连皇帝也推波助澜,《南部新书》乙卷载:

---

① 《唐语林校证》,第370~371页。
② 《唐五代笔记小说大观》,第1313页。
③ (元) 马端临:《文献通考》,中华书局,1986年影印本,第335~336页。
④ (宋) 欧阳修、宋祁撰《新唐书》,中华书局,1975年,第5359页。
⑤ (唐) 孙向:《唐故乡贡进士孙府君墓志》,《唐代墓志汇编》大中092,上海古籍出版社,1992年,第2321页。
⑥ (唐) 李庚:《唐故万年尉直弘文馆李君墓志铭》,《唐代墓志汇编》大中115,第2341页。

大和中，上谓宰臣曰："明经会义否？"宰臣曰："明经只念经疏，不会经义。"帝曰："只念经疏，何异鹦鹉能言。"①

发展到后来，竟有士族文人以举明经为耻者，如《中朝故事》载：

> 咸通中，辅相崔彦昭，兵部侍郎王凝，乃外表兄弟也。凝大中元年进士及第。来年彦昭犹下第，因访凝。凝衩衣见之，崔甚恚。凝又戏之曰："君却好应明年经举也。"彦昭忿怒而出。三年乃登第。懿皇朝多自夏官侍郎判盐铁即秉钧轴，一旦凝拜是官，决意入相。彦昭陷之。后数月之间，盐铁中有赃坏，凝罢职。朝廷以彦昭为之，半载而入相。彦昭母乃命多制鞋履，谓侍婢曰："王氏妹必与王侍郎同窜逐，吾当伴小妹同行也。"彦昭闻之，泣拜其母，谢曰："必无此事。"王凝竟免其责也。②

后唐时还出现停明经之呼声，张允《请罢明经科奏》：

> 明君侧席，虽切旁求，贡士观光，岂宜滥进。窃窥前代，未设诸科。始以明经，俾升高第。自有九经五经之后，及三礼三传已来，孝廉之科，遂因循而不废。缙绅之士，亦缄默而无言。以致相承，未能改作。每岁明经，少至五百已上，多及一千有余。举人如是繁多，试官岂能精当。况此等多不究义，唯攻帖书。文理既不甚通，名第岂可妄与。……其明经一科，伏请停废。③

---

① 《南部新书》，第24页。
② （五代）尉迟偓撰，恒鹤校点《中朝故事》，《唐五代笔记小说大观》，第1784页。
③ 《全唐文》卷八五五，第8967~8968页。

宣宗朝有"日试百篇"、"日试万言"之举，① 先看"日试百篇"举，据现有材料看，未见士族文人参加，倒是多见寒素文人应试。如杜光庭，《蜀梼杌》卷上载："光庭字宾圣，京兆杜陵人，寓居处州。方干见之，谓曰：'此宗庙中宝玉大圭也。'与郑云叟应百篇举，不中，入天台为道士。"② 《唐诗纪事》卷七十一"郑云叟"："僖宗时应百篇举不利，遂隐华山。"③ 另外，晚唐人诗中多见以"百篇"呼人者，如孙发，试百篇举，皮日休有《孙发百篇将游天台请诗赠行因以送之》，陆龟蒙有《和孙发百篇将游天台请诗赠行》。文人中百篇举后，授官多为僻远微官。方干《赠孙百篇》："莫嫌黄绶官资小，必料青云道路平。"④ 方干又有《寄台州孙从事百篇（登第初授华亭尉）》可证。方干《赠上虞胡少府百篇》言这位胡百篇"宏才尚遣居卑位，公道何曾雪至冤。"⑤ 可见"百篇科"登第者由于授官低微，使得时人对通过此种方式入仕并不特别羡慕。对于孙发，方干还曾以诗嘲之，《送孙百篇游天台》云："更有仙花与灵鸟，恐君多半未知名"，⑥ 这是嘲其学力不足，虽应百篇举，亦不过凡夫俗子一个。

再看"日试万言"科。《唐摭言》卷十一《荐举不捷》：

长沙日试万言王璘，辞学富赡，非积学所致。崔詹事廉

---

① 李定广认为此二举为宣宗朝恢复的制科举，见氏著《唐末五代乱世文学研究》，中国社会科学出版社，2006年，第31页。本文认为二者是新设置的制举科目，而不是"恢复"的旧有制举科目。关于制举之废，吴宗国、王勋成、赖瑞和均认为废于文宗大和二年（828），分别见吴宗国《唐代科举制度研究》，第75页；王勋成：《唐代铨选与文学》，第250页；赖瑞和：《唐代基层文官》，第440页；傅璇琮：《唐代科举制度与文学》认为是否确实停止尚须研究，陕西人民出版社，2003年，第151页。
② 台北新文丰出版社，1985年，第9页。
③ （宋）计有功撰，王仲镛校笺《唐诗纪事校笺》，中华书局，2007年，第2369页。
④ 《全唐诗》卷六五一，第7532页。
⑤ 《全唐诗》卷六五二，第7536页。
⑥ 《全唐诗》卷六五二，第7538页。

第二章 阶层因素与晚唐文人求仕心态

问,特表荐之于朝。先是试之于使院,璘请书吏十人,皆给砚,璘袗绤扪腹,往来口授,十吏笔不停辍。……至京师时,路庶人方当钧轴,遣一介召之。璘意在沽激,曰:'请俟见帝。'岩闻之大怒,亟命奏废万言科。璘杖策而归,放旷于杯酒间,虽屠沽无间然矣。①

值得注意的是,王璘考试完后竟然怠慢宰相路岩的召唤而等待见皇帝,正表明此种考试具有制举性质。但与"日试百篇"一样,时人对此并不看重,如王璘就曾遭到李群玉的冷遇。《唐摭言》卷十三《惜名》:"湖南日试万言王璘,与李群玉校书相遇于岳麓寺。群玉揖之曰:'公何许人?'璘曰:'日试万言王璘'。群玉待之甚浅……"②

由上可见,"日试百篇"、"日试万言"虽为晚唐时设置的制举科目,但已没有中唐以前时制举的影响力。参加人不仅以寒素文人为主,而且可能由于晚唐人重视苦吟,这种主要靠数量取胜的成名道路并不为时人看重;再加上授官低微,连诸如方干等寒素文人都对其有不屑之意,士族文人应当更是不愿参与其中了。

(三)用荫之无奈

晚唐时期,士族文人指望用荫入仕者大大减少,关键在于用荫已难仕至社会普遍看重的清望官和清官层级。《旧唐书》卷四十二《职官志一》:"职事官资,则清浊区分,以次补授。又以三品已上官,及门下中书侍郎、尚书左右丞、诸司侍郎、太常少卿、太子少詹事、左右庶子、秘书少监、国子司业为清望官。"③ 同文又列有众多四、五、六、七、八品清官职位名称。陈寅恪说:"盖唐代社会承南北朝之旧俗,通以二事评量人品之高下。此二事,一曰婚。

---

① 《唐五代笔记小说大观》,第 1674 页。
② 《唐五代笔记小说大观》,第 1695 页。
③ 《旧唐书》,第 1804 页。

二曰宦。凡婚而不娶名家女，与仕而不由清望官，俱为社会所不齿。"① 三品以上已是亲贵阶层，只有极少数人才可达到。三品以下的清望官是重要的职事官，位高权重，为人钦羡。其余清官职位是通往清望官的主要台阶，同样为人看重。吴宗国通过研究，认为门荫制度的衰落是必然的，"从制度本身来说，门荫制度既不能保证高官子弟可以做到高官，更不能保证高官后代长保富贵。"② 又，"门荫只是给高官子弟以做官的资格，要做官还需要参加铨选；要做高官还需要有处理复杂政务的能力和较多的经史知识以及一定的文学水平。只有那些才艺出众的新贵子弟才能做到高官。这就决定了门荫制的必然衰落。"③ 如唐代墓志材料中载崔涣，荫补得官，终县令，自以怀才不遇，惆怅不已。④ 王炼，世家子，不乐仕进，亲朋诮之，后游京师达宦之门，方悟富贵之重要，方用荫入仕，但不显达，颇感失落。⑤ 士族文人甚至还有因用荫入仕而感到耻辱的观念，杜牧《唐故复州司马杜君墓志铭（并序）》道：

> 公讳铨，字谨夫，河西陇右节度使、襄阳公、赠司空之曾孙……公以岐公荫，调授扬州参军、同州冯翊县丞、卫尉寺主簿、鄂州江夏县令、复州司马。年六十，某年月日，终于汉上别业。
>
> 岐公外殿内辅，凡四十年，贵富繁大，孙儿二十余人，晨昏起居，同堂环侍。公为之亲，不以进，门内家事，条治裁酌，至于筐篚细碎，悉归于公，称谨而治。自罢江夏令，卜居于汉北泗水上，烈日笠首，自督耕夫，而一年食足，二年衣食

---

① 陈寅恪：《元白诗笺证稿》，北京三联书店，2001年，第116页。
② 《唐代科举制度研究》，第244～255页。
③ 《唐代科举制度研究》，第257～258页。
④ （唐）崔倬：《唐故邢州南和县令清河崔府君墓志铭并序》，《唐代墓志汇编》开成018，第2180页。
⑤ （唐）何得一：《唐故婺州东阳县主簿王府君墓志铭并序》，《唐代墓志汇编》开成054，第2280页。

两余，三年而室屋完新，六畜肥繁，器用皆具。凡十五年，起于垦荒，不假人一毫之助，至成富家翁，常曰："忍耻入仕，不缘妻子衣食者，举世几人？彼忍耻，我劳力，等衣食尔，顾我何如？"后授复州司马，半岁弃去，终不复仕。①

墓主杜铨是杜牧堂兄，以祖杜佑荫入仕，屡任卑职，最高者才为复州司马，终于不堪而弃官。从文中可以看出，士族子弟用荫"忍耻"入仕者，一般多是谋于衣食，这与自我耕作何异？此文生动地刻画了士族文人用荫入仕之无奈心态。

(四) 不求军功

晚唐战争多发，对于士族文人来说，如果愿意入幕边府，一旦幕府对敌获胜，当会因军功获得奖励，此时在幕者应有入仕之机。但若以此事入仕，风险甚大，虽说战场上拼死力战者多为武人，但难保一朝祸及自身。《唐摭言》卷九《好及第恶登科》："论曰：古人举事之所难者，大则赴汤火，次则临深履薄。李少卿又曰操空拳，冒白刃，闻者靡不胆寒发竖，永为子孙之戒。"② 可见时人对武事之畏惧。所以士族文人不仅不愿求取军功，连与武人接触亦感惶恐，如裴休，《北梦琐言》卷第十一《张直方誉裴休》：

唐金吾大将军张直方，西班倜傥勋臣也。好接宾客，歌妓丝竹，甲于他族。与裴相国休相对，相国始麻衣就试，执金慕其风采，裴因造谒，执金款待异礼。他日朝中盛称裴秀才文艺，朝贤讶之，相国恐涉杂交，不遑安处，自是不敢更历其门，执金频召不往。或曰："裴秀才方谋进取，虑致物誉，非是偃蹇。"一日，又召，传语曰："若不妨及，即更奉荐。"裴益悚惕。③

---

① 《樊川文集》卷九，第142页。
② 《唐五代笔记小说大观》，第1654页。
③ 《唐五代笔记小说大观》，第1899页。

裴休不愿再与张直方接触的原因在于"朝贤讶之",此"朝贤"应是对文人仕进有一定话语权的朝中清望官,自然瞧不起一位武将。裴休得其称赞,自然颇显尴尬。张直方能做到执金吾大将军,应是军功所致,但在文臣眼中军功不值一提,连交结的必要都没有。张可能已知此点,仍愿意为裴休荐引,这更让裴休害怕就此纠葛不清,可见晚唐士族文人对军功之不屑。裴休这种心态与时风有关,《北梦琐言》卷第十四《儒将成败》道:"儒将诚则有之,唐自大中已来,以兵为戏者久矣。廊庙之上,耻言韬略,以橐鞬为凶物,以铃匮为凶言。"① 可见当时朝廷上下对武事之轻视。再如孙储,《唐摭言》卷十《海叙不遇》:"孙定,字志远,涪州大戎之族子,长于储。定数举矣,而储方欲就贡。或访于定,定谑曰:'十三郎仪表堂堂,好个军将,何须以科第为资?'储颇衔之。后储贵达,未尝言定之长。"② 孙氏兄弟都是武将后代,却都转向科举,并以军功入仕为耻。孙定多次应举不第,《寄孙储》诗道尽个中甘苦:"行行血泪洒尘襟,事逐东流渭水深。秋跨蹇驴风尚紧,静投孤店日初沉。一枝犹挂东堂梦,千里空驰北巷心。明月悲歌又前去,满城烟树噪春禽。"③ 从诗中所述登第之难来看,孙定谑孙储不为无因,当是有感而发;但二人都弃武从文,亦可见当时风尚。

初盛唐时文人崇尚军功,关键在于朝廷有实力对军功大力酬赏。晚唐朝廷处在弱势地位,强藩大镇常抗制朝廷,甚而演变成挟天子以令诸侯之态势,皇帝已自身难保,又有何力量酬谢军功?晚唐战争频发,与异族打仗得胜可称军功,但是内战之中,特别是藩镇之间的争夺,输赢之间何谓军功?故在士族文人眼中,军功入仕实在是等而下之,不求亦不屑于此。

对士族文人来说,不求军功入仕并非始于晚唐。早在东晋和南

---

① 《唐五代笔记小说大观》,第1922页。
② 《唐五代笔记小说大观》,第1662页。
③ 《全唐诗》卷七一五,第8301页。

第二章　阶层因素与晚唐文人求仕心态

朝时,由于战祸和权力争斗等因素,士族之家因崇武而消亡者比比皆是,所以士族之家父兄辈多希望子弟们尚文求仕。如颜之推在《颜氏家训》中辟"诫兵"章,不仅历数了颜氏祖先崇武者"皆罹祸败",而且谆谆告诫子孙道:"然而每见文人,颇读兵书,微有经略。若居承平之世,睥睨宫闱,幸灾乐祸,首为逆乱,诖误善良;若在兵革之际,构扇反覆,纵横说诱,不识存亡,强相扶戴:此皆陷身灭族之本也。诫之哉!诫之哉!"① 由此可见,晚唐士族文人不喜军功入仕是对南朝乱世以来士族观念的接受,特别是在唐末乱离之际,这一观念应会更加深入人心,并直接影响士族文人的求仕心态。

二　衣食无忧,不以入仕谋生为急务

此一心态直承上一心态而言,即士族文人独重进士科,如果还没有沦落到求禄养亲的地步,一般便不急于从他途入仕,而是一定要求取进士第。不仅是权要子弟如此,普通士族之家文人亦持此心态。

(一) 权要子弟自恃门第和权位,以为青紫俯拾

中晚唐时,朝廷上下多称权要家庭中未仕文人为"子弟",如李德裕言:"然朝廷显官,须是公卿子弟。何者?自小便习举业,自熟朝廷间事,台阁仪范,班行准则,不教而自成。寒士纵有出人之才,登第之后,始得一班一级,固不能熟习也。则子弟成名,不可轻矣。"② 由此可见朝廷上下对权要家庭中文人求仕之重视。为尊重历史真实,本文沿其旧称。

权要,亦可称权贵,一般指位居中央五品以上职事官或地方节镇大员,他们或位高权重,或权倾一方。权要子弟,正是指有父兄

---

① (南朝)颜之推撰,余金华注释《颜氏家训》"诫兵第十四",华夏出版社,2002年,第176页。
② 《旧唐书》卷十八上"会昌四年十二月"条,第603页。

或至亲身居权要之位者。他们是各阶层文人求仕时最具优势的群体，不仅衣食无忧，无谋生压力，而且自恃门第和权位，以为青紫俯拾。如郑仁表，《唐摭言》卷十二《自负》："郑起居仁表诗曰：'文章世上争开路，阀阅山东拄破天'。"① 张蠙《别郑仁表》言："春雷醉别镜湖边，官显才狂正少年。"② 再如王龟，王起之子，太原王氏为累世士族。刘禹锡曾将其以处士身份向朝廷推荐，《荐处士王龟状》称赞道："天性贞静，操心甚危。不由门资，誓志自立。乐处士之号，不汩绮襦之间。自到洛都，便居山寺。耽玩坟籍，放情烟霞。"③ 事未行，李德裕继续以处士身份向武宗推荐其为谏官，"上曰：'龟是谁子？'对曰：'王起之子。'曰：'凡言处士者，当是山野之人。王龟父大僚，安得居山野？不自合有官？'李无以对。"④ 但王龟仕途并未因此受挫，咸通末，已仕至浙东观察使的高位。再如崔彦温，博陵一流大姓子，"洎读书业文，流辈宗仰，而雅尚闲放，不喜薄宦。年俯廿，凤翔节度使陈公知之，奏授试卫佐，充节度推官，君谢而不就，每负凌云之气，常抗志思立大节，家有金帛，无所顾惜，悉与朋友共之，以轻财重义为事。……识者皆壮其志业，谓大位大权，爵禄荣显，可俯拾而取。"⑤ 崔彦温家富于财，卑官不做，志向远大，体现了典型的世家大族子弟仕进之心。再如崔慎由，崔从之子，仕至宰相。他在自撰墓志铭中如数家珍般将自己一生中所任的几十个官职一一列出，最后看似自谦实则自负地写道："效不焯于时，行不超于人，而入

---

① 《唐五代笔记小说大观》，第1685页。
② 《全唐诗》卷七〇二，第8159页。
③ 陶敏、陶红雨校注《刘禹锡全集编年校注》，岳麓书社，2003年，第1284页。
④ （唐）赵璘撰，曹中孚校点《因话录》卷一，《唐五代笔记小说大观》，第838页。傅璇琮：《李德裕年谱》"会昌四年"条认为该记载与事实不符。河北教育出版社，2001年，第409页。
⑤ （唐）崔彦佐：《唐故博陵崔府君墓志铭并序》，《唐代墓志汇编》大中144，第2363~2364页。

升钧台,出奉藩寄,备历华显,仅二十载,其为幸也,不亦久且甚耶!"① 又如韦保乂,"咸通中以兄在相位,应举不得,特敕赐及第,擢入内庭。"② 看来权要子弟以为青紫俯拾并非一厢情愿,而是有其他权要子弟入仕后的仕宦实绩为证的,这是导致他们此一心态之主要原因。

晚唐权要子弟因仕进问题引起风波最大者莫过于令狐绹之子令狐滈了。下文拟就此开展论述,以见权要子弟青紫俯拾之仕进心态产生之根源。令狐绹《请诏男滈就试表》云:

> 臣男滈,爰自孩提,便从师训,至于词艺,颇及辈流。会昌二年臣任户部员外郎时,已令应举。至大中二年,犹未成名。臣自湖州刺史蒙先帝擢授考功郎中知制诰,转充翰林学士,累叨宠泽,遂悉枢衡。事体有妨,因令罢举。自当废绝,一十九年。每遣退藏,更令勤励。窃以禄位逾分,齿发已衰。男滈年过长成,未沾一第。犬马私爱,实切悯伤。臣二三年来,频乞罢免。每年与男取得文解,意望才离中书,郎却令赴举。昨蒙恩制许宠近藩,伏缘已逼礼部试期,便令就试。至于临时与夺,即在省司,臣固不敢辄有干挠。但以初离机务,合具上闻。③

从此文可见:一、令狐滈已年近四十,仍未入仕;二、为避嫌疑,令狐滈在其父任相期间,不求入仕。父兄等至亲处高位,子弟自动避嫌而不参加科考,在晚唐并未制度化,应属一种自觉行为。如王荛,"以季父作相,避嫌不就科试。"④ 高彬,礼部侍郎高湜之子,

---

① (唐)崔慎由:《唐太子太保分司东都赠太尉清河崔府君墓志自撰》,《唐代墓志汇编续集》咸通053,上海古籍出版社,2001年,第1074页。
② 《唐摭言》卷九,《唐五代笔记小说大观》,第1655页。
③ 《全唐文》卷七五九,第7884~7885页。
④ 《旧唐书》卷一六四。

其墓志云:"自长兄柷举进士,府君以时风寝薄,□仲有日趋词壤,求一第,或致缙绅间异论,遂坚请于尚书公,愿以门荫噬仕。"① 因此据常情来看,令狐滈要求举进士再平常不过了,故朝廷很快同意。懿宗《许令狐滈应制举科敕》云:

> 令狐滈多时举人,极有文学,流辈所许,合得科名。比以父绹职在枢衡,避嫌不赴。今因出镇,却就举场,况谐通规,合试至艺。宜令主司准大中六年敕,考试只在至公,如涉徇情,自有刑典。从今已后,但依常例放榜。本司取士,贵在得人,去留之间,惟理所在。②

敕文中隐含着对令狐滈的称许之意,这对令狐滈参加考试是比较有利的,事实也确实如此,来年春令狐滈果然一举登第。春榜一出,舆论哗然,谏议大夫崔瑄《论令狐滈及第疏》言:

> 伏见新及第进士令狐滈,是河中节度使检校司空同中书门下平章事令狐绹男,旧名寿,改名滈。窃闻顷年,暂曾罢举,自父当重位,而权在一门。求请者诡党风趋,妄动者邪朋云集。每岁春闱登第,在朝清列除官,事望虽出于绹,取舍悉由于滈。喧然如市,傍若无人,威振寰中,势倾天下。及绹去年罢相出镇,其日令狐滈于礼部纳卷。伏以举人文卷,皆须十月已前送纳,岂可父身尚居枢务,男私挟其解名,干挠主司,侮弄文法?若宰相子弟总合应举,即不合继绝数年。如宰相子弟不合应举,即何预有文解?公然轻易,隐蔽圣聪。将陛下朝廷,为绹滈家事。伏恐奸欺得路,孤直杜门。非惟取笑士流,

---

① (唐)孟怀泽:《唐故前江南西道都团练副使朝议郎检校尚书礼部郎中兼侍御史赐绯鱼袋高府君墓志铭并序》,《唐代墓志汇编续集》乾符014,第1127~1128页。
② 《全唐文》卷八四,第882页。

058

第二章　阶层因素与晚唐文人求仕心态

抑亦大伤风教。伏请下御史台子细推勘纳卷及取解月日闻奏。臣职当谏署，分合上闻。①

崔瑄指责要点在于：一、徇私枉法。令狐滈在其父居相位时，干扰并操纵科举及朝廷选官；二、程序违规。举子纳省卷应在十月以前，《唐六典》载："凡天下朝集使……皆以十月二十五日至于京都，十一月一日户部引见讫。"② 后来起居郎张云在《复论令狐滈疏》中亦言："朝廷设进士之科，本求才彦，镇其浮滥，属自宰臣。陛下御极之初，大臣仪刑百辟，岂为绹言出镇，滈便策名？放榜宣麻，相去二十三日。既公然进状，请试春官。滈则元在京都，不经举进，明言拔解，傍若无人。滈为宰臣之子，不患无位，且合简身慎行，以成父业。有何急切，如此攫挐，使天下孤寒，人人怨叹。谓之无解及第，实则有耳未闻。不惧人言，一至于此。"③ 其时令狐绹尚在相位，例当避举，令狐滈却纳了省卷，报名参加第二年的进士科考试。表面看起来是令狐滈纳卷报名时间引起了众人不满，实际上是其一举登第，根源在于其徇私枉法多年。《旧唐书》卷一百七十二《令狐楚传附令狐滈传》载：

> 滈少举进士，以父在内职而止。及绹辅政十年，滈以郑颢之亲，骄纵不法，日事游宴，货贿盈门，中外为之侧目。以绹党援方盛，无敢措言。及懿宗即位，讼者不一，故绹罢权轴。……
>
> 是岁，中书舍人裴坦权知贡举，登第者三十人。有郑义者，故户部尚书瀚之孙，裴弘余故相休之子，魏筜故相扶之子，及滈，皆名臣子弟，言无实才。……
>
> 滈既及第，释褐长安尉、集贤校理。咸通二年，迁右拾

---

① 《全唐文》卷八〇六，第 8474 页。
② （唐）李林甫等撰，陈仲夫点校《唐六典》，中华书局，1992 年，第 79 页。
③ 《全唐文》卷八〇六，第 8447 页。

遗、史馆修撰。制出，左拾遗刘蜕、起居郎张云，各上疏极论滈云："恃父秉权，恣受货赂。取李琢钱，除琢安南都护，遂致蛮陷交州。"张云言："大中十年，绚以谏议大夫豆卢籍、刑部郎中李鄯为夔王巳下侍读，欲立夔王为东宫，欲乱先朝子弟之序。滈内倚郑颢，人谁敢言？"时绚在淮南，累表自雪。懿宗重伤大臣意，贬云为兴元少尹，蜕为华阴令，改滈詹事府司直。滈为众所非，宦名不达。①

由文中看来，令狐滈之所以敢横行不法十年之久而有恃无恐，除了其父居相位外，还在于其与郑颢结为姻亲。郑颢尚宣宗万寿公主，并于大中十三年知贡举，所录多士族文人，令狐滈多参与其事。如世家子吴畦，《唐语林》卷三《赏誉》载："令狐滈以父为丞相，未得进。滈出访郑侍郎，道遇大尹，投国学避之。遇广文生吴畦，从容久之。畦袖卷呈滈，由是出入滈家。滈荐畦于郑公，遂先滈一年及第，后至郡守。"② 咸通元年令狐滈中进士，知贡举者为裴坦，仍多取权贵子弟。③ 咸通二年令狐滈授右拾遗，又一次物议沸腾，从刘蜕、张云二人奏疏可见，令狐滈不仅干扰科第，还收受贿赂，任用非人，给国家造成重大损失。更要命的指责是令狐滈大中时不护太子（懿宗），几乱帝位继承大事，这是皇帝最为忌讳的。虽经令狐绚不断上书解释，但令狐滈沾上这样的事便不可能再有出头之日了。刘、张二人以自身遭贬的代价成功扼杀了令狐滈的政治生命，使其再难如其祖、父辈那样出将入相、飞黄腾达。

晚唐士族文人多通过举进士入仕，兹略举一些较有名者，如杜牧、裴坦、郑颢、令狐滈、裴贽、裴枢、沈询、孔温裕、孔纬、崔慎由、崔远、崔胤、崔沂、王铎、李磎、刘允章、韦昭度、韦蟾、

---

① 《旧唐书》，第4467~4469页。
② 《唐语林校证》，第283页。
③ （宋）王钦若等：《册府元龟》卷六百五十一《贡举部·谬滥》载："时举子尤盛，进士过千人，然中第者皆衣冠士子……皆以门阀取之"，第7802页。

第二章 阶层因素与晚唐文人求仕心态

刘崇望、郑仁表、杨钜、卢知猷、卢嗣业、李蔚、薛昭纬、郑处海、郑从谠、郑延昌、郑昌图、萧遘、杜让能、牛丛、陆扆、张曙等。为了保有这种仕进优势，高门士族往往凭借其权位干扰科考录取，如令狐绹父子；甚而借出任知贡举官员时为高门文人谋取及第，如《唐语林》卷三《方正》："崔瑶知贡举，以贵要自恃，不畏外议。榜出，率皆权豪子弟。"① 牛希济《贡士论》对此有锥心之论：

> 目虽行此，擢第又不由于文艺矣。唯王公子弟器貌奇伟，无才无艺者，亦冠于多士之首……机权沉密，词辩雄壮，臧否由己，升沉在心。群众必集其门，若见公相来交请友，识面为难。动必有应，游必有从。密处隐会，深诚重约。朱门甲第之间，鬼神不能知者，尽知之。虽名臣硕德，高位重权，可以开阖之，可以摇动之，可以倾覆之。有司畏之，不敢不与之者。言泉疾于波浪，舌端利若锋芒。所排殁九泉，所引升霄汉。默默无言，众必谓之长者。发中心病，时皆目之凶人……衰世以来，多非其人。明廷无策问之科，有司亡至公之道。②

此段文字先言科考内容在于"文艺"，但能否擢第却在于主司的一念之间。主司故作神秘，但背地里却干着结党营私、排斥异己的勾当。对于那些胆敢言其私心者，"目之为凶人"，哪里有什么公道可言？结合前文所述令狐滈的所作所为，联想到晚唐著名文人贾岛、温庭筠、罗隐等人的遭遇，两相比照，更能看清当时科场腐败程度。

晚唐权要子弟入仕之后，往往凭借父兄或至亲权势，仕途比平常人平坦得多，这也是权要子弟未仕时得以不以仕进为急务心态形

---

① 《唐语林校证》，第214页。
② 《全唐文》卷八四六，第8891~8892页。

成的重要原因。仍以令狐滈为例,其兄弟三人皆登进士第,且滈登第时间为咸通元年,当年即释褐为长安尉、集贤校理。据王勋成《唐代铨选与文学》,一般进士登第后需守选三年,不守选者极少,①那么令狐滈不守选是特例还是晚唐所有权要子弟都有此优待呢?王书所举晚唐于琮、曹松不守选之特例并未言及令狐滈,但旧传所记令狐滈确实没有守选。这只有两种可能,一是令狐滈授官前已凭其父之权位谋得官资,如五品散官衔等,可不守选;二是皇帝对其特予照顾,但从刘蜕、张云二人论谏文中却无此项证据,故似以第一种可能性为大。长安尉为赤县尉,从八品下,是所有县尉中最好的官,只有另一赤县尉万年尉可与其相媲美。别小看这一赤县尉,它是唐人入仕后起家之良选,属封演所谓"八隽"之一,② 仕途前景美好。白居易将唐代文官升迁途径归纳为:"国家公卿将相之具选于丞郎给舍,丞郎给舍之才选于御史遗补郎官。御史遗补郎官之器选于秘著校正畿赤簿尉。虽未尽是,十常六七焉。然则畿赤之吏,不独以府县之用求之;秘著之宦,不独以校勘之用取之。其所责望者乃丞郎之椎轮,公卿之滥觞也。"③ 令狐滈一入仕便被授官赤县尉,实际上已进入了升迁的快车道,且其职事为集贤校理,即其真正任职的地方是在集贤院,而不用真的到长安县衙中去处理公务。唐代官员一任为三考,即三年方可迁转,而令狐滈一年后就迁左拾遗。张云上疏中认为拾遗官职非常清要,"捧近日月,飞翔云天",④ 若不是令狐滈太过张狂贪婪引起众怒,他的仕途也许如其祖、父辈一样辉煌。

当然,并非所有权要子弟都能一举登第,如浙西节度使李景让之弟李景庄,"累举不捷,太夫人闻其点额,即笞其兄,中表皆

---

① 参见该书第二章"及第举子守选",第70页。
② 《唐语林校证》卷八《补遗》,第717页。
③ 白居易撰,朱金城笺校《白居易集笺校》卷六十三《策林二·大官乏人》,上海古籍出版社,1988年,第3490页。
④ 《论令狐滈不宜为拾遗疏》,《全唐文》卷八〇六,第8476页。

劝。如是累岁，连受庭责，终不荐托。亲知切请之，则曰：'朝廷知是李景让弟，非是冒取一名者，自合放及第耳。'既而宰相果谓春官：'今年李景庄须放及第，可悯那老儿一年遭一顿杖。'是岁景庄登第矣。"① 此事虽言李景让之无私，但也颇有"苦肉计"色彩，同时亦可见李景让对自己权位的自信。再如宰相王铎之弟王镣，其登第虽费周折，但依然借重其门第得第，《唐诗纪事》卷六十六载："王镣富有词学，数举未捷，门生卢肇等公荐于春官云：同盟不嗣，贤者受讥。相子负薪，优臣致消。乃旌镣佳句曰：击石易得火，扣人难得心。今日朱门者，曾恨朱门深。声闻蔼然，果擢上第。"② 此二人不过小有挫折而已，最后还是因门第和权位登第。

美国学者包弼德在论及中国中古士族时说："因为自己文化上的成就，他们希望被看作最好的家族，但是通过把身份的特权建立在文化之上，他们就向别人宣称自己同样优秀……能够证明世家大族的特殊地位的是政府和社会赋予悠久而显赫的门第的价值。……从这个有利地位出发，对门第价值的削弱就是对赋予传统的价值普遍进行消解的一部分。新兴的军事藩镇对传统和它拥有的一切充满敌意。而说得好听一点，他们对传统的信奉要比朝廷弱得多。……唐朝灭亡结束了魏晋的中世社会。五代在为创建新的社会、国家秩序打开大门的同时，也使中国社会不再可能向中世社会回归。"③ 包氏认为，世家大族（即旧士族）是一个文化结构，如果它的文化优势不能巩固其社会政治经济上的强势地位，也就是其族内精英人物未能通过文化因素进入上层统治集团，占有优质的政治利益和资源，其世家大族的地位自然受到极大影响。晚唐时期，位居高位者仍多是旧士族人物，在最高统治者眼中，他们依然是政权最为可靠的支持者和参与者，故对其子弟在仕进中受到的优待往往采取默

---

① 《金华子杂编》卷上，《唐五代笔记小说大观》，第 1756~1757 页。
② 《唐诗纪事校笺》，第 2241 页。
③ 〔美〕包弼德著《斯文：唐宋思想的转型》，刘宁译，江苏人民出版社，2001年，第 52~53 页。

认和支持的态度；而对于日益浇薄的世风人情，旧士族讲究礼法的门风又为浮躁的尘世树立了遵守现存统治秩序的榜样，也为社会的整体良心守住了最后一道底线；尽管其子弟中亦有纨绔浮薄之徒，但人们思维的历史惯性仍对旧士族抱有最后的一丝好感；再加上世家大族本身受上层统治阶层中精英人物的提携，晚唐旧士族子弟入仕仍较为顺利。这种现象只有在真正的社会变革到来之后，原有的统治秩序被彻底打碎，附着其上的旧士族所看重的门第观念及其享有的特权才会完全消失。这些虽是就旧士族文人仕进而论，但唐代新兴士族文人，只要有父兄等至亲位居权要，其仕进问题与旧士族文人之情形和心态如出一辙。

阎步克在《察举制度变迁史稿》一书中论及"汉末的选官危机"时，就当时选官以德行、名望、家族来取人作了深入研究。他认为以德选官权在朝廷，以名选官则权在士林，而世家大族在德行、名望两方面所出的人才成了朝廷和士林首肯的对象，"这些名士家族负海内士林之盛誉，公府州郡礼命不绝。这意味着'士'与'族'的结合，或说知识分子官僚与家族关系的结合，可能形成一种在发展中最少受阻，并在选官中得到最大优遇的政治势力。专制皇权和官僚体制尚无能力克服这一势力，而另一政治力量——知识群体，却对之给予认可而不加抵制。"① 汉至隋唐科举以前，门阀世族数百年占据了选官的绝对优势地位，隋唐科举制度的实施，对士族这一优势地位形成了一定程度的冲击，但没有能从根本上改变这一现状，只有唐宋更替完成，中古社会进入到近古社会，这一现象才从根本上得以转变。

（二）普通士族文人务求进士第，且颇具耐心

普通士族文人指那些家庭经济状况尚可，暂无求禄养亲之压力，但朝中已无至亲权要当路的士族文人。他们不仅务求进士第以荣耀门庭，而且以此作为人生最具追求价值的事业去经营。如刘得

---

① 《察举制度变迁史稿》，第86~91页。

仁，《唐摭言》卷十《海叙不遇》载："贵主之子。自开成至大中三朝，昆弟皆历贵仕，而得仁苦于诗，出入举场三十年，竟无所成。尝自述曰：'外家虽是帝，当路且无亲。'既终，诗人争为诗以吊之，唯供奉僧栖白擅名。诗曰：'忍苦为诗身到此，冰魂雪魄已难招。直教桂子落坟上，生得一枝冤始销。'"① 言其为贵主之子，其父必为士族子弟；但依唐制，哪怕是公主子也无资格进入贵族子弟学校弘文馆和崇文馆，② 其作品中也很少有与权要子弟交往的记载，大部分是与僧、寒士们交往的记录，可见其生活层面处于社会中下阶层。按说刘得仁完全可以如其昆弟们一样用荫入仕，但他在科举道路上奋斗了一生却两手空空。由于缺乏材料，我们难以考知其为何如此，我们只能认为其不愿从他途入仕而务求进士第，哪怕付出毕生的精力去追求；不仅颇具耐心，而且意志坚定。《唐才子传》称赞其"甘心穷苦，不汲汲于富贵。王孙公子中，千载求一人不可得也。"③ 他有上书求进之作，但多不得其门，如其《陈情上李景让大夫》：

　　一被浮名误，旋遭白发侵。裴回恋明主，梦寐在秋岑。遇物唯多感，居常只是吟。待时钳定口，经事压低心。辛苦文场久，因缘戚里深。老迷新道路，贫卖旧园林。晴赏行闻水，宵棋坐见参。龟留闲去问，僧约偶来寻。望喜潜凭鹊，娱情愿有琴。此生如遂意，誓死报知音。上德怜孤直，唯公拔陆沉。丘山恩忽被，蝼蚁力难任。作鉴明同日，听言重若金。从兹更无限，翘足俟为霖。④

---

① 《唐五代笔记小说大观》，第1663页。
② 《旧唐书》卷一百五十四《许孟容传》："有公主之子，请补弘文、崇文馆诸生，孟容举令式不许。主诉于上，命中使问状。孟容执奏，竟得迁本曹郎中"，第4100页。
③ 《唐才子传校笺》（第三册）卷六，第185页。
④ 《全唐诗》卷五四五，第6354~6355页。

诗中言其为浮名所误，辛苦半生。但矢志不渝，即使卖却园林，仍迷于原有的生活方式，最后表达渴望荐引之心。值得注意的是，其虽言贫，但绝不至于饥寒，尚有园林（不是居屋！）可卖；此诗原注"亲弟大中元年尚主"，其时尚主对士族子弟来说并不是什么值得夸耀之事，《中朝故事》道："搢绅子弟皆怯于尚公主。盖以帝戚强盛，公主自置群僚……公主则恣行所为，往往数朝不一相见。"[①] 但可说明其家不至于沦落到贫贱境地。且投书干谒，言辞间稍有夸张以博得对方怜悯亦是常情。这首诗是投给李景让的，但他实在是找错了人。前引李景让连自己亲弟李景庄求仕时都不愿出面打通关节，何况他人？且检全唐诗文，当时除刘得仁外似无人上书李景让乞请者，可见刘之不通世务和交游圈的狭隘。又《唐摭言》卷四《节操》载：

卢大郎补阙，升平公郑公之甥也。晖少孤，长于外氏，愚常诲之举进士。咸通十一年初，举广明，庚子岁，遇大寇犯阙，窜身南服。时外兄郑续镇南海，晖向与续同庠序。续仕州县官，晖自号白衣卿相。然二表俱为愚钟爱。尔来未十稔，续为节行将，晖乃穷儒，复脱身虎口，挈一囊而至。续待之甚厚。时大驾幸蜀，天下沸腾。续勉之出处，且曰："人生几何！苟富贵可图，何须一第耳！"晖不答。复请宾佐诱激者数四，复虚右席以待晖。晖因曰："大朝设文学之科以待英俊，如晖能否，焉敢期于饕餮！然闻昔舅氏所勖，常以一第见勉。今旧馆寂寥，奈何违宿夕之约！苟白衣殁世，亦其命也；若见利改途，有死不可！"续闻之，加敬。自是龙钟场屋复十许岁，大顺中，方为宏农公所擢，卒于右衮。[②]

---

① 《唐五代笔记小说大观》，第1785页。程国赋《唐代士族之家不愿娶公主之原因考述》一文论之较详，可参看《文学遗产》2000年第6期。
② 《唐五代笔记小说大观》，第1611～1612页。

这位卢姓士族文人,非进士第不可,可谓意志坚定无比,与刘得仁极为相似。又如卢汪,《唐摭言》卷十《海叙不遇》:

> 卢汪门族,甲于天下,因官,家于荆南之塔桥,举进士二十余上不第,满朝称屈。①

这位士族文人,虽未能顺利及第,但关键是"满朝称屈",叫屈者或有朝中卢姓官员。相比于罗隐、杜荀鹤等数十举不第的寒素文人,已是处于较好的境遇之中了。再如沈儋,《云溪友议》卷下《沈母议》:

> 潞州沈尚书询,宣宗九载,主春闱。将欲放榜,其母郡君夫人曰:"吾见近日崔、李侍郎,皆与宗盟及第,似无一家之谤。汝叨此事,家门之庆也。于诸叶中,拟放谁也?"吴兴沈氏,相见问叶,不问房。询曰:"莫先沈光也。"太夫人曰:"沈光早有声价,沈攄次之。二子科名,不必在汝,自有他人与之。吾以沈儋孤单,鲜其知者,汝其不愍,孰能见哀?"询不敢违慈母之命,遂放儋第也。光后果升上第,攄奏芸阁,从事三湘。太夫人之朗悟,儋尤深感激焉。②

可见普通士族文人,即使朝中已无至亲权要当路,但家族之中仍有人在尽力提携,这正是同宗之惠。《颜氏家训》之六《风操篇》亦言及士族中重同宗之事:"凡宗亲世数,有从祖,有从父,有族祖。江南风俗,自兹已往,高秩者,通呼为尊;同昭穆者,虽百世犹称兄弟;若对他人称之,皆云族人。河北士人,虽三二十世,犹

---

① 《唐五代笔记小说大观》,第 1661 页。
② (唐)范摅撰,阳羡生校点《云溪友议》,《唐五代笔记小说大观》,第 1303 页。

呼为从伯从叔。"① 由此可见，普通士族文人务求进士第且颇具耐心之心态之产生，与其虽无至亲权要当路，但仍有期于同一宗族中宦达者之提携颇有关联。

三 狂傲与哀怜

没落士族文人与上述普通士族文人有类似处，即朝中已无至亲权要当路，难以产生权要子弟那种青紫俯拾心态，求仕道路变得艰难起来。但普通士族文人无衣食之忧，他们仍可耐心应举求取进士第；而没落士族文人此方面压力则大增，已经沦落到与寒素文人相同的境地；但不同的是在没落士族文人心中，仍有门第曾经辉煌的余晖，这使得他们在求仕时呈现出狂傲、哀怜心态。

（一）狂傲

在没落士族文人心中，曾经辉煌的门第和崇高的社会地位让他们终生都会感到骄傲且念念不忘。尽管家族现实已是江河日下，但他们多少都会有再振门庭的信心。以温庭筠为例，在其诗中多次自称"王孙"，如"曲江春半日迟迟，正是王孙怅望时"，②"王孙又谁恨？惆怅下山迟"，③"不应江上草，相与滞王孙"。④ 基于曾有的门第余荫，再加上其恃才放旷的个性，温庭筠行事率性而为，甚而不计后果。《玉泉子》载：

> 温庭筠有词赋盛名。初从乡里举，客游江淮间，杨子留后姚勖厚遗之。庭筠年少，其所得钱帛，多为狭邪所费。勖大怒，笞且逐之，以故庭筠不中第。其姊赵颛之妻也，每以庭筠下第，辄切齿于勖。一日厅有客，温氏偶问："谁氏？"左右

---

① 《颜氏家训》"诫兵第十四"，第44页。
② 《长安春晚二首》其一，《温庭筠全集校注》卷五，温庭筠撰，刘学锴校注，中华书局，2007年，第470页。
③ 《题磁岭海棠花》，《温庭筠全集校注》卷九，第834页。
④ 《春初对暮雨》，《温庭筠全集校注》卷九，第760页。

以勖对之。温氏遽出厅事,执勖袖大哭。勖殊惊异,且持袖牢固不可脱,不知所为。移时,温氏方曰:"我弟年少宴游,人之常情,奈何笞之?迄今遂无有成,安得不由汝致之?"遂大哭。久之,方得解脱。勖归愤讶,竟因此得疾而卒。①

此段文字言温庭筠年少轻狂,浪荡而不计后果。姚勖恨铁不成钢,"笞且逐之",致其名声有亏,难以中第。若就此吸取教训,特别是家人对其有所管束,也许对仕进有利;但观其姊所为,可知其家人当是纵容而听之任之。他触怒令狐绹等权要,落得"士行尘杂"、"有才无行"之评语,他在《上裴相公启》中自辩道:"投书自达,怀刺求知。岂期杜挚相倾,臧仓见嫉。守土者以忘情积恶,当权者以承意中伤。直视孤危,横相陵阻。绝飞驰之路,塞饮啄之涂。射血有冤,叫天无路。此乃通人见愍,多士具闻。徒共兴嗟,靡能昭雪。"②但他仍难以自明,直至由皇帝下旨,将此累年不第之文人贬为方城尉。此事后果在于其任边远地区之卑官后,登进士第而振兴门庭的希望归于破灭。

寒素文人亦有狂傲如罗隐者,所不同者在于,温庭筠的狂傲是在其求仕的多个关键时期均不计后果,这当如何解释?是傲睨权要、粪土王侯呢,还是游戏举场不以仕进为意呢?可以肯定的是,温庭筠多次参加科考,不大可能不以仕进为意;其蔑视权要心态的基础正在于其没落士族之身份。尽管在现实中难以和权要们平起平坐,但在心理上他仍把自己当作其中的一员,一旦遭遇冷眼或羞辱,他立即会产生遭弃和报复心理,并无视官场规则和忌讳而付诸实施。这一心态,也正是大多数狂傲的没落士族文人所共有的。如陆龟蒙,《北梦琐言》卷第六《陆龟蒙追赠》:"唐吴郡陆龟蒙,字鲁望,旧名族也。其父宾虞,进士甲科,浙东从事侍御史……性高

---

① (唐)阙名撰,阳羡生校点《玉泉子》,《唐五代笔记小说大观》,第1428页。
② 《温庭筠全集校注》卷十一,第1101~1102页。

洁，家贫，思养亲之禄，与张博为吴兴、庐江二郡倅。"① 其父虽及第为官，但未得高仕，且其家贫，需求禄养亲，故可列其为没落士族文人类。虽如此，他依然傲气十足，《新唐书》卷一百九十六《隐逸传》载："举进士，一不中，往从湖州刺史张抟游，抟历湖、苏二州，辟以自佐。尝至饶州，三日无所诣。刺史蔡京率官属就见之，龟蒙不乐，拂衣去。"②

（二）哀怜

如果说温庭筠恃门第和才华而放荡不羁的话，其子温宪则难以如此了，且看《唐诗纪事》卷七〇载：

> 温宪员外，庭筠子也。僖、昭之间，就试于有司，值郑相延昌掌邦贡也，以其父文多刺时，复傲毁朝士，抑而不录。既不第，遂题一绝于崇庆寺壁。后荥阳公登大用，因国忌行香，见之悯然动容。暮归宅，已除赵崇知举，即召之，谓曰：某顷主文衡，以温宪庭筠之子，深怒嫉之。今日见一绝，令人恻然，幸勿遗也。于是成名。诗曰：十口沟隍待一身，半年千里绝音尘。鬓毛如雪心如死，犹作长安下第人。③

温宪未学乃父，一是吸取教训。温庭筠得罪的权要不止令狐绹一人，其殁后仍让郑延昌难以释怀，可见其在权要中的名声有多么恶劣。普通文人因与其声气相求而同情其遭遇，但无助其仕进。仕进的话语权掌握在权要们手中，故温宪不可能再重蹈其父覆辙。二是其家更加衰落，更趋贫困。温庭筠诗文中较少叹贫之词，但从温宪此诗中可以看出其求仕时家庭压力有多么大，求仕时渴求哀怜心态又是多么可悲！没落士族文人尽管已沦落到与寒士相同的处境，但

---

① 《唐五代笔记小说大观》，第1857页。
② 《新唐书》，第5612~5613页。
③ 《唐诗纪事校笺》，第2330页。

不同的是在求仕时仍有意无意地提到自己家族曾经辉煌过的士族名分。温宪求仕时,"辞人李巨川草荐表,盛述宪先人之屈。略曰:'蛾眉先妒,明妃为去国之人;猿臂自伤,李广乃不侯之将。'"①再如段庚:

> 公讳庚,字甚夷,曾祖培,皇庆州刺史;祖祐,皇泾原节度使;考少真,皇淄王府长史。公即第三子也,幼乐诗书,受性端洁,行藏有则,孤标不群。年十四举孝廉,两试春闱不中,选退而谓伯仲曰:时之高重者文华,所贵者爵位。吾观今之高贵,未有不游艺俊造而致身于霄汉者也。遂博览九经,讽诵六义,得相如之遗格,有子建之余风,十战文场,一登策试,仗古人之劲节,鄙趋世之俗情,孝友罕俦,言行无玷。洎乎晚岁,爰丁外艰,泣血茹荼,殆至毁灭。旋以荣名未就,囊橐空竭,冒暑凌寒,丐於穷塞,因之百疾皆作,遽至弥留。以咸通十二年闰八月廿六日终於云中官舍,享年五十有六。②

段庚祖父为节度使,父为王府长史,按说算不上没落士族之家。但其晚岁连支撑举业的经济实力都没有,竟至贫病而死,可见家道没落之速。该文为其亲弟段廊所写,其弟又入仕任县令,可见兄弟二人登第重振门楣之心是多么坚定。又如李洞,《唐才子传校笺》卷第九道:

> 诸王之孙也。家贫,吟极苦,至废寝食……裴公第二榜,帘前献诗云:"公道此时如不得,昭陵恸哭一生休。"果失意,流落往来,寓蜀而卒。③

---

① 《唐摭言》卷十,《唐五代笔记小说大观》,第1661页。
② (唐)段廊:《唐故乡贡进士段府君墓志铭并序》,《唐代墓志汇编续集》咸通081,第1096页。
③ 《唐才子传校笺》(第四册),第218页。

071

可见李洞虽为李唐宗室,但必是远支,① 且家道早已没落。其《送舍弟之山南》道:"远宦有何兴,贫兄无计留"。② 他试夜献诗给主司裴贽,未能如愿。诗中"昭陵"为太宗陵,作为太宗子孙沦落到乞求他人哀怜的境地,其内心的痛苦和仕进的渴望该是多么强烈!时人对李洞未能及第普遍同情,且詈主司不公,③ 但于事无补。④

没落文人求仕时呈现出来的狂傲和哀怜心态,乍一看反差很大,实际上不过是一个问题的两个方面而且是较为极端性的表现:二者都是基于没落士族的身份而出现的,不仅与权要子弟和普通士族文人不同,也与寒素文人有所区别。尽管他们在仕进问题上沦落到与寒素文人相同的境地,但士族身份却是他们时时自炫或自伤的酵母,并且比寒素文人更多了一份复杂难言的人生况味。

第二节 小姓文人求仕心态

毛汉光在士族与寒素之间列小姓类,指出"小姓是一个复杂

---

① 据《新唐书》卷七十《宗室世系表上》,有"陪位出身洞",为蔡王房冈十一世孙,第1978页。又据该表校勘:"蔡王冈,'冈',本书卷七八及《旧书》卷六〇《宗室传》并作'蔚'",第2055页。
② 《全唐诗》卷七二二,第8365页。
③ (宋)尤袤:《全唐诗话》卷四,中华书局,1985年,第91页。
④ 吴在庆认为,李洞未能为裴贽录取,原因有三:一是李洞膜拜被斥为"举场十恶"之一的贾岛,违反了"迹涉疏狂,兼亏礼教"的朝廷法度;二是李洞诗有唐突失态嫌疑,且声称不第就要哭于昭陵,有耸动视听、惊世骇俗的分量,这有违朝廷衡人选材的标准要求;三是李洞诗僻涩奇峭,有违于唐昭宗与裴贽的衡文标准。吴文论述详细,只是未注意其"诸王之孙"的宗室身份。关于李洞帘前献诗时声称要"昭陵恸哭",吴文引郭博语:"唐故事:天下有冤者,许哭于太宗昭陵下"(《邵氏闻见后录》卷八,中华书局,1982年,第60页),表明李洞实在有危言耸听之意。除此意之外,李洞还应有提醒主司其宗室身份意,尽管家道早已没落,但如此关键时刻提出来无论是自炫还是自伤都可理解。而且从诗意看出,李洞似对再次落第有所预感,故其自伤成分应多于自炫成分,从中也可看出其万般无奈的痛楚心情。吴在庆:《李洞为裴贽所屈考论》,《唐代文人与唐诗考论》,厦门大学出版社,2006年,第403~413页。

的层次，它的名称也最多，包括县姓、地方豪族、酋豪、部落酋长、洞主、累世低品、累世校尉，或曾有一世五品以上等家族"。① 又认为小姓阶层的重要性在于"由寒素晋升为士族必须经过小姓这个阶段"，"这个阶层在整个中国社会史上是很重要的一环，在士族出现以前（曹魏以前）及士族没落以后（唐末以后），都是很重要的社会阶层，即在中古这段时期，小姓亦与士族同时存在，只是在门第炫耀的时代中，史书没有太多的记载罢了。小姓的变化亦表示地方势力的盛衰。"② 在本论题的研究过程中，我们发现在士族文人与寒素文人这两个阶层之间，确实有毛汉光所谓小姓阶层的文人存在，他们属"县姓"或"地方豪族"，具有较好的经济条件，求仕时既不像士族文人那样有所依恃，也不似寒素文人那样恓恓惶惶，而是在相对平和的心态中干求入仕。下面从这一心态的表现、原因两方面做一分析。

一 相对平和的求仕心态之表现

小姓文人家庭富于财，在地方上颇有社会地位，如黄颇。《唐摭言》卷三《慈恩寺题名游赏赋咏杂记》载：

> 卢肇，袁州宜春人；与同郡黄颇齐名。颇富于产，肇幼贫乏。与颇赴举，同日遵路，郡牧于离亭饯颇而已。时乐作酒酣，肇策蹇邮亭侧而过；出郭十余里，驻程俟颇为侣。明年，肇状元及第而归，刺史已下接之，大惭恚。③

可见黄颇为地方富豪，赴举之日，郡牧专门为之饯行，而撇开寒素士子卢肇。文中言卢肇驻程等待黄颇，但二人一为小姓，一为寒

---

① 《中国中古社会史论》，第 38 页。
② 《中国中古社会史论》，第 50 页。
③ 《唐五代笔记小说大观》，第 1607 页。

素，黄颇似不屑与之为伍。《唐摭言》卷四《师友》："韩文公名播天下……后愈自潮州量移宜春郡，郡人黄颇师愈为文，亦振大名。颇尝睹卢肇为碑版，则唾之而去。"① 但黄颇求仕并不顺利，《唐摭言》卷二《为等第后久方及第》言其曾入京兆府解送之十等第内，惜"以洪奥文章，蹉跎者一十三载"。② 马戴《怀黄颇》：

> 有客南浮去，平生与我同。炎州结遥思，芳杜采应空。秦雁归侵月，湘猿戏裹枫。期君翼明代，未可恋山中。③

细玩诗意，当是写于黄颇下第后南归故乡期间。后二句"期君翼明代，未可恋山中"，似写黄颇对求仕成名之事不放在心上，依恋山中隐居生活，故诗人对其加以劝勉。从中可见黄颇求仕心态较为平和，综览其传世诗文，亦未见其为仕进之事干谒求人之语。

当然，小姓文人求仕心态较为平和只是相对于寒素文人而言，并不是说其不将仕进之事放在心上。实际上，他们由于没有权要子弟和普通士族文人可依恃的显赫门第，求仕受挫时同样会有自伤身世之叹。如罗邺，《唐摭言》卷十《韦庄奏请追赠不及第人近代者》："罗邺，余杭人也，家富于财，父则，为盐铁小吏，有子二人，俱以文学干进，邺尤长七言诗。"④ 尽管生于小姓富户人家，罗邺的求仕之路并不顺利，其《下第》诗叹道：

> 谩把青春酒一杯，愁襟未信酒能开。江边依旧空归去，帝里还如不到来。门掩残阳鸣鸟雀，花飞何处好池台。此时惆怅便堪老，何用人间岁月催。⑤

---

① 《唐五代笔记小说大观》，第1617页。
② 《唐五代笔记小说大观》，第1587页。
③ 《全唐诗》卷五五五，第6495页。
④ 《唐五代笔记小说大观》，第1670～1671页。
⑤ 《全唐诗》卷六五四，第7570页。

第二章 阶层因素与晚唐文人求仕心态

元人方回对此感叹道:"唐人下第情怀有如此者。一名一第,役天下之士,亦可怜矣。"①

二 相对平和的求仕心态之原因

小姓文人无门第可恃,但经济条件则要好于寒素文人甚或普通士族文人。从上文分析中可以看出,黄颇之所以求仕心态较为平和,主要在于其没有求禄养亲的压力,进退有据。经济条件较好,就无须如寒素者那样为了生计而急于求仕,相对平和心态产生也就自然而然了。不仅如此,有些小姓文人还依恃钱财去打通关节,达到入仕之目的。前述令狐滈依仗其父权势,为人谋求科第,求请者云集,又联合郑颢收受贿赂,这些"求请者"中当不乏小姓文人。再如刘蜕斥令狐绹后,令狐绹施以报复,《北梦琐言》卷第六《刘蜕奏令狐相》:"丞相憾之,乃俾一人,为其书吏,谨事之。紫微托以腹心,都不疑虑,乃为一经业举人致名第,受赂十万,为此吏所告,由是贬之。"②据《全唐文》刘蜕小传:"大中时擢进士。累迁右拾遗中书舍人。忤宰相令狐绹,出为华阴令,终商州刺史。"③可见此事发生于刘蜕任中书舍人时。这位能拿出十万钱行贿刘蜕的举子,极有可能是小姓文人。因为若是士族文人,似不必如此,寒素文人则难有这么多钱财,故当以小姓文人可能性最大。再如萧仿在《与浙东郑商绰大夫雪门生薛扶状》一文中,为自己主试时所录进士薛扶辩解道:"成名后,人传是蕃夷外亲,岭南巨富,发身财赂,委质科名。"④虽是"人传",但反映了晚唐时小姓文人凭借钱财行贿而求取科第的事实。

毛汉光在论及阶层变动时说:"在变乱之余,部分地方豪族才能上升,而达到社会势力与其政治地位间相应关系之新平衡。唐代

---

① 《瀛奎律髓》卷三十九"消遣类",上海古籍出版社,1993年,第449页。
② 《唐五代笔记小说大观》第1856页。
③ 《全唐文》卷七八九,第8252页。
④ 《全唐文》卷七四七,第7739~7740页。

科举制度使仕进稍具弹性,致部分地方豪族得以循和平方式而上达。"① 作为地方小姓,通过科举登第而得以巩固并提高家族社会地位,这是非常正常的求仕心态。如杨收,《北梦琐言》卷十二《杨收不学仙》:"唐相国杨收,江州人,祖为本州都押衙,父直,为兰溪县主簿。生四子,发、嘏、收、严,皆登进士第。……尽有文学,登高第,号曰修竹杨家,与静恭诸杨,比于华盛。收相少年于庐山修业,一日,寻幽至深隐之地,遇一道者,谓曰:'子若学道,即有仙分。必若作官,位至三公,终焉有祸。能从我学道乎?'收持疑,坚进取之心,忽道人之语。"② 杨收父祖辈为地方基层官员,政治地位不高,但从杨收兄弟四人皆能登进士第来看,其家作为地方豪强富户是无疑的。杨收之所以有如此坚定的求第之心,正在于由小姓之家上升至士族之家的现实需求。所以说,地方豪强虽然在当地处于社会经济的有利的地位,但若想较长时间地维持这种优势,便需要在官府中占据一定位置。普通的捐官要么只能捐作流外官,根本无政治地位;要么只能作为地方基层官员,政治地位不高,且需参加考课、选调,一旦选调他乡,捐官意义不大。因此参加科考博取功名是唯一正途,何况成为乡贡进士本身对维护其经济地位和声誉颇有价值,这正是小姓文人求仕心态之基础。正因为他们在地方上有较好的经济条件,他们才会进退有据,以相对平和的心态求取仕进。

第三节 寒素文人求仕心态

所谓"寒素文人",指的是家世清贫低微且无门第可资者。唐代士族之家有时难免陷于饥寒,此时往往也自称"寒士",但毕竟

---

① 《中国中古社会史论》,第58页。
② 《唐五代笔记小说大观》,第1906页。

有门第可资。寒素文人一般家境相对贫寒，[1]且无任何亲族当路，在求仕道路上完全要靠个人努力去开拓。毛汉光言"寒素类"范围包括："素士、农、工、商、兵、其他半自由民，以及非自由民如奴婢、门客等。"[2] 本文所言的寒素文人，主要来自自耕农阶层，兼有工商业者以及出家为僧或为道的文人。[3] 素士即布衣之士，统指各类贫寒的读书之人。工商业者主要是城乡手工业者和商户。至于兵、半自由民、非自由民，基本无条件读书，可不论。因此，自耕农阶层的文人才是晚唐寒素文人的主体，再加上工商业家庭出身的文人，基本上涵盖了所有寒素文人成员。寒素文人求仕心态可从文人本身和家庭两方面进行研究。

一 读书求仕，改变自身命运

(一) 求禄代耕，免于务农

晚唐来自自耕农阶层的文人，家中一般有土地可供耕食，如皮日休言其家庭境况："粤吾何为人，数亩清溪湄。一写落第文，一

---

[1] 此处所言是相对于小姓或士族之家而言，并不是真的陷于饥寒交迫之中。这些寒素文人一般家境尚可，他们可以脱离生产劳动读书，家中还可供其求贡和进京赴试费用，有的还雇有僮仆。他们并非出自最下层的贫困之家，那些整日为衣食辛劳的最下层家庭的子孙是读不起书的。
[2] 《中国中古社会史论》，第37页。
[3] 晚唐诗僧众多，绝大部分是出身寒素的文人。如贯休《经弟妹坟》："年长于吾未得力，家贫抛尔去多时。"(《禅月集校注》卷十九，四川出版集团巴蜀书社，2006年，第390页。) 戴伟华师说："诗僧中占绝大多数出生在文化落后的地区，出生在贫寒之家。"(《地域文化与唐代诗歌》，中华书局，2006年，第202页。) 僧人有追逐名利者，王秀林《晚唐五代诗僧群体研究》(中华书局，2008) 以"追逐名利"、"终南捷径"为题，对晚唐僧人之仕进心态作了分析；查明昊《转型中的唐五代诗僧群体》(华东师范大学出版社，2008年) 列专章"唐五代还俗应举诗僧群体"，对晚唐诗僧还俗应举行为和心态作了较为深入的研究，认为晚唐朝野上下对僧人求仕颇为反感，这使得晚唐僧人求仕者多以失败告终。同文又将僧道求仕结果作了比较，认为道士还俗求仕之成功率远高于僧人。又，查明昊、司立芳《唐代僧人与科举》一文 (《西南交通大学学报》2005年第5期) 亦对僧人仕进问题做了阐述。为避免重复，关于僧道这部分寒素文人之仕进心态本文不再论述。

家欢复嬉。朝食有麦馈,晨起有布衣。一身既饱暖,一家无怨咨。家虽有畎亩,手不秉镃基。岁虽有札瘥,庖不废晨炊。"① 可见其家虽贫,但尚无衣食之忧,并且"家不出军租,身不识部曲"。②是典型的自由平民。顾云言:"思积学以干时,欲代耕以求禄。"③吴融言,"我有二顷田,长洲东百里。环涂为之区,积莳相连缅。"④ 杜荀鹤言其"食无三亩地,衣绝一株桑"⑤ 并不表明其真的穷得无立锥之地,而是因为他"卖却屋边三亩地,添成窗下一床书"。⑥ 那么这些文人为何要求禄代耕,走上艰苦的求仕之路呢? 主要在于力图改变自己务农的命运。如杜荀鹤说他卖地后,"乡里老农多见笑,不知稽古胜耕锄"。⑦ 表明其认为读书求仕比务农更有价值,哪怕明知求仕之路不会一帆风顺也心甘情愿。其《春日闲居即事》:

　　未得青云志,春同秋日情。花开如落叶,莺语似蝉鸣。道合和贫守,诗堪与命争。饥寒是吾事,断定不归耕。⑧

在《行次荥阳却寄诸弟》中他对自己务农的弟弟们说:

　　难把归书说远情,奉亲多阙拙为兄。早知寸禄荣家晚,悔不深山共汝耕。枕上算程关月落,帽前搜景岳云生。如今已作

---

① 《三羞诗三首》其三,《皮子文薮》卷十,第103页。
② 《三羞诗三首》其二,同上,第102页。
③ 《上右司袁郎中启》,《全唐文》卷八一五,第8584页。
④ 《祝风三十二韵》,《全唐诗》卷六八五,第7940页。
⑤ 《秋日寄吟友》,《〈唐风集〉校注》卷一,《杜荀鹤及其〈唐风集〉研究》,第92页。
⑥ 《书斋即事》,《〈唐风集〉校注》卷一,《杜荀鹤及其〈唐风集〉研究》,第196页。
⑦ 《书斋即事》,《〈唐风集〉校注》卷一,《杜荀鹤及其〈唐风集〉研究》,第196页。
⑧ 《〈唐风集〉校注》卷一,《杜荀鹤及其〈唐风集〉研究》,第101页。

第二章 阶层因素与晚唐文人求仕心态

长安计,只得辛勤取一名。①

此诗为诗人求仕受挫时所言,后悔求仕的念头一闪而过后,他不仅没退缩,反而坚定了求仕的决心。不仅自己不愿意再从事农耕,他对于别人能够脱离农耕也充满了艳羡。《贺顾云侍御府主与子弟奏官敕下时,年七岁》:

> 青桂朱袍不贺兄,贺兄荣是见儿荣。孝经始向堂前彻,官诰当从幕下迎。戏把蓝袍包果子,娇将竹笏恼先生。自惭乱世无知己,弟侄鞭牛傍陇耕。②

从诗意来看,杜荀鹤对于顾云得府主为子奏官非常羡慕,并为自己无此等重要"知己"关照而惭愧,从中可见其急于摆脱农耕命运的渴望。皮日休亦如是,《鲁望昨以五百言见贻,过有褒美。内揣庸陋,弥增愧悚。因成一千言,上述吾唐文物之盛,次叙相得之欢,亦迭和之微旨也》:

> 粤予何为者,生自江海堧。駪駪自总角,不甘耕一廛。诸昆指仓库,谓我死道边。何为不力农,稽古真可怜。遂与被襮著,兼之笒笠全。风吹蔓草花,飒飒盈荒田。老牛瞪不行,力弱谁能鞭。乃将耒与耜,并换椠与铅。③

此诗先言自己不甘心耕作,这一态度遭到同耕的兄弟们的反对和痛骂,他们不仅嘲笑诗人读书,还强迫诗人参加农耕。"老牛"二句言农耕辛苦,自己有些力不从心,遂坚定了自己以书代耕的人生选择。

---

① 《〈唐风集〉校注》卷一,《杜荀鹤及其〈唐风集〉研究》,第 201 页。
② 《〈唐风集〉校注》卷二,《杜荀鹤及其〈唐风集〉研究》,第 125 页。
③ 《皮子文薮》附录一"皮日休诗文",第 132~133 页。

吴融虽有田二顷，但并非良田，自然灾害影响较大。《祝风三十二韵》：

> 松江流其旁，春夏多苦水。堤防苟不时，泛滥即无已。粤余病眠久，而复家无恃。田畯不胜荒，农功皆废弛。他稼已如云，我田方欲莳。四际上通波，兼之葭与苇。是时立秋后，烟露浩凄矣。虽然遣毕功，菱约都无几。①

诗人本身多病，难以耕作，收成自然不好。由上可见，自耕农家庭若要温饱，尚须亲自参加较为辛苦的农业生产，这让皮日休等文人有些吃不消。选择读书求仕的人生道路则有可能避免这些较为繁重的体力劳动，并从根本上改变自身命运。

唐代自耕农出身的文人需要服役，《太平广记》载白履忠事："博涉文史，隐居梁城。王志愔、杨瑒皆荐之。寻请还乡，授朝散大夫。乡人谓履忠曰：'吾子家贫，竟不沾一斗米，一匹帛，虽得五品，止是空名，何益于实也？'履忠欣然曰：'往岁契丹入寇，家家尽署排门夫，履忠特以读少书籍，县司放免，至今惶愧。虽不得禄赐，且是五品家，终身高卧，免有徭役，不易得之也。'"②白履忠是盛唐人，但由于唐代差役制度前后差别不大，故可推测晚唐时下层文人若连散官衔也没有的话，是同样需要服役的，这同样促使自耕农出身的文人求仕免役之决心。

（二）发愤读书，不事贱役

对于下层小吏来说，选择读书是改变个人命运的最好方式，如邵谒，《唐才子传》卷八：

> 谒，韶州翁源县人。少为县厅吏，客至仓卒，令怒其不搘床迎待，逐去。遂截髻著县门上，发愤读书。书堂距县十余

---

① 《祝风三十二韵》，《全唐诗》卷六八五，第7940页。
② 《太平广记》卷四百九十四，第4058页。

第二章 阶层因素与晚唐文人求仕心态

里,隐起水心。谒平居如里中儿未着冠者,发髻鬌,野服。苦吟,工古调。咸通七年抵京师,隶国子。时温庭筠主试,悯擢寒苦,乃榜谒诗三十余篇,以振公道,曰:……已而释褐。后赴官,不知所终。①

此处言其释褐有误,②但被国子监送参加省试则是肯定的。有了国子监贡举人的身份,好处在于:一、即使不第,可在国子监四门馆继续求学,本人课役可免。③但对于未中的乡贡举子,则无此优惠政策,如前文所引江西观察使李骘免任涛乡里赋役,仍引起"盲俗互有论列"。这一优惠政策之所以没有引发读书人大规模求入国子监,关键在于晚唐时重乡贡而轻监生。二、不用被迫从军。这对下层文人来说,当然更值得珍视,邵谒说:"尝闻读书者,所贵免征伐。"④当然乡贡举人应同此例。再如汪遵,《唐才子传》卷八:

遵,宣州泾县人。幼为小吏,昼夜读书良苦,人皆不觉。咸通七年韩衮榜进士。遵初与乡人许棠友善,工为绝句诗,而深自晦密。以家贫难得书,必借于人,彻夜强记,棠实不知。一旦辞役就贡,棠时先在京师,偶送客至灞、浐间,忽遇遵于途,行李索然,棠讯之曰:"汪都何事来?"遵曰:"此来就贡。"棠怒曰:"小吏不忖,而欲与棠同研席乎?"甚侮慢之。后遵成名五年,棠始及第。⑤

从文中可以看出,汪遵为一小吏,不仅家贫,其社会地位之卑,还远在寒素文人许棠之下。但他发愤读书,终于改变自身命运。辛文

---

① 《唐才子传校笺》(第三册),第453～454页。
② 《唐才子传校笺》(第三册),第457页。
③ 《唐代科举制度研究》,第294～295页。
④ 《下第有感》,《全唐诗》卷六〇五,第7049～7050页。
⑤ 《唐才子传校笺》(第三册),第465～466页。

房不禁感慨道:"汪遵,泾之一走耳。拔身卑污,夺誉文苑。家贫借书,以夜继日,古人阅市偷光,殆不过此。昔沟中之断,今席上之珍,丈夫自修,不当如是耶与!与夫朱门富家,积书万卷,束在高阁,尘暗签轴,蠹落帙帷,网好学之名,欺盲聋之俗,非三变之败,无一展之期。谚曰:'金玉有余,买镇宅书。'呜呼哀哉!"①

二 渴求进士及第,改换家庭门户

对于寒素文人来说,若能求仕成功,不仅能改变个人卑微的命运,还能荣及家庭,成为衣冠户,享受一定程度的特权。这是寒素文人求仕心态中与士族文人和小姓文人之最大的不同。

(一)晚唐关于"衣冠户"的相关政策

晚唐之前,唐政府就有关于免除赋役方面的规定,但未能明确,故在武宗前执行得相当混乱。② 唐武宗《会昌五年正月三日南郊赦文》:

> 或因宦游,遂轻土著,户籍既减,征徭难均。江淮客户及逃移规避户税等人,比来皆系两税,并无差役。或本州百姓,子弟才沾一官,及官满后,移住邻州,兼于诸军诸使假职,便称衣冠户。广置资产,输税全轻,例免诸色差役。其本乡家业,渐自典卖,以破户籍。所以正税百姓日减,州县色役渐少。从今已后,江淮百姓,非前进士及登科有名闻者,纵因官罢职,居别州寄住,亦不称为衣冠户,其差科色役,并同当处百姓流例处分。③

此一诏令明白确认只有"前进士及登科有名闻者"才可称为"衣

---

① 《唐才子传校笺》(第三册),第 467 页。
② 参见吴宗国《唐代科举制度研究》第十四章"科举与社会等级再编制"所论,第 289 页。
③ (宋)李昉等:《文苑英华》卷四二九,中华书局,1966 年,第 2175 页。

冠户",表明只要进士及第,无论授官与否,均可享受"输税全轻,例免诸色差役"的特权。这对自耕求食且需承担各种税役的普通农户来说是天大的喜讯。唐僖宗时继续重申这一政策,《乾符二年南郊敕文》:

> 所在州县,除前资寄住实是衣冠之外,便各将摄官文牒及军职赂遗全免科差,多是豪富之家,致苦贫下。准会昌中敕,家有进士及第,方免差役,其余只庇一身,就中江南富人多,一武官便庇一户,致使贫者转更流亡。①

这一诏令中指出一个不公平现象,即衣冠户往往利用自身政治优势,广置田产,不但本户不差不科,而且包庇其他土豪富户,逃避差科。杨夔《得宫阙后上执政书》论之更详:

> 今天下黔首,不惮征赋,而惮力役。明敕屡降,非不丁宁。州县奉私,曾不遵禀。既因循未用,亦有所未尽焉。盖侨寓州县者,或称前贤,或称衣冠。既是寄住,例无徭役。且敕有进士及第,许免一门差徭,其余杂科,止于免一身而已。今有侥幸辈偶忝微官,便住故地。既云前曾守官州县,须存事体。无厌辈不惟自置庄田,抑亦广占物产。百姓惧其徭役,悉愿与人。不计货物,只希影覆。富者称物产典贴,永绝差科。贫者以富籍挤排,助须从役。利入私室,害及疲民。无利润者,转见沉沦。有膏腴者,坐取安逸。衣冠户以余庆所及,合守清廉。既恃其不差不科,便恣其无畏无忌。且古画地之数,限人名田。一则量其贫富,一则均其肥瘠。今凡称衣冠,罔计顷亩。是奸豪之辈,辐辏其门。但许借名,便曰纳货。既托其权势,遂恣其苞囊。州县熟知,莫能纠摘。且州县所切,莫先

---

① 《唐大诏令集》卷七十二,中华书局,2008年,第402页。

科差。富贵者既党护有人，贫困者即窜匿无路。①

此段言百姓害怕劳役，衣冠户乘此广占百姓物产，而百姓也希望被衣冠户所庇护而不计较其他。这样，富者所占物产多且不纳税、不服役；穷者反而须服更多的劳役，弄得利入私门，民不聊生。由上可见，衣冠户是享有特权的户等，甚而可以胡作非为。韩国磐总结为："衣冠户是从高宗武后以来，特别是从玄宗以来，在进士科日益重要的情况下，以进士科出身为主的封建士人所形成的户等。"②

（二）家人的期盼，求第之动力

在古代生产力水平较低的情况下，一个年轻力壮的男子不仅不参加耕作养家糊口，反而还要家庭支付其不菲的求仕费用，这对一个贫寒家庭来说是一个沉重的负担。赵匡《举选议》云："羁旅往来，糜费实甚，非唯妨阙生业，盖亦隳其旧产。未及数举，索然以空。"③对于寒素文人们来说，家人的投入即使不求回报，心中也存在很大的情感负担；更何况还有如皮日休家庭中昆仲并不乐意其辍耕的情况。所以寒素文人普遍存在着急于求仕成功以回报家庭的情感义务。对家庭的最好回报便是进士及第，不仅荣亲，更重要的是改换门庭，从此成为"衣冠户"，享受各种特权。

衣冠户享有的特权，是实实在在地被普通寒素文人家庭看在眼里的。通过培养子弟读书进而求取进士第，成为衣冠户后享受特权，这一美好的前景对这些家庭来说是极具诱惑力的。晚唐诗文中寒素文人对此多有表述，如翁承赞《书斋漫兴二首》其二："人家不必论贫富，惟有读书声最佳"，④道出了天下多少稍有节余之家对子弟振兴家门的期待！雍陶《送卢肇及第归袁州》："到门定见

---

① 《全唐文》卷八六六，第9075页。
② 参见韩国磐《隋唐五代史论集》之"隋唐五代时的阶级分析"，第277~288页。
③ 《全唐文》卷三五五，第3601页。
④ 《全唐诗》卷七〇三，第8167页。

第二章 阶层因素与晚唐文人求仕心态

萍乡守,来贺高堂断织亲"。① 李频《长安感怀》:"一第知何日,全家待此身。"② 许棠《冬杪归陵阳别业五首》其二:"骨肉嗟名晚,看归却泪垂。"③ 方干《送吴彦融赴举》:"上国才将五字去,全家便待一枝归。"④ 郑谷《贺进士骆用锡登第》:"苦辛垂二纪,擢第却沾裳。春榜到春晚,一家荣一乡"。⑤ 王贞白有"句":"改贯永留乡党额,减租重感郡侯恩。"⑥ 自注云:"蒙本州改坊名为'进贤',并减户税"。王贞白进士及第后守选其间,已蒙乡里落实衣冠户政策。另外,入仕不仅是家中亲人的期盼,甚至连仆人也会给求仕者平添一些压力。这些仆人有的要随主人求仕而远行,有的要在主人家中耕作,他们可能并不只是图眼前温饱而已。赵嘏求仕难成,仆人决然离去,《歙州道中仆逃》:"去跳风雨几奔波,曾共辛勤奈若何。莫遣穷归不知处,秋山重叠戍旗多。"⑦ 韦庄求仕未遂,为稳定家庭,曾安慰家仆,《仆者杨金》道:"努力且为田舍客,他年为尔觅金鱼。"⑧《女仆阿旺》道:"他年待我门如市,报尔千金与万金。"⑨

上述主要是针对自耕农阶层文人而言,对于工商业者来说,通过进士登第而改换门庭同样意义重大。毕諴、常修、顾云是盐商子,及第后不仅改换门庭,毕諴还做到宰相。工商人家子弟陈会的及第,则主要是其家庭鞭策的结果,《北梦琐言》卷第三《陈会螳螂赋》:

---

① 查屏球:《从游士到儒士——汉唐士风与文风论稿》附:《新补〈全唐诗〉一百首——高丽〈十抄诗〉中所存唐人佚诗》,第563页。
② 《全唐诗》卷五八九,第6899页。
③ 《全唐诗》卷六〇三,第7032页。
④ 《全唐诗》卷六五一,第7526~7527页。
⑤ 《郑谷诗集编年校注》,第49页。
⑥ 《全唐诗》卷七〇一,第8143页。
⑦ 赵嘏撰,谭优学注《赵嘏诗注》,上海古籍出版社,1985年,第122页。
⑧ 韦庄撰,聂安福笺注《韦庄集笺注·补遗》,上海古籍出版社,2002年,第388页。
⑨ 《韦庄集笺注·补遗》,第395页。

蜀之士子，莫不酤酒，慕相如涤器之风也。陈会郎中，家以当垆为业，为不扫街，官吏殴之。其母甚贤，勉以修进，不许归乡，以成名为期。每岁糇粮纸笔，衣服仆马，皆自成都赍致。郎中业八韵，唯《螳螂赋》大行。大和元年及第，李相固言览报状，处分厢界，收下酒旆，家人犹拒之，逡巡贺登第，乃圣善奖训之力也。①

陈会家庭卖酒为生，衣食本无忧虑，但没有社会地位。以小故为官吏殴打，可见小商户卑微的处境。一旦及第，门庭顿改，且后来为白敏中婿，可见门庭转换之巨。余英时论及商人求贵心理时说："尽管很多官僚愿意跟商人勾结，甚至愿意经商，但商人不能成为社会上的中坚势力，皇帝只与士大夫共治天下。这里最能看出中国大一统的政治传统的巨大影响。在中国历史上，由贵而富是正常的途径，由富而贵则是例外；而且既贵且富比较有保障，富而不贵并不安全。"② 尽管陈会家庭并不是特别富有，但对照此语，仍可见其求仕之真实心态。

寒素文人读书求仕，从个人角度而言是改变命运，从家庭角度而言是改换门庭，二者实际上是求仕心态中的两个方面，即入仕荣身和荣家是一体的。另外，自耕农阶层出身的文人在诗文中明确表达了不愿务农而求仕的愿望，工商阶层出身的文人似乎不太愿意言及自己的身份，如顾云，诗文颇多，但并没有提到过其出自盐商家庭。可见在当时社会中，农民出身并不是什么难堪之事，但工商家庭出身则比农民出身更等而下之，此类文人一般羞于言及，这也是晚唐寒素文人求仕心态中值得注意的一个特点。

---

① 《唐五代笔记小说大观》，第 1824 页。
② 余英时：《关于中国历史特质的一些看法（1973 年）》，《文史传统与文化重建》，三联书店，2004 年，第 145 页。

小结

其一，晚唐文人可分为士族、小姓、寒素三类，其中士族文人构成相对复杂，求仕心态多样，因此是本章研究的重点。

其二，晚唐士族文人按其家庭政治和经济地位可分为权要子弟、普通士族文人和没落士族文人。前两类文人求仕时独重进士之途，轻视明经等科，对用荫颇感无奈，且不屑于求取军功。这两类文人衣食无忧，并不以谋生为急务，特别是权要子弟自恃门第，以为青紫皆可俯拾，权要令狐绹之子令狐滈举进士及授官风波典型地说明了这一点；普通士族文人对求取进士第较为执着，且颇具耐心。没落士族文人因家道衰落，呈现出狂傲和哀怜心态，这在温庭筠、温宪父子求第经历中得以鲜明地表现出来。

其三，晚唐小姓文人求仕心态相较于士族和寒素文人则较为平和。如黄颇，家富于财，诗文中极少叹贫哀不遇之辞。为了巩固家族既得之社会经济地位，小姓文人参加科考博取功名意义重大。由于拥有较好的经济条件，小姓文人求第时才会进退有据，以较为平和的心态面对失败。

其四，晚唐寒素文人家世清贫且无门第可资，为了改变自身和家庭命运，他们急于成名。他们苦读诗书，求禄代耕，从个人角度来说，是为了免于务农或不事贱役；从家庭角度来说，是为了改变门户，满足家人之期盼。他们是对科场成败最为敏感的一群，大量与科举有关的文学作品主要产生于这一阶层文人之中。

第三章
晚唐文人求第心态

　　来自不同地域、阶层的文人若要成功入仕，需要通过州府试或国子监及宗正寺试；再汇集到礼部参加省试，通过者送吏部关试后方才取得入仕资格；再经过一定年限的守选后，方可到吏部参加铨选，铨选通过的被授予官职，这才算是正式进入仕途。一般来看，州府试或国子监及宗正寺试淘汰掉的读书人多无文名，文献资料中极少关于他们的记载。通过州府监寺试而贡于礼部者俗称贡举人，每年应考的有上千人之多，但录取者不过百人，其中进士登第者仅二十人左右，其余为明经等科登第者。这些幸运儿以进士及第者最为荣耀，他们也是人们关注的焦点。随即参加的吏部关试在晚唐多流于形式，最易通过。[1] 在上述三次考试中，省试最为重要，其次是州府监试，关试则不太受人关注。因此，文人们为入仕而做出的种种文学或非文学努力主要是围绕州府监试和省试进行的，亦有极

---

[1] 傅璇琮认为吏部试并非很快在礼部试后进行，说"唐代文人有一种习尚，就是及第以后，往往不是马上就留在京师应吏部试，而是先归故乡，拜见父母，以示庆贺，或则去有关州府节镇，进行一些活动"。(《唐代科举与文学》，第422页) 此说恐不确。据王勋成考，关试"一般大约在放榜后的十天半月左右举行"。"正月礼部举行贡举试，二月吏部举行关试比较普遍。"(《唐代铨选与文学》，第3页)。二试之间间隔时间不长，稍微远一些的及第者很难按时返回京师应吏部试。

少数未经科试而被权要直接荐于皇帝而授官的文人，如李群玉、郑良士等，①但这是可遇而不可求的机缘，非一般文人所能期待的。据此，本章拟将文人求第心态分为两部分，一为求贡心态，这是求第的必要准备阶段；二为干谒求第心态，但并不说明二者泾渭分明，因为求贡只不过是求第的前奏，求第才是主要目的，所以二者会存在一定程度的交叉，只是不同阶段侧重点不同而已。求第干谒时主要靠的是个人才学，此时选择哪种文体的投赠作品亦可见出其个人心态。为了便于行文，下面从这三方面进行论述。

第一节　文人求贡心态

据《唐六典》载："凡天下朝集使……皆以十月二十五日至于京都，十一月一日户部引见讫。"② 举子须于每年十月二十五日集于礼部报到，但实际上除一些初次应举者尚随计吏到京外，多次应举者大多先期到达了京城。由于地方州府试和监寺试只是文人们获取贡举人资格的考试，虽有名额限制，但却没有户籍限制，对于有一定才华者来说，如果不太在意名次，还是比较容易通过的，文人们更看重的是获得举子身份后参加省试前的觅举活动。那么地方州府试和监寺试是否因此只是走过场呢？当然不是。《唐摭言》卷一《会昌五年举格节文》：

公卿百寮子弟及京畿内士人寄客外州府举士人等修明经、进士业者，并隶名所在监及官学，仍精加考试。所送人数：其国子监明经，旧格每年送三百五十人，今请送三百人；进士，依旧格送三十人；其隶名明经，亦请送二百人；其宗正

---

① 薛天纬《干谒与唐代诗人心态》一文以李群玉为例，认为"荐举是独立于科举之外的朝廷取士的另一条重要途径"，可以参看《唐代文学研究》第五辑，广西师范大学出版社，1994年，第2页。
② （唐）李林甫等撰，陈仲夫点校《唐六典》，中华书局，1992年，第79页。

寺进士，送二十人；其东监同华、河中所送进士，不得过三十人，明经不得过五十人。其凤翔、山南西道东道、荆南、鄂岳、湖南、郑滑、浙西、浙东、鄜坊、宣商、泾汾、江南、江西、淮南、西川、东川、陕虢等道，所送进士不得过一十五人，明经不得过二十人。其河东、陈许、汴、徐泗、易定、齐德、魏博、泽潞、幽、孟、灵夏、淄青、郓曹、兖海、镇冀、麟胜等道，所送进士不得过一十人，明经不得过十五人。金汝、盐丰、福建、黔府、桂府、岭南、安南、邕、容等道，所送进士不得过七人，明经不得过十人。其诸支郡所送人数，请申观察使为解都送，不得诸州各自申解。诸州府所试进士杂文，据元格并合封送省。准开成三年五月三日敕落下者，今缘自不送所试以来，举人公然拔解；今诸州府所试，各须封送省司检勘，如病败不近词理，州府妄给解者，试官停见任用阙。①

据此统计，当年全国除京兆府外所送进士最多达648人，明经最多达1370人。可以看出，地方州府试和监寺试不可能走过场，一是有人数限制，自然存在竞争；二是地方州府所试进士杂文须送尚书省封存以备查验，若有问题，严重者试官可被停职。唐代州府解送时发生的最为著名事件是白居易任杭州刺史时荐徐凝屈张祜事，晚唐虽无如此著名事件，但亦有因地方州府试引发不满之事。咸通末年，"永乐崔侍中廉问江西，取罗邺为督邮，邺因主解试。时尹璞自远来求计偕，璞有文而使气，邺挟私黜之，璞大恚，怒疏邺云：'罗邺讳则，则可知也。'邺父则，为余杭盐铁小吏。"② 罗邺挟私报复不送尹璞，尹璞就直书罗邺家讳，讥其无视朝廷规则主试，表达其愤怒心态。

---

① 《唐五代笔记小说大观》，第1577页。
② 二事均见《唐摭言》卷二《争解元》，《唐五代笔记小说大观》，第1588页。

第三章　晚唐文人求第心态

一　监寺试中文人求贡心态

　　监寺试指国子监试和宗正寺试，晚唐轻两监而重乡贡，文人参加监寺试的材料相对较少。本文第二章中论及的邵谒，就曾为温庭筠主试时所榜；另据《唐摭言》卷十《海叙不遇》："李涛，长沙人也，篇咏甚著，如'水声长在耳，山色不离门'，又'扫地留树影，拂床有琴声'，又'落日长安道，秋槐满地花'，皆脍炙人口。温飞卿任太学博士，主秋试，涛与卫丹、张郃等诗赋，皆榜于都堂"。[①] 从记载中难以看出监试者求贡心态。按常理说，由于关系自己能否参加省试，监生们重视监试的心态也是很自然的。如郭应图《请定国学明经额数状》：

> 伏睹今年六月五日敕文，应国学与诸道等明经一例解送两人者。应图等早辞耕稼，夙慕诗书。自抛乡邑之中，便忝国庠之内。栖迟守学，轗轲于时。未□升进之期，却抱减退之患。苟或诸道解送，监府同条，实谓首尾难分，本枝无异。伏请闻奏，俾遂渥恩。[②]

前引"会昌五年举格节文"言："所送人数：其国子监明经，旧格每年送三百五十人，今请送三百人"，此文写于唐末天祐时，只送两人，六十年间明经科衰落至此！郭为国子监生，面临连解送的资格都得不到的境地，故上书求加名额，其求举心态令人哀婉。宗正寺试主要针对宗室文人，《新唐书》中载有中宗时情形："武后之乱，改易旧制颇多。中宗反正，诏宗室三等以下、五等以上未出身，愿宿卫及任国子生，听之。其家居业成而堪贡者，宗正寺试，

[①] 《唐五代笔记小说大观》，第1666页。
[②] 《全唐文》卷八二一，第8654页。

送监举如常法。"① 晚唐时关于宗正寺试材料无见，应试宗室文人心态亦难考知。

二 地方州府试中文人求贡心态

地方州府试是文人求贡的主要渠道，包括外地州府试和京兆府试。为说清文人求贡于地方州府心态，有必要先对其获得乡贡举人之程序和待遇作一简述，再论其求贡地方州府和京兆府之心态。

(一) 乡贡举人

1. 获得乡贡举人身份之程序

唐代文人求贡于地方州府，考试合格后谓之乡贡举人，主要指乡贡明经和乡贡进士。韩愈《赠张童子序》："天下之以明二经举于礼部者，岁至三千人。始自县考试定其可举者，然后升于州若府——其不能中科者，不与是数焉；州若府总其属之所升，又考试之如县，加察详焉，定其可举者，然后贡于天子而升之有司——其不能中科者，不与是数焉：谓之乡贡。"② 此处虽仅言乡贡明经事，但乡贡进士之获得程序当同于此。县级考试情形如何，有关唐代文史资料涉及很少，吴宗国认为县级考试是存在的，举盛唐王泠然参加县级进士科考试被宋城尉高昌宇不送例说明，③ 但县级考试的严肃性令人怀疑：一是唐代文人除王泠然外极少写其参加县级考试事；二是文人干谒州府官员者多，极少有干谒县级官员者；三是晚唐时出现"拔解"现象，即不亲自参加地方州府考试而直接送礼部考试，此时连州府试都不参加，更遑及县试。看来，至少在晚唐，县级考试要么是徒有虚名走过场，要么是连走过场也没有真正实行。州府试在晚唐时确有实行，但有两个因素对之造成冲击，一是上文所谓的"拔解"，文人不亲自参加考试。《旧五代史》卷一

---

① 《新唐书》卷四十四《选举志上》，第1146页。
② 马其昶校注，马茂元整理《韩昌黎文集校注》卷四，上海古籍出版社，1986，第249~250页。
③ 《唐代科举制度研究》，第41页。

百四十八《选举志》:"梁开平元年七月,敕:'近年举人,当秋荐之时,不亲试者号为"拔解",今后宜止绝。'"① 此处所言"近年",即指唐末时期,因为刚刚改朝换代,故准备革除这一有令不行现象,但实际上仍难完全推行,后唐任赞《请州县官先考试贡举人表》:

> 伏以圣代设科,贡闱取士,必自乡荐,来观国光,将叶公平,惟求艺行。盖广搜罗之理,且非喧竞之场。伏见常年举人等,省门开后,春榜悬时,所习既未精研,有司宁免黜落。或嫉其先达,或恣以厚诬。多集怨于通衢,皆取骇于群听。颇亏教本,却成乱阶。宜立新规,以革前弊。自今后诸举人,不是家在远方,水陆隔越者,望本令各于本贯选艺精通宾寮一人考试。如非通赡,不许妄荐。傥考核必当,即试官请厚于甄酬。若荐送稍私,并童子尽归于窜逐。冀彰睿化,免紊儒风。庶绝滥进之人,共守推公之道。②

可见到后唐时州县试仍是徒有虚名。二是藩镇在解送中掌控着实际决定权,州县试自然为人所轻。从前面所引"会昌五年举格节文"见到,各地是以藩镇为单位负责地方贡举人解送事宜的,当然就有了去取存留的权力,而这才是求贡人最为看重的。

2. 获得乡贡举人身份后之待遇

文人获得乡贡举人身份后,除可随计入京参加科考这一基本功能外,考不上者亦不同于未获此身份之普通文人。一是可免课役;二是免于从军。此二点前文已有论述,兹补充一则材料:皮日休于咸通七年(866)进士不第,夏返寿州肥陵别墅,有《三羞诗三首并序》,其二序其第二诗之作云:"日休旅次于许传舍,闻叫呶之

---

① (宋)薛居正等:《旧五代史》,中华书局,1976年点校本,第1977页。
② 《全唐文》卷八五〇,第8929页。

声,动于城郭。问于道民,民曰:'蛮围我交趾,奉诏征许兵二千征之。其征且再,有战皆殁,其哭者,许兵之属。'……皮子为之内过曰:'吾之道,不足以济时,不可以备位。又手不提桴鼓,身不被兵械,恬然自顺,怡然自乐,吾以为许师之罪人耳。'"① 可见皮日休作为贡举人身份,是不用服兵役的。

乡贡进士即使未第,也为时人看重,《唐摭言》卷一《散序进士》:"进士科始于隋大业中,盛于贞观、永徽之际;缙绅虽位极人臣,不由进士者,终不为美,以至岁贡常不减八九百人。其推重谓之'白衣公卿',又曰'一品白衫';其艰难谓之'三十老明经,五十少进士'。"②《太平广记》卷第一百八十一《苏景张元夫》:"文宗曾言进士之盛,时宰相对曰:'举场中自云:乡贡进士,不博上州刺史。'上笑之曰:'亦无奈何。'"③

（二）晚唐文人求贡于地方州府心态与文学创作

唐人盛行干谒,由此创作了大量文学作品。如果按照求仕先后来划分,一部分是基于求贡心态而创作的,一部分则是获得了乡贡举人身份后,为了省试成功而创作的干谒权要、名人的作品。这两部分作品之创作目的有时存在交叉,如文人在京城活动,其上达权要作品既有可能是为求贡于京兆府试的,也有可能是为了省试的。不过从现存作品总量来看,为了求贡于外地州府而创作的作品数量要远少于其他干谒类作品。这些现存不多的作品主要由罗隐、刘蜕、顾云、黄滔等人所写,为了达到求贡目的,文人们可谓煞费苦心。概括起来,主要有以下几种心态:

1. 显露才华,先声夺人。如黄滔《广州试越台怀古》:

南越千年事,兴怀一旦来。歌钟非旧俗,烟月有层台。北

---

① 《皮子文薮》,第 102 页。
② 《唐五代笔记小说大观》,第 1578~1579 页。
③ 中华书局,1961 年,第 1353 页。

望人何在，东流水不回。吹窗风杂瘴，沾槛雨经梅。壮气曾难揖，空名信可哀。不堪登览处，花落与花开。①

此诗破题颇见声势，融情于景，寄托了自己漂泊求贡的身世之感。限于州试，虽有文采，仍略嫌四平八稳。但州试成功后黄滔谢岭南节度使韦荷②的文章，文采富赡，流丽跌宕。如《南海韦尚书启》：

> 某伏念高为碧落，讵侧管以能窥。深作沧溟，固持蠡而莫测。焉可爰贵琐智，直杖小才。叙昂宿之钟萧，述尼山之降孔。既将越礼，诚可加刑。然则有旷代之遭逢，获千年之际会。设若旁扃辨囿，内遏言泉，不惟上负于良时，抑亦下辜于卑志。……且凡开场试士，就铺属词。从物外之课虚，向灯前以应限。纵若仲宣阁群公之笔，长卿量陈后之金，空有所长，或闻未至。况滔虽勤纂刻，且昧精奇。张平子固合陋都，陆士衡所宜抚掌。宁期尚书亲回严重，庭赐褒称。变泥沙为丹艧之姿，植菅蒯作芝兰之秀。鲁史骤荣于一字，晋庭俄采于片言。超越寻常，震惊流辈。……③

此文以骈文写就，对仗工稳，颇富气势。一开头便表达自己求贡成功的欣喜之心，接下来以大量典故入文，展示自己言虽谦逊，学则富赡的真实一面。刘蜕的求贡文同样一展才华，如《献南海崔尚书书》：

> 所谓大丈夫，岂天使为之哉！以其进为天下利，退有百世名，显为诸侯师，默成万世法而已。为退默者为避人，得时而

---

① 《莆阳黄御史集》，第130页。
② 参见李国栋《黄滔诗文系年》，华中科技大学2009年硕士学位论文，第14页。
③ 《莆阳黄御史集》，第195~198页。

退默者为自进。为进显者必行，不得时而进者为失志。是以雄才盛德，不可以不兼其时。故无其时，不可行也；有其时而志未达，又不可行也；志达而未信于天下，又不可行也。上位之人有不可，故下位之人有逾垣塞牖而自遁者，又岂惟退默而已矣。①

此文一开始先声夺人，以大丈夫出处之意立论，为自己求贡张本。虽不似黄滔以骈文写就，深于典故，但逞才使气则又过之。

求贡书启，是文人向州府主官谋求给予考试机会前的关键文字，如果不能显露才华，先声夺人，对于来自异地的文人来说可能连参加贡举试的机会也没有。黄滔来自福建，刘蜕来自湖南，均求贡于广州，自然更需精心谋划。

2. 激以声望，赋予高义。仍以刘蜕《献南海崔尚书书》为例：

然而阁下不谓无其时乎？昔雍邱不能以才达，求讨吴蜀以自试；班超不能守其家儒，然后得官校尉。夫文家之不遇清世，不免操弓矢而摽甲胄也。今则仕由文学著，官自清显尊，阁下不谓志未达乎？夫南海实筦榷之地，有金珠贝甲修牙文犀之货，非茂德廉名，国家尝重其人。阁下不谓未信于天下乎？当其时，士亦故不以天下之广居自陿其身，不以天下之道自负。以不知己故，赂媒请介，则不忍为。守媒待介，或有所自弃，故退默者不得不自进矣。阁下以为时乎未可也。②

此段文字以天时、志向、诚信相标，既是赞崔龟从处高位③，理想远大，又抒发自己投身天下大业之雄心壮志。这样，双方有了志同

---

① 《全唐文》卷七八九，第 8254～8255 页。
② 《全唐文》卷七八九，第 8254～8255 页。
③ 据傅璇琮《唐五代文学编年史·晚唐卷》考，此崔尚书为崔龟从，第 245 页。

道合的基础,求贡小事也就不在话下了,这正是求贡者最希望达到的效果。

3. 自伤穷愁,恳求拔解。求拔解时,文人不亲自参加对方州府试,这就需要与对方州府主官有一定交情,或能通过寄送诗文打动对方。上文所论刘蜕《献南海崔尚书书》便是求拔解文,崔尚书回了文,刘蜕又有《复崔尚书书》,以回应对方之复书:

乃复书问曰:"恃才傲物欤?论议险直欤?侪伍挤毁欤?"夫承贵仕之后,身尊而食足,然踞辱卒吏,犹有陷人于急。况蜕近世无九品之官可以藉声势,而又当时无绵络之旧、无一箪之食。设有乘人之气,而穷贱夺其气矣,何能为也?使蜕一旦为病狂妄人而行之,俄而自成怪笑,不止人之怪笑也。然则希权门以媚嬖媵,随众口以赞曲私,瞻视行坐,倾身预起,则信乎对南面如濠壁之相峙也。如此岂曰恃才傲物乎?险直之在己,不得其人而尽言之,则有杀身磔尸之祸,得其人而尽言之,则有忠义谅正之名。使蜕前不得其人而言之,则身死已久,得其人而言之,则安得困而至此。故岂曾论议险直乎?①

复书中,自伤家世和清贫,并自辩以明志,以感谢对方之"殊遇"。再如顾云《上池州庾员外启》:

某者樵苏贱品,桑梓遗民。识昧机先,智惟人下。陈于器用,则魏瓠兴讥。列在宫商,则齐竽致诮。徒以幼知经训,长辨义方。偶近缣缃,遂捐耕钓。披经阅史,无怠于光阴。雪牖萤窗,每叨于悬刺。至于论都叙别,叹逝悲秋,假乌有以交谈,拟子虚而发论,偶以书筠得句,聊因起草成篇。陆海潘江,亦常关虑。宋风谢月,素所萦心。纵不及于前修,时见推

---

① 《全唐文》卷七八九,第8255页。

于同辈。爰自束书辞楚，怀刺游秦。求试春官，升名贡士。投暗而终多龃龉，秉机而本乏梯媒。才犯龙津，旋悲鹢退。且桃花浪峻，难前短鬣纤鳞。苹叶风高，预返疏翎弱羽。虽匡衡游宦，未及十年。而卞氏伤嗟，俄经再刖。回翔辇下，求索关中。横戈而未忍先降，掉鞅而犹思更战。窃念秦舟已爇，敌在不还。蜀柱曾题，途穷未返。而又恋深陟岵，悲重倚门。父子栖迟，乡闾共笑。苏秦羁旅，骨肉相疑。倘蒙特降文符，稍存庥庇。才闻顾盼，便是恩荣。使鲁邻知敬孔某，楚市不陵韩信。谢郎中端楚公皆曾投谒，遂悉眷知。近闻有使还家，便令附状。诉言名姓，实辱奖怜。非敢赵趄，妄邀声援。①

此文是顾云落第后求贡于家乡池州刺史文。先言自己沦落穷愁之状，尽管苦心诗书，仍难遂志。接着表达再赴文战之决心；最后直言求贡之意，恳求对方心存怜悯，给予解状。故胡震亨说："唐士子应举，多遍谒藩镇州郡丐脂润，至受厌薄不辞。……至所干投行卷，半属诡辞，概出赝剿。"② 当然也有文人多年下第，以求贡为常事，所投之文，虽叙穷愁，实同公事文书，如罗隐《投蕲州裴员外启》：

某启：某月六日，辄以所著《谗书》一通，贡于客次，遂归逆旅，载轸危途，必恐员外以某姓氏单寒，精神钝滞，泪在众人之下，遗于繁务之中。某怀璧经穿，壮年见志。仲舒养勇，何啻三年？安世补亡，宁惟一箧？其后因从计吏，遂混时人。愤龙尾以不燃，念鱼腮之屡曝。嵇康骨俗，徒矜养性之能；李广数奇，岂是用兵之罪？事往难问，天高不言。去年牵

---

① 《全唐文》卷八一五，第 8583 页。
② （明）胡震亨：《唐音癸签》卷二十六《谈丛》二，上海古籍出版社，1981 年，第 177 页。

第三章 晚唐文人求第心态

迫旨甘，留连江徼。虽伤弓之鸟，诚则恶弦，食姜之虫，未能忘苦。所以远辞蜗舍，来谒龙门；黍谷棠阴，方谐志愿。荷衣蕙带，不奈风霜。负所业以长嗟，向良工而有唱。昔也松苗各性，已知难进之由；今则火木相生，未测自焚之理。谨启。①

此文是在行卷后，投文提示对方关注自己。但叙穷愁时心态冷静，自伤命运，难以回首，这当是求人太多之疲惫心态。故交浅而言简，能否得贡，不再祈求，完全听天由命之心态。由此亦可见晚唐数举不第文人干谒时的身心交瘁之状。

4. 吹捧对方，言辞夸张。如罗隐《投同州杨尚书启》：

某启。某闻足历屠门，尚能大嚼；力疲吴坂，亦解长鸣。而况睹棠阴教化之原，入黍谷暄和之景。苟不能自提由瑟，直犯丘墙，则其人生为无益之徒，死作无知之鬼。②

此处罗隐言其若不知投文求贡于同州，则实在是"生为无益之徒，死作无知之鬼"，既说明求贡于同州之重要，尽人皆知；又表明自己得亲近对方，甘受教化之愿。言辞之间，既吹捧了对方之仁政，又婉转表达了求贡之意。同州与华州作为地方州解送最为得势，一是二州距长安最近，比同节镇，可独自申解，其他地方州府需"观察使为解都送，不得诸州各自申解"；二是"同华解最推利市，与京兆无异，若首送，无不捷者"。③ 这里说得太过绝对，如郑谷，"首荐叨殊礼，全家寓近封"，④ 得同州刺史狄归昌首荐却未第。⑤ 有些求贡文人为了达到受赏或获荐的目的，颇费心计。《诗话总

---

① 《罗隐集校注》，第 574 页。
② 《罗隐集校注》，第 575 页。
③ 《唐摭言》卷二《争解元》，《五代笔记小说大观》，第 1588 页。
④ 《叙事感恩上狄右丞》，《郑谷诗集编年校注》，第 159 页。
⑤ 《唐才子传校笺》（第四册）卷九，第 158 页。

龟》卷之十八《纪实门》载:"雍陶知简州,自比谢宣城柳吴兴,宾至则挫辱,投贽者少得见之。冯道明下第请谒,给阍者曰:'与太守故旧。'及见,呵责曰:'与公昧平生,何故旧之有?'道明曰:'诵公诗,得相见,何隔平生?'遂吟雍诗曰:'立当青草人初见,行近白莲人未知。''闭门客到常如病,满院花开未是贫。''江声秋入峡,雨叶夜侵楼。'雍厚之。"① 这位举子为干谒做了充分的准备,通过吟诵对方诗作,巧妙地吹捧了对方诗作流传广泛,播于人口,达到了谒见受知的目的。

(三)晚唐文人求贡于京兆府心态

1. 京兆府解送举子之优势。《唐摭言》卷二《京兆府解送》:

> 神州解送,自开元、天宝之际,率以在上十人,谓之等第,必求名实相副,以滋教化之源。小宗伯倚而选之,或至浑化,不然,十得其七八。苟异于是,则往往牒贡院请落由。暨咸通、乾符,则为形势吞嚼,临制近,同及第,得之者互相夸诧,车服侈靡,不以为僭;仍期集人事,贞实之士不复齿,所以废置不定,职此之由。其始末录之如左。②

此段文字记述了京兆府解送最大的优势在于其前十名的及第率高。如孙樵《唐故仓部郎中康公墓志铭并序》言:"大中二年复调授京兆府参军。其年冬为进士试官,峭独不顾,虽权势莫能挠。其与选者,不逾年继踵升第。"③ 又沈师黄主京兆府试,"首送十人,八人登第,六人重科。"④ 可见京兆府解占尽天时地利人和之优势。所以得入前十者,竟然有提前庆祝,收人贺礼之事。京兆府还可以向

---

① (宋)阮阅著,周本淳校点《诗话总龟》,人民文学出版社,1987年,第202页。
② 《唐五代笔记小说大观》,第1585页。
③ 《全唐文》卷七九五,第8339页。
④ (唐)沈中黄:《唐故监察御史河南府登封县令吴兴沈公墓志》,《唐代墓志汇编》大中084,第2313页。

礼部请问十等第中不取者缘由,更是他州难以比肩。

京兆府解送不仅成功率高,解送名额也比外地节镇多。前引"会昌五年举格节文"并未言及京兆府解送名额,但《唐摭言》卷二《元和元年登科记京兆等第榜叙》言:"天府之盛,神州之雄,选才以百数为名。"① 此是言中唐时,晚唐人数当与此相当,《云溪友议》卷下《去山泰》:"宋言端公,近十举,而名未播。大中十一年,将取府解。……及就府试,冯涯侍郎作橼而为试官,以解首送言也。时京兆尹张大夫毅夫,以冯参军解送举人有私,奏谴澧州司户。再试,退解头宋言为第六十五人。"② 宋言因京兆尹与试官有私怨,由解头直接退至第六十五人,可见人数当有近百。

晚唐文人多数举不第,落第后羁于长安,以备来年再举。他们来自不同地方,按唐制,需每年取解。虽云可以拔解,毕竟文书来往颇费时日;既然京兆府解送有上述优势,就近取解当然最为便利,当然也就加剧了京兆府试之竞争。

2. 文人求贡于京兆府心态

晚唐时期,科场竞争激烈,京兆府试可以看作是省试的一场预演,同样存在较大竞争,相对来说,普通寒素文人很难进入京兆府解送名单。但晚唐京兆府试最为有名、资料留下最多的一场正是以普通寒素文人为主的。《唐摭言》卷十《海叙不遇》:

> 张乔,池州九华人也,诗句清雅,夐无与伦。咸通末,京兆府解,李建州时为京兆参军主试,同时有许棠与乔,及俞坦之、剧燕、任涛、吴罕、张蠙、周繇、郑谷、李栖远、温宪、李昌符,谓之十哲。其年府试《月中桂》诗,乔擅场。诗曰:"与月长洪蒙,扶疏万古同。根非生下土,叶不坠秋风。每以圆时足,还随缺处空。影高群木外,香满一轮中。未种青霄

---

① 《唐五代笔记小说大观》,第1585页。
② 《唐五代笔记小说大观》,第1302页。

日，应虚白兔宫。何当因羽化？细得问神功。"其年频以许棠在场席多年，以为首荐。乔与俞坦之复受许下薛能尚书深知，因以诗唁二子曰："何事尽参差，惜哉吾子诗。日令销此道，天亦负明时。有路当重振，无门即不知。何曾见尧日，相与啜浇漓。"①

这次府试诗题为《月中桂》，张乔擅场，即大家公认其写得最好。这首诗好在意境不俗，令人读后顿觉清凉舒爽，有飘飘欲仙之感。按成绩张乔应为府元，但此次府元为许棠。许棠老于场屋最久，主试者李频哀怜他，以其为首荐。这些文人都是寒素出身，俗称为"咸通十哲"。② 他们本次大规模地得以由京兆府荐送，求贡之心态在于：一、他们此次选择京兆府试，关键在于京兆尹薛能和主试者京兆参军李频二人。二人都有过与"十哲"相同的科场奋斗经历，且与他们早有交往，自然同情他们的境遇。二、此次府元为许棠所得，许当然大喜过望。但对张乔来说，其心态如何？现有资料较少言及，此处试析之：张乔与许棠是多年旧友，"匡庐曾共隐，相见自相亲"③，由于许棠年龄较张乔年长，许棠下第时张乔颇哀之，并给予鼓励，《江上逢进士许棠》："诗人推上第，新榜又无君。鹤发他乡老，渔歌故国闻。平江流晓月，独鸟伴余云。且了鬓年志，沙鸥未可群。"④ 此次让府元，明显是薛能和李频二人的决定，未见张乔主动提出。当时有人称赞张乔，如郑谷"近日文场内，因

---

① 《唐五代笔记小说大观》，第1667页。
② 学界对"咸通十哲"研究颇多，代表性的如吴在庆《咸通十哲三论》（《中州学刊》1992年第6期）、《论唐末文人的愁苦心态——从咸通十哲看唐末文人的处境与心态》（《厦门大学学报》2001年第2期）；臧清《论唐末诗派的形成及其特征——以咸通十哲为例》（《文学评论》1997年第5期）；曾维刚《"咸通十哲"及其诗歌创作研究》（西北师范大学2003年硕士学位论文）。
③ 《题张乔升平里居》，《全唐诗》卷六〇三，第7026页。
④ 《全唐诗》卷六三九，第7375页。

君起古风。"① 但毕竟关系到自己一生的荣辱，张乔尽管也被列入十等第之中，但成功机会和府元相比已大大降低。② 许棠及第后，他在《送许棠及第归宣州》中写道："傍人贺及第，独自却沾襟。"③ 见其内心失落之状和难言的酸楚。张乔一生未第，多年后他更会意识到这是他一生中唯一一次及第的机缘，只是从其后来诗文中已难觅其真实心态了。

京兆府解送凭着其他州府难比的优势，自然吸引各阶层文人参与竞争。对于士族文人来说，京兆府试也许只是一个形式；但对小姓和寒素文人来说，参加京兆府试前就得认真考虑：除了自己的才学水平、地域阶层、社会关系外，主试者因素有时更为重要。如乾符四年，万年县尉公乘亿主试。公乘亿寒素出身，寒素文人自然将其列作"知己"之人，所以罗隐、倪曙、周繁等寒素文人积极参加府试，而且还被列入等第之中。④

第二节　举子干谒心态

文人求贡成功后，算是正式取得了参加省试的资格。按说应该苦读诗书以备来年春天的礼部考试，但由于唐代科举制度的不完善，人为干扰因素太多，举子们并不能安心复习；他们还有更为重要的场外工作要做，这就是干谒权要或名人以求荐引给知贡举的官员，获得最大可能的及第机会。当然这些工作并不是全部放在求贡成功后，因为成为乡贡举人和国子监、宗正寺举人毕竟远比科举及第要容易得多，所以很多文人常年都在干谒权要或名人，为科举及

---

① 《访题进士张乔延兴门外所居》，《郑谷诗集编年校注》，第32页。
② 《唐摭言》卷二《府元落》载自元和至乾宁数十年间只有郭求、杨正举、唐炎、高钺、平曾、崔伸、韦铤、郑从谠、韦象九位府元不第，可见府元及第率之高。《唐五代笔记小说大观》，第1586页。
③ 《全唐诗》卷六三八，第7358页。
④ 《唐摭言》卷二《置等第》，《唐五代笔记小说大观》，第1586页。

第做准备。如李咸用《旅馆秋夕》："百岁易为成荏苒，丹霄谁肯借梯航。若教名路无知己，匹马尘中是自忙。"① 没有"知己"的提携，任何努力只能是徒劳。《文献通考》卷二十九《选举考二·举士》云：

> 右补阙薛谦光上疏言："今之举人，有乖事实。或明诏试令搜扬，则驱驰府寺，请谒权贵，陈诗奏记，希咳唾之泽，摩顶至足，冀提携之恩，故俗号举人为'觅举'。夫'觅'者，自求之称，非人知我之谓也。故选曹授职，喧嚣于礼闱；州郡贡士，诤讼于陛闼。谤议纷纭，寝成风俗。"②

这里所谓的"觅举"，指的正是文人获得贡举人身份后的干谒行为。关于唐代科举考试制度方面的研究成果已较多，此处不赘述，本节只就晚唐举子干谒求第心态并结合相关文学创作进行研究，以期得出可靠的结论。

一 举子对于干谒行为之矛盾心态

且看唐代文人对干谒的看法。韩愈《与凤翔邢尚书书》：

> 愈再拜：布衣之士身居穷约，不借势于王公大人则无以成其志；王公大人功业显著，不借誉于布衣之士则无以广其名。是故布衣之士虽甚贱而不诎，王公大人虽甚贵而不骄。其事势相须，其先后相资也。③

刘蜕《投知己书》（一作《与大理杨卿书》）：

---

① 《全唐诗》卷六四六，第7458页。
② 中华书局1986年影印本，第272页。
③ 《韩昌黎文集校注》卷三，第201~202页。

第三章　晚唐文人求第心态

今布衣匹夫，得歌王公大人之盛德；先进达生，得荐布衣匹夫之事业。唯其公当，举之不以为疑，扶之不以为党。①

司空图《上谯公书》：

窃惟近朝居重位而勇蹈功名之列，耻天下有遗才，直吾相国也。又敢求吾相之心所以未忍弃生民之望者，固非濡濡于富贵，岂不以常持大柄、事或阻心、且复弛张、俾无遗恨于不朽也！②

这三段话道出了广大干谒者行动的心理基础，即双方均是有所希求，并非干谒者单方面的行为。话虽这么说，但总有些自欺的意味，因为占主动的总是"布衣之士。"

干谒行为是唐代非常突出的社会文化现象，因为文学在其中起着重要的桥梁作用。从积极意义上说，干谒对统治者全面深入地考察、选拔人才起了一定的作用，特别是当掌握文人仕进话语权者能够持身端正地行事时，这一现象自然是值得提倡的；但问题是当干谒行为的双方有利益纠葛时，就很难有公正可言。盛中唐时权要名人们乐于奖掖后进以壮名节，晚唐此风虽衰退，但由于文人求仕目的更趋世俗化和竞争的加剧，干谒行为大大增多，干谒一方花费了大量时间、财力，被干谒者疲于应付，双方均不堪其烦。"自贞元后，唐文甚振，以文学科第为一时之荣。及其弊也，士子豪气骂吻，游诸侯门，诸侯望而畏之。"③ 结果是文人们一方面对自身干谒行为不愿过于张扬甚或公开表示不屑，另一方面又不得不行干谒

---

① 《全唐文》卷七八九，第8253页。
② 祖保泉、陶礼天：《司空表圣诗文集笺校·文集笺校》卷一，安徽大学出版社，2002年，第186~187页。
③ 《唐诗纪事校笺》卷五十八，第1985页。

105

之实，看似矛盾实则统一地融于一身。如杜荀鹤"干人不得已，非我欲为之"，①表达干谒之无奈。孙樵"肥于貌，孰与肥其道？求于人，孰与求其身？处乎出乎？孰为得而孰为失乎？"②表达仕与隐之艰难选择。李商隐《与陶进士书》：

> 已而被乡曲所荐，入来京师，久亦思前辈达者，固已有是人矣。有则吾将依之。系鞋出门，寂寞往返其间，数年，卒无所得，私怪之。而比有相亲者曰："子之书，宜贡于某氏某氏，可以为子之依归矣。"即走往贡之。出其书，乃复有置之而不暇读者；又有默而视之，不暇朗读者；又有始朗读，而中有失字坏句不见本义者。进不敢问，退不能解，默默已已，不复咨叹。故自大和七年后，虽尚应举，除吉凶书，及人凭倩作笺启铭表之外，不复作文。文尚不复作，况复能学人行卷耶？
>
> 时独令狐补阙最相厚，岁岁为写出旧文纳贡院。既得引试，会故人夏口主举人，时素重令狐贤明，一日见之于朝，揖曰："八郎之交谁最善？"绚直进曰"李商隐"者，三道而退，亦不为荐托之辞，故夏口与及第。然此时实于文章懈退，不复细意经营述作，乃命合为夏口门人之一数耳！③

这段文字，李商隐自述其得第之由。先言其亦欲学人干谒，但毫无目标，只好盲目地投给多人，均无结果。这样，他只好不再作干谒文，更谈不上行卷了。但峰回路转，凭令狐绹关系，还是得以及第，似乎是命中注定一般。这段文字，薛天纬评其为"闪烁其词，似是而非"，"想竭力淡化令狐绹荐举自己这一事实"。又不言令狐

---

① 《江上与从弟话别》，《〈唐风集〉校注》卷一，《杜荀鹤及其〈唐风集〉研究》，第92页。
② 《寓居对》，《全唐文》七九五，第8331~8332页。
③ 刘学锴、余恕诚著《李商隐文编年校注》，中华书局，2002年，第434页。

第三章 晚唐文人求第心态

楚枉顾公道的照顾,"他的文人心思委实太深太细了"。薛之评价确实道出了文人对于干谒行为的矛盾态度,并分析道:"儒家历来视利与义为对立物,君子言义而不言利。但在人生实际需求中,利有时比义更实在,更不可缺少。诗人们为了逐利而干谒,又不敢忘义,所以反过来倒对自己的行为加以掩饰。已经堕入世俗,还要维持虚假的清高;人格、心灵已经受了委屈,还要装得若无其事,这是一种更为深刻的悲剧心态。"[①]

举子对于干谒之矛盾心态,深层原因在于他们大多数人内心深处的隐逸情结。求仕之艰难、求仕过程中委屈心志的痛苦煎熬,让他们一边求仕,一边向往闲散快意的隐逸生活。如皮日休《通玄子栖宾亭记》:

> 距彭泽东十里,有山,邃源奥处,号曰富阳,文人李中白隐焉。五年冬,别中白。岁且翘,再自浔陵之江左,因访于是。至其门,骖不暇缀,而目爽神王,怳怳然迨若入于异境矣。愬别苦外,不复游一词。且乐其得也。木秀于芝,泉甘于饴。霁峰倚空,如碧毫扫粉障,色正鲜温。鸣溪潺潺,源内橐龠鞴出琉璃液。石有怪者,嶷然闻然,若将为人者。禽有翼者,嘹嘹然若将天驯耶。每空斋寥寥,寒月方午,松竹交韵,其正声雅音,笙师之吹竽,郐人之鼓龠,不能过也。况延白云为升堂之侣,结清风为入室之宾,其为趣则生而未睹矣。中白所尚皆古,以时不合己,故隐是境,将至老。呜呼!世有用君子之道隐者乎?有,则是境不足留吾中白也。昔余奥中白有俱隐湘、衡之志,中白以时不合己,果偿本心。余以寻求计吏,不谐夙念。今至是境,语及名利,则芒刺在背矣。[②]

[①] 薛天纬:《干谒与唐代诗人心态》,《唐代文学研究》第五辑,广西师范大学出版社,1994年,第10页。
[②] 《皮子文薮》,第71页。

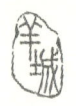

文中用无比羡慕的语言描绘了故友李中白之隐逸环境，而自己当年正是与其同寓隐居之志的，但时过境迁，自己为追逐名利，奔波劳顿。如今至此世外桃源般的境界，"语及名利，则芒刺在背矣"，可见其对仕隐之矛盾心态。

二　举子干谒心态

一般举子与权要名宦，多属素昧平生，干谒时仅凭话语很难打动对方，权要们也不一定有时间和耐心听取，所以正常情况下还是要靠才学来说话的。才学主要靠文学作品来体现，故举子们多将作品编成集子以作行卷之用，且把最为得意的放在篇首。同时以一首诗或一篇文作引，说明作品集之内容。这一作引的诗或文便是我们常见的干谒文字，而很多作品集则湮没无闻了。[①] 如今我们分析举子们的干谒心态，主要依据这一作引的作品；保存下来的行卷作品集，当然同样值得重视。

（一）一展才学，平交王侯

晚唐行卷作品集保存下来的最为有名者莫过于皮日休的《文薮》和罗隐的《谗书》了。皮日休《文薮序》：

> 咸通丙戌中，日休射策不上第，退归州来别墅，编次其文，复将贡于有司。发箧丛萃，繁如薮泽，因名其书曰"文薮"焉。比见元次山纳文编于有司，侍郎杨公浚见文编叹曰："上第污元子耳。"斯文也，不敢希杨公之叹，希当时作者一知耳。……皆上剥远非，下补近失，非空言也。较其道，可在

[①] 《唐摭言》卷十二《自负》："薛保逊好行巨编，自号'金刚杵'。太和中，贡士不下千余人，公卿之门，卷轴填委，率为阍媪脂烛之费，因之平易者曰：'若薛保逊卷，即所得倍于常也。'"这是言行卷的作品被烧毁；又同卷《轻佻》："光业弟兄共有一巨皮箱，凡同人投献，辞有可噱者，即投其中，号曰'苦海'。昆季或从容用咨诸戏，即命二仆异'苦海'于前，人阅一编，靡不极欢而罢。"这是言行卷作品被用作家庭内部嬉笑之资，当然不太可能流传下来。分别见《唐五代笔记小说大观》，第1685、1688页。

第三章　晚唐文人求第心态

古人之后矣。①

皮日休是要以此集行卷于统治阶层，表达自己"上剥远非，下补近失"的创作思想，向他们展示自己政治、文学才华。该集中内容，概括起来有以下几点：一是排斥佛道、尊崇儒学，提倡儒家的仁义道德。在《原己》、《原用》、《心箴》、《新城三老董公赞》等篇中，强调统治者施行仁政的重要性；在《补大戴礼祭法文》、《文中子碑》、《请韩文公配飨太学书》、《请孟子为学科书》等篇中，表达其弘扬儒学的目的不是空言明道，而是为了经世致用，为现实社会服务。二是继承和发展韩愈道统理论。在《读荀》、《春申君碑》、《文中子碑》等篇中，他将被韩愈排除的荀子、文中子纳入道统之中，以期在晚唐乱世中产生荀卿、文中子式的大儒以济时艰。三是提倡兼济情怀，反对独善其身。在《移元征君书》中，对于为一己之"名"、"性"而放弃入世者加以否定，并积极劝对方出山，以实现"致君于唐虞，跻民于仁寿"的宏图伟业，并最后强调自己纯粹出于公心，"异日无望于足下"。② 四是抨击现实，忧时愤世。在《忧赋》、《霍山赋》、《读司马法》、《鹿门隐书》等篇中，对主昏臣庸的现实给予激烈的抨击；在《周昌相赵论》、《晋文公不合取阳樊论》、《悯邪》等篇中，对于大权旁落、强藩权阉横行的晚唐现实加以斥责。五是倡导改革，实行王道。在《请行周典》中提出具体措施，并在《原谤》中大胆提出对于不行王道之君，民可以"扼其吭，捽其首，辱而逐之，折而族之，不为甚矣"。③

罗隐《谗书序》：

《谗书》者何？江东罗生所著之书也。生少时自道有言

---

① 《皮子文薮》，第2页。
② 《皮子文薮》卷第九，第85页。
③ 《皮子文薮》卷第三，第26页。

语，及来京师七年，寒饿相接，殆不以似寻常人。丁亥年春正月，取其所为书诋之曰："他人用是以为荣，而予用是以辱。他人用是以富贵，而予用是以困穷。苟如是，予之书乃自谗耳。"目曰《谗书》。

卷轴无多少，编次无前后，有可以谗者则谗之，亦多言之一派也。而今而后，有诮予以哗自矜者，则对曰："不能学扬子云寂寞以诳人。"①

可见罗隐编集《谗书》意在行卷，向权要展示其才识。其内容包括：一是讽刺最高统治者，如《风雨对》、《蒙叟遗志》、《秦之鹿》、《汉武山呼》、《书马嵬驿》、《迷楼赋》、《吴宫遗事》等。二是嘲讽士大夫，如《伊尹有言》、《妇人之仁》等。三是赞美人臣典范，如《梅先生碑》。四是讽江河日下的世风，如《木偶人》。五是抒写不幸的人生遭遇，如《叙二狂生》。总体来看，《谗书》以儒家思想为基础，虽出语愤激，仍富济世情怀。他在《答贺兰友书》曾自述道："然仆之所学者，不徒以竞科级于今之人，盖将以窥昔贤之行止，望作者之堂奥，期以方寸广圣人之道。可则垂于后代，不可则庶几致身于无愧之地，宁复虞时人之罪仆者欤？"②

从《文薮》、《谗书》内容来看，二书主要是以恢复儒道为主旨。前者多从正面加以强调，后者则多从侧面进行讽刺，但殊途同归，均是希望以儒学思想经时济世，以显示自己不同于常人的学识和见解，目的仍是寻求统治阶层中有识之士的赏识，为求第铺路。

初盛唐时，儒学在统治者的规束下趋于统一，理论建树不高。中唐时，以韩愈、柳宗元、李翱、刘禹锡等文人精英为代表，以经时济世为己任，力图重解经典，寻求治国良策。他们展开了"天人论"、"性情论"等讨论，以期弘扬儒学，但由于在理论上未能

---

① 《罗隐集校注》，第391页。
② 《罗隐集校注》，第478页。

第三章 晚唐文人求第心态

有所突破，他们对儒学的宣传只能停留在探讨阶段。另一批以啖助、赵匡为代表的春秋学派，痛感安史乱后，王道不振，天下离心的局面，从重解《春秋》入手，以期完成尊王攘夷的思想统一，为现实政治服务。他们从《春秋》对"周室衰微，天下板荡，王道尽矣"的针砭联想到安史乱后的局面，弃传求经，以期对现实改革有所启发。啖助说："夫子伤主威不行，下同列国，首王正以大一统，先王人以黜诸侯，不书战以示莫敌，称天王以表无二尊，唯王为大……"① 表明对忠于天子的推崇。赵匡同样强调此点："问者曰：'然则《春秋》救世之宗指安在？'答曰：'在尊王室，正陵僭，举三纲，提五常，彰善瘅恶，不失纤介，如斯而已。'"② 晚唐时，儒学不振，人心浮躁，功利是图。儒道不仅乏人问津，连形式也难以为继。如孔庙，一直是儒道行世的象征，但晚唐时又是如何呢？孔纬《请助修孔子庙奏》："文宣王祠庙，经兵火焚毁，有司释奠无所。请内外文臣各于本官料钱上，每一缗抽十文，助修国学。"③ 孔庙要由官员凑钱助修，可见其破败之状，由此儒学荒废之状也就可知了。

晚唐皮、罗二人重新以恢复儒道为己任，有一定的历史进步意义，但时代却未能给他们提供一展身手的舞台。他们既不能如韩、柳等人登坛高呼，也难比啖、赵等开门授徒。他们地寒位卑，尚属于被挑选的众多举子中的一员，仕进前程掌握在别人手中。但他们并不自感卑微，而是将自己毕生才学和政治理想写入作品中，将其当作干谒权要的工具，并希望在儒学凋敝、物欲横流的时代能如盛唐文人那样凭借才学平交王侯，"历抵卿相"，在统治阶层中找到真正的"知己"。皮日休为求登第，"自江汉至于京，干者十数侯，

---

① 《春秋宗旨议第一》，《春秋啖赵集传纂例》卷一，中华书局，1985年，第2页。
② 《赵氏损益议第五》，《春秋啖赵集传纂例》卷一，第9页。
③ 《全唐文》卷八百四，第8456页。

绕者二万里"，①虽得榜末及第，但终生未遇，最后在战乱中死于非命。他在回答别人对其及第的质疑时说："所谓干之以其道，知之亦以其道。遇其人则宣之于口，不遇其人则贮之于心"，②表明自己是以道干谒而第，非凭借关节而进。罗隐强调有"位"之重要，"盖君子有其位，则执大柄以定是非；无其位，则著私书而疏善恶。斯所以警当世而诫将来也。"③这正是其干谒心态的出发点。《答贺兰友书》道："况仆求试京师，随波而上，逐队而下，亦有年矣。家在江表，岁一宁觐，旨甘所资，桂玉之困，何尝不以事力干人？苟利其出处，则僶俛从事，亦人之常情也；在不枉其道而已矣。道苟不枉，以之流离可乎？"④他认为只要有利于自己得位，利出处，干谒亦是人之常情。他说："远闻天子似羲皇，偶舍渔乡入帝乡"，⑤以为道之可售；他以《谗书》行卷多人，在《投秘监韦尚书启》、《上太常房博士启》、《谢大理薛卿启》、《投蕲州裴员外启》、《投郑尚书启》、《谢刑部萧郎中启》等文中均言及此，但其终生未第，"谗书虽盛一名休"，⑥遍干权要却未见效果。他曾愤激地说："隐自卜也审，江表一白丁耳，安有空将卷轴，与公相子弟争名？幸而知非，得以减过。"⑦恰如徐寅所言："博簿集成时辈骂，谗书编就薄徒憎。怜君道在名长在，不到慈恩最上层。"⑧

（二）自甘卑微，乞求垂怜

寒素举子为了尽快及第，干谒时多自甘卑微，以博取对方的怜悯之心。如张蠙《上所知》："初向众中留姓氏，敢期言下致时名。

---

① 《太湖诗并序》，《皮子文薮》附录一《皮日休诗文》，第143页。
② 《内辩》，《皮子文薮》卷第八，第83页。
③ 《谗书重序》，《罗隐集校注》，第499页。
④ 《罗隐集校注》，第478页。
⑤ 《长安秋夜》，《罗隐集校注》，第28页。
⑥ 罗衮：《赠罗隐》，《全唐诗》卷七百三十四，第8469页。
⑦ 《湘南应用集序》，《罗隐集校注》，第555~556页。
⑧ 《寄两浙罗书记》，《全唐诗》卷七〇九，第8247页。

而今马亦知人意，每到门前不肯行。"① 褚载《投节度邢公》："西风昨夜坠红兰，一宿邮亭事万般。无地可耕归不得，有恩堪报死何难。流年怕老看将老，百计求安未得安。一卷新书满怀泪，频来门馆诉饥寒。"② 刘蜕《上礼部裴侍郎书》："今而后阁下进之，蜕亦得以至公进；阁下退之，蜕亦得以至公退。进退者由阁下也，未可知也。"③ 听天由命的言辞表面蕴含着哀婉曲折的求进之心。其中以顾云、黄滔、罗隐、方干、杜荀鹤等干谒心态最具代表性。

顾云干谒文现存十五篇之多。《投顾端公启》表达求荐之心："今则渐逼春期，将临试艺。弯弧乏勇，睇鹄增忧。伏以端公三翁德服儒流，言为诂训。菁枯有术，肉骨多方。傥蒙少借余波，微回诞说，当见长房之竹，亦可为龙。则知庄叟之鱼，终能化羽。轻渎尊听，伏积忧惶。延望清尘，不胜翘企。"④《投户部郑员外启》表达依门之望："非因咫尺之书，难写依投之恳。弦哀柱促，言切词繁。"⑤《上右司袁郎中启》言己孤寒无援之苦况："朝无九品之亲，业有三余之苦。……蝶梦初回，凉宵已艾。恨泪泉涌，愁肠火煎。数奇而只自伤身，语苦而何人倾耳。"⑥ 其求名心切，两举未第，已是涕泪涟涟。《投户部裴德符郎中启》："二年求试，未过先场。抚萤窗而便欲灰心，对莺花而徒伤泪目。"接着便是哀求和以死相报的虚语："倘蒙尚悯枯鳞，犹伤塌翼。才沾末荐，便是深恩。纵不能生报田文，亦当死酬宣子。"⑦《投翰林刘学士启》同样表述以死相报的心情："凡于死所，请以身先。"⑧《上翰林刘侍郎启》表达终生忠于对方之旨："言能振蛰，势可燃灰。傥蒙垂一顾

---

① 《全唐诗》卷七〇二，第 8156 页。
② 《全唐诗》卷六九四，第 8061 页。
③ 《全唐文》卷七八九，第 8256 页。
④ 《全唐文》卷八一五，第 8578 页。
⑤ 《全唐文》卷八一五，第 8580 页。
⑥ 《全唐文》卷八一五，第 8584 页。
⑦ 《全唐文》卷八一五，第 8578~8579 页。
⑧ 《全唐文》卷八一五，第 8580 页。

之恩，出陆沉之所，平生进退，决在指纵。"① 也许是干谒积极，不以乞请哀怜为耻，顾云四举中第，在晚唐寒素文人之中可谓成名最速。

　　黄滔，地寒无依但求第心切。状元杨赞图曾荐其名于有司，他感激涕零，至以杀身和子孙为誓。《与杨状头书》："某草泽单寒，无门报德。且世之感恩谢知，罔不率以杀身为之辞。夫杀身之期，是待知己于患难。某今感先辈之恩知，谨唯铭刻肌骨。"②《与杨状头赞图启》："以此推恩而前古所稀，以此行道而方今谁比。士林名路，一朝有知己如斯。白日青天，万世唯子孙为誓。"③《崔右丞启》（其一）诉穷愁无依之状，希望能够入其门墙："某献赋命奇，食贫计尽，难安桂玉，须逐萍蓬。伏念灞浐行尘，周秦去路。平言南北，犹悄神魂。况今攀托门墙，依凭奖顾。"④《与韦舍人启》表达试期临近，希望对方能够念以"私恩"倾力荐引，莫计"公道"，把话说到了极点："今则主文侵入院之期，哲匠走致书之日。傥蒙枉于公道，申以私恩。念某凤陷义围，荐临文阵。化鲲海阔，乘风水以未知。为鲤年深，逼云雷而愈惧。特因荐士，敢乞编名。则获从金箓以上闻，焉有玉皇之不齿。立辞坑谷，系在生成。攀托祷祠，涕泪沾迸。"⑤《赵员外启》同样希望对方不要仅以"公荐"相推，还需以"私恩"倾力相助："且夫春官取士，寒进升名，若无哲匠之斫成，未有良时而自致。不然者，则安得权悬至鉴，代有遗人。伏以某别无知音，只投门馆。傥或员外学士止推言于公荐，不攘臂于私恩，则某也望绝飞驰，甘为簸弃。"⑥《翰林薛舍人启》同样以试期临近为词，"某伏以十一日才除主文，旋沥情恳……且

---

① 《全唐文》卷八一五，第8584页。
② 《莆阳黄御史集》，第185~187页。
③ 《莆阳黄御史集》，第217~218页。
④ 《莆阳黄御史集》，第231~232页。
⑤ 《莆阳黄御史集》，第233~234页。
⑥ 《莆阳黄御史集》，第242~243页。

第三章 晚唐文人求第心态

夫礼司取士，寒进升名，若无哲匠以斫成，未有良时而自致。"接着自诉苦况，仍以自身和儿孙为誓："哀某昔年五随计吏，刖双足以全空。今复三历贡闱，救陆沉而未暇。许垂敏手，拯上重霄。谨以誓向鬼神，刻于肌骨。中兴教化，一身免没于风尘。下国儿孙，百世敢忘于厮隶。"① 《杨侍郎启》先是与对方极力拉近关系，"所以如某者，曾干衡镜，经定否臧。若不蒙指向后人，说为遗恨，则宰辅之为荐举，帝王之作知音，而主且不言，人谁肯信。"接着仍是以自身和子孙为誓："莫不拳局循涯，阑干抹泣。质向神鬼，誓于子孙。"② 《薛舍人启》是获知对方拟荐己，大喜过望，"今月二十八日，张道古参军仰传仁恩，伏承舍人学士不以某幽沉，荣赐论荐。初疑梦寐，旋认生成。不知所容，兢惶战悸。"并仍以自身和儿孙为誓："事出殊常，荣非所望。感深唯泣，喜过翻惊。不知微生，何酬厚遇。中兴教化，余年获出于沟隍。下国儿孙，累世敢忘于厮隶。"③

罗隐多方求荐，除了希望以才学动人外，仍有不少自伤穷愁之词，以打动权要。《谢湖南于常侍启》言其离湘回乡之哀伤："回望旌棨，涕泗不任。某，庄栎粗疏，庾膏昏钝，不能量力，尝欲干名。随贡部以凄惶，将邻十上；看时人之颜色，岂止一朝？进则剌灭许都，退则歌终汉垒。地虽至广，人莫肯用。"④ 《投湖南王大夫启》自诉求第之艰辛和伤痛："某族惟卑贱，品在下中。三箧亡书，幸无漏略；一枝仙桂，尝欲觊觎。十年恸哭于秦庭，八举摧风于宋野。"⑤ 《投永宁李相公启》言己途穷无依的酸痛："独某行迷要路，坐守穷株；九品班资，略非亲旧；六街车马，莫接声尘。扪心而一寸寒灰，泣泪而万行清血！良时易失，司马迁犹是再三；知

---

① 《莆阳黄御史集》，第 236~238 页。
② 《莆阳黄御史集》，第 239~240 页。
③ 《莆阳黄御史集》，第 240~241 页。
④ 《罗隐集校注》，第 556 页。
⑤ 《罗隐集校注》，第 559 页。

己难逢,越石父于焉感激。相公倘或俯回衡柄,曲赐褒称,虽朽蠹不雕,则推常理;而孤寒无命,只系洪钧。"①《投盐铁裴郎中启》自诉寒愁:"其后濩落单门,蹉跎薄命,路穷鬼谒,天夺人谋。营生则饱少于饥,求试则落多于上。"②《投郑尚书启》言及自己功名难成,地寒命蹇苦况更是涕泗交流:"某也江左孤根,关中滞气,强学早亡其皮骨,趋时久困于风尘。福星不照于命宫,旅火但焚其生计。徘徊末路,惆怅危途。览八行之诏书,空仰圣人在上;咏五言之章句,未知游子何之?兴言而几至销魂,掩袂而自然流涕。"③《谢刑部萧郎中启》诉投文往往不能上达权要之悲:"姑息于舆台之类,殷勤于阍侍之徒,而犹往往拒关,时时毁楮。"④《谢屯田金郎中启》是获知得到对方荐引后的感动:"今月某日,见某官,伏知郎中玉壶委鉴,金口开谭。驱云于道士梁间,校籍于真官笔下。欲使余杭美酒,必醉蔡经;昆峤仙桃,先沾曼倩。承吉兆而心神骇越,对嘉音而涕泗纵横。"⑤

方干求第时,因唇缺受阻。⑥吴融说他"不识朝,不识市,旷逍遥,闲徙倚。一杯酒,无万事;一叶舟,无千里。衣裳白云,坐卧流水。"⑦似乎泯灭了求仕之心。但实际上其求进之心从未泯灭,一直干谒求人。他说:"寸心似火频求荐,两鬓如雪始息机。"⑧ 劝人求仕:"到头苦节终何益,空改文星作少微。"⑨他干谒时言多卑

---

① 《罗隐集校注》,第563页。
② 《罗隐集校注》,第571页。
③ 《罗隐集校注》,第580页。
④ 《罗隐集校注》,第582页。
⑤ 《罗隐集校注》,第585页。
⑥ (五代)何光远:《鉴戒录》卷八《屈名儒》:"干为人唇缺,连应十余举。有司议干才则矣,不可与缺唇人科名,四夷所闻,为中原鲜士矣。干潜知所论,遂归镜湖。"中华书局,1985年,第59页。
⑦ 《赠方干处士歌》,《全唐诗》卷六八七,第7969页。
⑧ 《山中言事寄赠苏判官》,《全唐诗》卷六五三,第7551页。
⑨ 《赠黄处士》,《全唐诗》卷六五二,第7542页。

第三章 晚唐文人求第心态

微，希求怜悯。如："却恨此身唯一死，空将一死报犹轻。"① "膺门若感深恩去，终杀微躯未足酬。"② "死灰到底翻腾焰，朽骨随头却长肥。便杀微躬复何益，生成恩重报无期。"③ 以杀身为誓，实在是卑微到了极点。他受邀陪宴或陪游，往往激动万分，感激涕零。如"人间有此荣华事，争遣渔翁恋钓矶"，④ "凡许从容谁不幸，就中光显是州民"，⑤ "多谢郓中贤太守，常时谈笑许追陪"。⑥ 他不仅乞人垂怜，还颇多矫情，如"从此云泥更悬阔，渔翁不合见公卿"，⑦ "泥滓云霄至悬阔，渔翁不合见公卿。"⑧ 他不止一次地重复自己"渔翁"的身份，欲见还羞，却又特别想见，心态实在是可笑而又可悲，难怪当时就有人讥笑道："独向若耶溪上住，谁知不是钓鳌人。"⑨ "他时莫为三征起，门外沙鸥解笑君。"⑩

杜荀鹤一生求第心切，《韵语阳秋》卷一八："杜荀鹤老而未第，求知己甚切，《投裴侍郎》云：'只望至公将卷读，不求朝士致书论。'《投李给事》云：'相知不相荐，何以自谋身。'《投所知》云：'知己虽然切，春官未必私。宁教读书眼，不有看花期。'《投崔尚书》云：'闭户十年专笔砚，仰天无处认梯媒。'如此等句，几于哀鸣矣。"⑪

不顾自己人格和尊严的干谒行为和心态，是晚唐举子求第压力普遍增大的产物，对于寒素文人来说尤其如此。寒素文人中亦有狂傲不羁者，如罗隐、方干；但一旦涉及自己仕进荣辱的大事时，他

---

① 《别胡中丞》，《全唐诗》卷六〇五，第 7513 页。
② 《赠信州高员外》，《全唐诗》卷六〇五，第 7514 页。
③ 《谢王大夫奏表》，《全唐诗》卷六五二，第 7545 页。
④ 《陪李郎中夜宴》，《全唐诗》卷六五二，第 7537 页。
⑤ 《陪胡中丞泛湖》，《全唐诗》卷六五一，第 7524 页。
⑥ 《许员外新阳别业》，《全唐诗》卷六五三，第 7550~7551 页。
⑦ 《寄于少监》，《全唐诗》卷六五一，第 7533 页。
⑧ 《献浙东王大夫二首》其二，《全唐诗》卷六五二，第 7541 页。
⑨ 翁洮：《赠方干先生》，《全唐诗》卷六六七，第 7701 页。
⑩ 曹松：《赠镜湖处士方干二首》其二，《全唐诗》卷七一七，第 8323~8324 页。
⑪ （宋）葛立方：《韵语阳秋》，中华书局，1985 年，第 151 页。

们头脑清醒、心态卑微、言辞恭敬，与平素判若两人。而且通过比较我们还发现，他们的狂傲往往是有对象选择的，一是面对陌生人，如前述罗隐舟中遇朝官时的狂傲，正缘于其与对方萍水相逢；二是面对普通朋友、同事或与自己同一境遇的人，逞才斗气，这是文人积习，个性使然，无须置评。相反，需要论及的是，既然自甘卑微、乞人垂怜的干谒心态主要是寒素举子所有，那些自恃门第、颇通关节的举子又是什么样的干谒心态呢？由于缺乏这类举子的相关作品，我们只能通过其行迹来进行分析。孙樵《骂僮志》："吾闻他举进士者，有门吏诸生为之前焉，有亲戚知旧为之地焉。走健仆，囊大轴，肥马四驰，门门求知。所至之家，入去如归。阍者迎屈，引主人出，取卷开读，喜欢入骨。自某至某，如到一户。口口附和，不敢指破。亲朋扳联，声光烂然。其于名达，进取如掇。"①此处"他举进士者"之作为，正是非寒素举子所能的；其干谒心态，自然是相对轻松得多了。如晚唐蜀地文人杨铮，"行恶思，或故作落韵，或丑秽语，取人笑玩。装修卷轴，投谒王侯门，到者无不逢迎。雄藩火幕，争驰车马迎之。铮每行，仆马甚盛。平头骑从骡，携书袋。偏郡小邑，尤更精意承事之，虑其谤渎。"②这些嚣张的干谒行迹，寒素举子是看在眼里、急在心里的。面对如此强大的竞争对手，部分寒素举子为求一第，以自降人格，求人垂怜的心态干谒权要，是可以理解的，我们只能哀其不幸。

（三）利用强藩，文过饰非

唐末强藩数朱全忠为最，杜荀鹤曾依恃其而及第。《唐才子传》卷第九道："尝谒梁王朱全忠……荀鹤寒畯，连败文场，甚苦至是，遣送名春官，大顺二年裴贽侍郎下第八人登科。正月十日发榜，正荀鹤生朝也。"③此处明言杜荀鹤是得朱全忠荐方才登第，

---

① 《全唐文》卷七九五，第8337页。
② 《太平广记》卷第二百六十二，第2047页。
③ 《唐才子传校笺》（第四册），第268页。

但顾云《唐风集序》则云：

> 大顺初，皇帝命小宗伯河东裴公掌邦贡。……于群进士中，得九华山杜荀鹤，拔居上第。诸生谢恩日，列坐既定，公揖生谓曰："圣上嫌文教之未张，思得如高宗朝拾遗陈公，作诗出没二雅，驰骤建安。削苦涩僻碎，略淫靡浅切，破艳冶之坚阵，擒雕巧之酋帅。皆摧撞折角，崩溃解散。扫荡词场，廓清文褉。然后有戴容州、刘随州、王江宁，率其徒扬鞭按辔，相与呵乐，来朝于正道矣。以生诗有陈体，可以润国风，广王泽，因擢生以塞诏意。生勉为中兴诗宗。"生谢而退。次年，宁亲江表，以仆故山偕隐者，出平生所著五七言三百篇见简。咏其雅丽清苦激越之句，能使贪吏廉，邪臣正，父慈子孝，兄良弟顺，人伦纲纪备矣。其壮语大言，则决起逸发，可以左揽工部袂，右拍翰林肩。吞贾喻八九于胸中，曾不蚩介。或情发乎中，则极思冥搜，游泳希夷，形兀枯木。五声劳于呼吸，万象悉于抉别，信诗家之雄杰者也。美哉裴公之知人，为不诬矣。"①

作为诗集序，顾云未言杜荀鹤登第是由于朱全忠的荐送是可以理解的，但细读之后，令人生疑的是：一是裴贽对他的诗作夸奖太过。陈子昂在唐人心中是初唐扭转诗坛颓风的关键人物，以杜荀鹤比之，并期之以"中兴诗宗"，无论从杜荀鹤寒素出身还是其诗歌在当时之影响，裴贽都不太可能如此推许之，其中有无强藩朱全忠荐送因素，值得怀疑。二是顾云本人对杜荀鹤诗歌的称赞更是言过其实。言其诗歌符合儒家教义尚可理解，但将杜荀鹤与李杜相提并论，按顾云自身文学修养和鉴赏能力，不可能真的得出这样的结论，明显是在吹捧。那么顾云为何这样写呢？如果是出于文人间相

---

① 《全唐文》卷八一五，第 8585～8586 页。

互吹嘘犹可理解，但实际情况并不尽限于此，很可能是杜荀鹤假手顾云为自己依强藩登第之事加以掩饰。因为二人皆为池州人，又一同隐居，私交甚笃；而恃名声不好的强藩朱全忠登第毕竟不是什么光彩的事，故托顾云极力渲染其以文才受赏于主司，而主司又是秉承皇帝的旨意办事，这样看起来一切都是那么名正言顺。再从顾云写作此序时间上来看，是在杜荀鹤登第第二年，并未及老，只有四十六岁，① 此时急于编写诗集，又如此夸大其诗歌成就，难免令人有欲盖弥彰的猜测。当然，按杜荀鹤文学才华，登第应在情理之中，但通过上面的分析，我们却看到了他依强藩登第却又文过饰非的扭曲心态。我们还可以殷文圭登第事说明晚唐部分文人这一心态。《唐摭言》卷九《表荐及第》：

> 乾宁中，驾幸三峰。殷文圭者，携梁王表荐及第，仍列于榜内。时杨令公行密镇维扬，奄有宣浙，扬汴榛梗久矣。文圭家池州之青阳，辞亲间道至行在，无何，随榜为吏部侍郎裴枢宣谕判官，至大梁以身事叩梁王，王乃上表荐之。文圭复拟饰非，遍投启事于公卿间，略曰："于菟猎食，非求尺璧之珍；鹪鹩避风，不望洪钟之乐。"既擢第，由宋汴驰过，俄为多言者所发；梁王大怒，亟遣追捕，已不及矣。自是屡言措大率皆负心，常以文圭为证，白马之诛，靡不由此也。②

殷文圭之所以如此反复，关键在于其家处扬吴境内，因此可能担心自己恃朱全忠及第事会让杨行密怀疑，祸及家庭，故出尔反尔，掩饰及第之强藩荐送背景。殷文圭与杜荀鹤、顾云等人均是池州文人，相互交往很多，交情自是不浅，殷、杜二人这种利用强藩及第

---

① 据《杜荀鹤年谱系诗》一文，《杜荀鹤及其〈唐风集〉研究》附录一，第354页。
② 《唐五代笔记小说大观》，第1656页。

120

却又不愿意为他人详知的心态形成原因大致一样。利用强藩及第在唐末为人所不齿，尽管其中有文人自身出于无奈，但毕竟超出了社会接受程度，从五代和宋人对杜荀鹤后来攀附朱全忠之事的丑化记载中，我们更能体会这一点。①

（四）不顾名节，攀附权阉

晚唐从残酷的甘露之变中的大屠杀开始，充满了血雨腥风，其间宦官一直处于绝对强势的地位。《北梦琐言》卷六《内官改创职事》："古者，阉官擅权专制者多矣，其间不无忠孝，亦存简编。唐自安、史已来，兵难荐臻，天子播越，亲卫戎柄，皆付大阉。鱼朝恩、窦文场乃其魁也。尔后置左右军、十二卫，观军容、处置、枢密、宣徽四院使，拟于四相也。十六宫使，皆宦者为之，分卿寺之职，以权为班行备员而已。"② 在外朝士大夫心中，宦官的形象极其恶劣，只是惧其权势，敬而远之而已。《唐摭言》卷九《误掇恶名》：

> 华京，建州人也，极有赋名。向游大梁，尝预公宴，因与监军使面熟。及至京师，时已登科，与同年连镳而行，逢其人于通衢，马上相揖，因之谤议喧然。后颇至沉弃，终太学博士。

> 刘纂者，高州刘舍人蜕之子也，嗣为文亦不恶。乾宁中寒栖京师，偶与一医工为邻，纂待之甚至，往往假贷于其人，其人即上枢吴开府门徒。嗣薛王为大京兆，医工因为知柔诊脉，从容之际，言纂之穷且屈，知柔甚领览。会试官以解送等第禀于知柔，知柔谓纂是开府门人来嘱，斯必开府之意也，非解元不可。由是以纂居首送，纂亦不知其由。自是纂落数举，方

---

① （宋）张齐贤：《洛阳搢绅旧闻记》第一《梁太祖优待文人》，中华书局，1985年，第1~3页。
② 《唐五代笔记小说大观》，第1858~1859页。

悟。万计莫能雪之。……

楊篆员外，乾符中佐永宁刘丞相淮南幕，因游江失足坠水，待遣人归宅取衣，久之而不至。公闻之，命以衣授篆。少顷衣至，甚华靡，问之，乃护戎所赐。时中贵李全华监扬州。公闻之无言。后除起居舍人，为同列谮，改授驾部员外郎，由是一生坎坷。①

由上可见宦官与外朝官员之间存在着多么紧张对立的关系。文人一旦与宦官有任何关联，其名节乃至仕途都会受到很大影响。在这种形势下，仍有文人为求一第而不顾及于此。如裴思谦，《唐摭言》卷九《恶得及第》：

高锴侍郎第一榜，裴思谦以仇中尉关节取状头，锴庭谴之，思谦回顾，厉声曰："明年打脊取状头。"明年，锴戒门下不得受书题，思谦自怀士良一缄入贡院；既而易以紫衣，趋至阶下白锴曰："军容有状，荐裴思谦秀才。"锴不得已，遂接之。书中与思谦求巍峨，锴曰："状元已有人，此外可副军容意旨"，思谦曰："卑吏面奉军容处分，裴秀才非状元请侍郎不放。"锴俛首良久，曰："然则略要见裴学士。"思谦曰："卑吏便是。"思谦词貌堂堂，锴见之改容，不得已遂礼之矣。②

此例中，裴思谦并非不学无术之辈，但其奔走于权阉门下，跋扈取第，面目可憎。此例下，又载二人："黄郁，三衢人，早游田令孜门，擢进士第，历正郎金紫。李瑞，曲江人，亦受知于令孜，擢进士第，又为令孜宾佐，俱为孔鲁公所嫌。文德中，与郁俱陷刑网。"由此记述，可见文人以攀附权阉得第后，一生荣辱就会与权

---

① 《唐五代笔记小说大观》，第 1652~1653 页。
② 《唐五代笔记小说大观》，第 1656~1657 页。

第三章 晚唐文人求第心态

阉休戚相关。制造甘露惨案的刽子手仇士良得以善终,裴思谦下落未知;但田令孜后来被王建处死,黄郁、李瑞二人均牵扯其中。

晚唐攀附权阉得以登第举子中最富才华者当数秦韬玉。《唐摭言》卷九《芳林十哲》:

> 秦韬玉,京兆人,父为左军军将。韬玉有词藻,亦工长短歌,有《贵公子行》曰:……然慕柏耆为人,至于躁进,驾幸西蜀,为田令孜擢用;未期岁,官至丞郎,判盐铁,特赐及第。①

秦韬玉父为左军军将,当为唐十二卫中军将,是中下层军官;晚唐时京城部队主要是宦官所领,故由此处见出秦韬玉与宦官或许有些关联。他颇有诗才,著名的《贫女》诗言"无媒"之痛:

> 蓬门未识绮罗香,拟托良媒益自伤。谁爱风流高格调,共怜时世俭梳妆。敢将十指夸偏巧,不把双眉斗画长。苦恨年年压金线,为他人作嫁衣裳。②

唐诗中以"贫女"形象喻指"无媒"的文人并不少见,如张碧《贫女》:"岂是昧容华,岂不知机织。自是生寒门,良媒不相识。"③ 李山甫《贫女》:"平生不识绣衣裳,闲把荆钗亦自伤。镜里只应谙素貌,人间多自信红妆。当年未嫁还忧老,终日求媒即道狂。两意定知无说处,暗垂珠泪湿蚕筐。"④ 这两首诗与秦韬玉这首诗内容和主旨相近,都是以贫女喻指失意文人的。雍陶《感兴》说得更明白:"贫女貌非丑,要须缘嫁迟。还似求名客,无媒不及时。"⑤

---

① 《唐五代笔记小说大观》,第 1657 页。
② 《全唐诗》卷六七〇,第 7719 页。
③ 《全唐诗》卷四六九,第 5369 页。
④ 《全唐诗》卷六四三,第 7416 页。
⑤ 《全唐诗》卷五一八,第 5959 页。

秦韬玉此诗最有名的是尾联二句，历来解诗者均是将这二句当作失意文人的幽怨之词。但只要细读一下则会发现，这二句蕴含了一种历尽沧桑的痛悔之意，绝不是一般失意的寒素文人的心声所能解释清楚的。为了对攀附权阉而求第的文人心态作一深入研究，试以秦韬玉为例进行探讨。《唐摭言》卷九《恶得及第》：

> 于梲旧名韬玉，长兴相国兄子，贵主视之如己子，莫不委之家政，往往与于关节，由是众议喧然。广明初，崔厚侍郎榜，贵主力取鼎甲。榜除之夕，为设庭燎，仍为宴具，以候同年展敬。选内人美少者十余辈，执烛跨乘列于长兴西门。既而将入辨色，有朱衣吏驰报曰："胡子郎君未及第。"诸炬应声掷之于地。巢寇难后，于川中及第，依栖田令孜矣。或曰，梲及第非令孜力，后依其门耳。①

晚唐于姓宰相且尚主者，唯有于琮一人。于梲此次仗其叔母广德公主欲登第未遂，但后来依田令孜及第。于梲攀附权阉田令孜及第，这与秦韬玉事迹吻合；姓虽不同，但名与秦韬玉相同，且其确曾改名。《北里志·俞洛真》载：

> 于公琮尚广德公主，宣宗女也，颇有贤淑之誉。从子梲冒其季父，梲，珠之子。于公柄国时，颇用事。曾贬振州司户，后改名应举，左揆为力甚切，竟不得。后投迹今左广令孜门，因中第，遂佐十军。②

按常情推断，只有改姓，才能与于琮划清界限。可能是欲盖弥彰，亦未成功。那么二人究竟是不是同一人呢？我们只能再从秦韬玉的

---

① 《唐五代笔记小说大观》，第1656页。
② （唐）孙棨撰，曹中孚校点《北里志》，《唐五代笔记小说大观》，第1412页。

124

诸种事迹入手分析。上文言其为"芳林十哲",《唐摭言》卷九另记有数人:

> 沈云翔,亚之弟也。
> 林缮改名绚,闽人,光化中守太常博士。
> 郑玘、刘业、唐珣、吴商叟。已上四人,未知其详。
> 郭熏者,不知何许人,与丞相于都尉,向为砚席之交。及琮居重地,复绾财赋,熏不能避讥嫌,而乐为半夜客。咸通十三年,赵骘主文,断意为熏致高等,骘甚挠阻,而拒之无名。会列圣忌辰,宰执以下于慈恩寺行香,忽有彩帖子千余,各方寸许,随风散漫,有若蜂蝶,其上题曰:"新及第进士郭熏。"公卿览之,相顾鞭煞。因之主司得以黜去。
> 咸通中自云翔辈凡十人,今所记者有八,皆交通中贵,号芳林十哲。芳林,门名,由此入内故也。①

《唐语林》卷四《企羡》所记与上文中的八人多有不同:

> 又"芳林十哲",言其与宦官交游,若刘晔、任江泊、李岩士、蔡铤、秦韬玉之徒。铤与岩士各将两军书题,求华州解元,时谓"对军解头。"②

比较两种版本的"芳林十哲"名录,秦韬玉都赫然入列,其交通宦官之事当无可疑。"芳林十哲"与宦官交通事,只见诸书笼统记载,并无细节可考,但他们因此遂为士林所不齿,科考时屡受打击。于琮利用权势为郭熏谋第,却为主考官赵骘巧妙反击,以事前撒帖方法加以揭露,可见士子交通宦官是多么为人所鄙视。又据《唐语林》

---

① 《唐五代笔记小说大观》,第1657页。
② 《唐语林校证》,第378页。

卷三《方正》："刘允章祖伯刍，父宽夫，皆有重名。允章少孤自立，以臧否为己任。及掌贡举，尤恶朋党。初，进士有'十哲'之号，皆通连中官，郭熏、罗虬皆其徒也。每岁，有司无不为其干扰，根蒂牢固，坚不可破。都尉于琮方以恩泽主盐铁，为缥极力，允章不应，缥竟不就试。"① 很容易看出，这两则材料之"郭熏"和"郭缥"所指当是同一人。于琮有无帮助"芳林十哲"中其他人已无从考知，但假若秦韬玉为其亲侄的话，据前引，其妻广德公主为之谋第，可见这对权贵夫妻在"芳林十哲"等人求第中扮演了很不光彩的角色。秦韬玉交结的宦官是谁呢？据推测，极可能是后来叱咤风云于僖宗朝的权阉田令孜。《旧唐书》卷一百八十四《田令孜传》："田令孜，本姓陈。咸通中，从义父入内侍省为宦者。颇知书，有谋略，自诸司小使监诸镇用兵，累迁神策中尉、左监门卫大将军。乾符中，盗起关东。诸军诛盗，以令孜为观军容、制置左右神策、护驾十军等使。京师不守，从僖宗幸蜀。鸾舆返正，令孜颇有匡佐之功，时令孜威权振天下。"② 可见田令孜在咸通时就已做到神策中尉。秦韬玉交结宦官谋求及第，不可能交结无权势的普通宦官，最有可能的就是田令孜；从其后来入蜀后得到田之重用亦可证明这一点。

再看秦韬玉与路岩之间的关系。《唐语林》卷七《补遗》：

> 秦韬玉应进士举，出于单素，屡为有司所斥。京兆尹杨损奏复等列。时在选中。明日将出榜，其夕忽叩试院门，大声曰："大尹有帖！"试官沈光发之，曰："闻解榜内有人，曾与路岩作文书者，仰落下。"光以韬玉为问，损判曰："正是此。"③

至于此次被斥，周勋初分析说："秦韬玉与路岩关系已经不可尽

---

① 《唐语林校证》，第214页。
② 《旧唐书》，第4771页。
③ 《唐语林校证》，第678页。

第三章 晚唐文人求第心态

知,但秦韬玉因'出于单素'之故,'屡为有司所斥',这就不能不使人感到愤慨难平。"① 其实大可不必为其不平,秦韬玉此次被斥是人事纷争的结果。秦韬玉攀结权相路岩,而路岩曾与杨损交恶,《旧唐书》卷一百七十六《杨嗣复传附子损传》:

> 损字子默,以荫受官,为蓝田尉。三迁京兆府司录参军,入为殿中侍御史。家在新昌里,与宰相路岩第相接。岩以地狭,欲易损马厩广之,遣人致意。时损伯叔昆仲在朝者十余人,相与议曰:"家门损益恃时相,何可拒之?"损曰:"非也。凡尺寸地,非吾等所有。先人旧业,安可以奉权臣?穷达命也。"岩不悦。会差制使鞫狱黔中,乃遣损使焉。逾年而还,改户部员外郎、洛阳县令。入为吏部员外,出为绛州刺史。路岩罢相,征拜给事中,迁京兆尹。②

此次杨损凭借京尹之权斥落秦韬玉,正是其攀结权相的必然代价。

由上述分析可见,秦韬玉为求及第,不顾名节攀附权阉田令孜,为士林不齿,登第受挫;又依权相路岩,陷于人事纷争而遭报复。他的遭遇与其寒素出身无关。这里令人感兴趣的是,一个下层寒素出身的文人,为何能够这么近距离地攀附上几近顶层的权阉和权相呢?本文推测,这极可能是其作为宰相于琮亲侄的缘故。先看于琮与路岩的关系,二人曾共同为相达五年之久。《新唐书》卷九《懿宗僖宗本纪》:"五年……壬寅,翰林学士承旨、兵部侍郎路岩同中书门下平章事。……十二年四月癸卯,路岩罢。"路岩自咸通五年(864)入相,至咸通十二年(871)罢。又,"八年……甲子,兵部侍郎、诸道盐铁转运使于琮同中书门下平章事。……十三

---

① 周勋初:《"芳林十哲"考》,《唐代文学研究》第二辑,广西师范大学出版社,1990,第 217 页。
② 《旧唐书》,第 4560~4561 页。

年二月丁巳，于琮罢。"① 于琮则于咸通八年（867）入相，至咸通十三年（872）罢。自咸通八年至咸通十二年，五年中二人同在相位。那么二人关系如何呢？路岩入相后三年，于琮入相，史书中未言路岩对于琮入相之态度，同时也无二人不和的记载，看来路对于琮入相至少是不反对的。同时，二人又都是遭另一权相韦保衡贬逐的政敌。《新唐书》卷一百八十四《路岩传》："既权侔则争，故与保衡还相恶。俄罢岩为剑南西川节度使"。②《旧唐书》卷一百七十八《张祎传》："咸通末，琮为韦保衡所构谴逐，祎坐贬封州司马。保衡诛，琮得雪。"③《旧唐书》卷十九下《僖宗本纪》："十四年七月，懿宗大渐。……九月，守司空、门下侍郎、平章事韦保衡贬贺州刺史。以岳州刺史于琮为太子少傅，缘琮贬逐者并放还。"④由此可以推测，于琮与路岩都与韦保衡为敌，至少二人不会为敌，很可能还是同一阵营中人，秦韬玉正是凭此关系攀结上了权相路岩，并为其制作过文书而遭到杨损报复。

再回到秦韬玉这首《贫女》诗，其尾联二句如果理解成一个普通寒素文人失意之词，那就至多解释为年年不第，作了别人的陪衬。作为秦韬玉这样一个经历复杂而又名声不佳的举子，这样解释实在是太过浮浅，难以令人信服。更何况一个寒素文人，为求及第自身尚自顾不暇，哪有能力"为他人作嫁衣裳"、替人及第铺路？但只要我们结合上文分析，就很容易看出，此诗蕴含了秦韬玉深沉的身世之感和痛悔之词。据《旧唐书》卷十九下《僖宗本纪》："咸通十四年……十一月，以光禄大夫、守太子少傅、驸马都尉于琮检校尚书左仆射，兼襄州刺史、御史大夫，充山南东道节度观察等使。……广明元年……十二月……壬辰，黄巢据大内，僭号大齐，称年号金统。……时宰相豆卢瑑崔沆、故相左仆射刘邺、太子

---

① 《新唐书》，第 259~262 页。
② 《新唐书》，第 5397 页。
③ 《旧唐书》，第 4624 页。
④ 《旧唐书》，第 689~690 页。

第三章 晚唐文人求第心态

少师裴谂、御史中丞赵蒙、刑部侍郎李溥、故相于琮皆从驾不及，匿于闾里，为贼所捕，皆遇害。"① 广德公主为于梲（韬玉）谋第失败，当是春榜时，当年十一月全家死难，《新唐书》卷八十三《诸帝公主传》："琮为黄巢所害，主泣曰：'今日谊不独存，贼宜杀我！'巢不许，乃缢室中。"② 至此，秦韬玉两大靠山路岩和于琮（若其为于琮亲侄）均死于非命，他再无权势可依，故才有奔蜀中重依田令孜而及第事。据此再来看这首《贫女》诗，便会有豁然开朗的感觉。据诗意推测，此诗当写于其家族惨变后不久。诗中以贫女自喻，寄托了他深沉的身世命运之感和复杂难言的人生况味。他虽是士族子弟，但在其叔父于琮未发迹前家道已经没落，其父只是中下层军官，故其自比"蓬门"。"未识绮罗香"有点言过其实，其叔母广德公主"委之主家政"，应当见识了很多豪门之事。但当此家族惨变之后，往事哪堪回首？尽管有过显赫的时候，但一切都恍如隔世，他又回到其"蓬门"之贫寒境况。他本有"良媒"，只是路岩、于琮夫妇这些"良媒"早已死去，再去"拟托良媒"，天下之大，何人可托？只能是更增伤感。因为其交通宦官，为士林不齿，但此话怎好明言？故只能以自己不合流俗，格调高雅加以掩饰。但他对自己的文学才华相当自信，认为自己不似那些只会做表面文章的钻营之徒。关键是最后这一名句，"苦恨年年压金线，为他人作嫁衣裳"，如何理解？他有着强烈的仕进之心，在《寄李处士》诗中道："要路强干情本薄，旧山归去意偏长。因君指似封侯骨，渐拟回头别醉乡。"③ 其《寄怀》诗言："总藏心剑事儒风，大道如今已浑同。会致名津搜俊彦，是张愁网绊英雄。苏公有国皆悬印，楚将无官可赏功。若使重生太平日，也应回首哭途穷。"④ 但他的仕进之心及努力并未换来科场及第的成功。从上面相关材料

---

① 《旧唐书》，第 690~790 页。
② 《新唐书》，第 3672 页。
③ 《全唐诗》卷六七〇，第 7719 页。
④ 《全唐诗》卷六七〇，第 7720 页。

129

及论述中可以见到，他上下奔走，串结一帮人，依恃宦官威势，再加上利用叔父于琮和权相路岩的权势，每岁干扰主司，谋求自己和小圈子中人及第，不正是"年年压金线"？但事与愿违，屡受挫折，到头来，恰恰因为自己等人攀附宦官引起士林众怒而遭斥，受益而及第的反倒是自己小圈子之外的人，不正是"为他人作嫁衣裳"？实可谓机关算尽太聪明，反误了卿卿"性命"！这一结局，对秦韬玉来说，不言"苦恨"又当如何？故其痛定思痛，回想自己身世和命运，实在是别有一番滋味。这一复杂的求第心态，真正发人深思。

当然，上文所做的推理是建立在秦韬玉为于琮亲侄这一假设之上。尽管二人经历相同、名同，且秦韬玉诸多事迹都只有建立在这一假设之上才能得到最为合理的解释，但迄今并没有材料直接证明这一点。但无论如何，上述分析对更为深入地认识和分析秦韬玉攀附权阉而求第这一心态及其相关的文学创作定会有很好的帮助。

上述攀附权阉以求第的举子中，并非都是不学无术之徒，而是求第受挫后极力寻求门路时躁进心态的表现。在晚唐乃至整个唐代，文人攀求权要谋取登第或升迁者屡见不鲜，世俗并无多少非议；但只要与宦官有哪怕一丝一缕的关联，士林上下便会群起而攻之，并时常作为极具杀伤力的武器打击政敌。如中唐时元稹入相便引起多方非议，其中贬之最多的理由莫过于交通中贵。这一现象产生的根本原因有二：一是权阉之恶，罄竹难书，外朝士大夫已经形成一种心理定式，即凡宦必恶；二是正由于外朝士大夫这种将宦者当作非我族类的排斥心态，造成唐代历朝宦者为求自保而更趋恶势的高危心理。在这种对抗心理下，一旦有文人攀附宦者，马上便会被视作族群叛徒，鄙夷贬损无所不用其极。究其原因，我们无意再过多指斥罪恶的封建社会或科举制度，只是为这些苦求一第而不顾名节的举子感到深深的悲哀。恰如王定保评"芳林十哲"所言："然皆有文字，盖礼所谓君子达其大者远者，小人知其近者小者，得之与失，乃不能纠别淑慝，有之矣。语其蛇豕之心者，岂其然乎？"①

（五）哗众求进，心态扭曲

唐代举子每年上千人，及第者不足十分之一。如何能够脱颖而出、扬名于朝贵之间？除了正常干谒权要外，若能做出非常之举吸引注意力，无论名声好坏，都会弄得路人皆知。初唐时陈子昂曾有"毁琴"之举，②中唐时薛保逊纳卷好行"金刚杵"（见前注），晚唐时做出此类行为以哗众邀听者亦不乏其人。如刘子振，《唐摭言》卷九《四凶》：

> 刘子振，蒲人也，颇富学业，而不知大体，尤好陵轹同道，诋讦公卿。不耻干索州县，稍不如意，立致寒暑，以至就试明庭，稠人广众，罕有与之谈者。居守刘公主文岁，患举子纳卷繁多，榜云纳卷不得过三轴。子振纳四十轴，因之大掇凶誉。子振非不自知，盖不能抑压耳。乾符中官为博士，三年释奠礼毕，令学官讲书，宰臣已下，皆与听焉。时子振讲《礼记》，《陆鸾》、《周易》。③

刘子振因为不听主司榜示，故意违反其令而"大掇凶誉"，可见时人对其哗众做法之不屑。"不能抑压"言其明知故犯，关键还是其求第冲动之心作用的结果。但后及第，殊不可解，可见此一"凶誉"并未影响其及第大事。再如卢延让，《北梦琐言》卷第七《卢诗三遇》：

> 唐卢延让业诗，二十五举，方登一第。卷中有句云："狐冲官道过，狗触店门开。"租庸张浚亲见此事，每称赏之。又有

---

① 《唐五代笔记小说大观》，第1658页。
② 《唐诗纪事校笺》卷八，第234页。
③ 《唐五代笔记小说大观》，第1659页。

"饿猫临鼠穴，馋犬舐鱼砧"之句，为成中令汭见赏。又有"粟爆烧毡破，猫跳触鼎翻"句，为王先主建所赏，尝谓人曰："平生投谒公卿，不意得力于猫儿狗子也。"人闻而笑之。①

诗当以审美为起码要求，而卢延让以诗叙动物行为事，本无不可，但这些事毫无审美价值，诗已沦为搞笑之工具，但其仍得以登第。以此种手法扬名登第者尚有李昌符，《北梦琐言》卷第十《李昌符咏婢仆》：

  唐咸通中，前进士李昌符有诗名，久不登第，常岁卷轴，怠于装修。因出一奇，乃作婢仆诗五十首，于公卿间行之，有诗云："春娘爱上酒家楼，不怕归迟总不留。推道那家娘子卧，且留教住待梳头。"又云："不论秋菊与春花，个个能喧空肚茶。无事莫教频入库，一名闲物要些些。"诸篇皆中婢仆之讳。浃旬，京城盛传其诗篇，为奶妪辈怪骂腾沸，尽要捆其面。是年登第。与夫桃杖、虎靴，事虽不同，用奇即无异也。②

李昌符以揭露婢仆辈短处为诗，确实是标新立异，虽被揭者怪骂之，但能博权要们一笑，其扬名其间的目的也就达到了，果然登第。

  刘子振为求第，行反常事；卢延让、李昌符为求第，写怪异诗，心态虽非正常，但均登第。可见在晚唐时代，举子扬名最为重要，无论此名如何，只要不是恶名，主司似乎会考虑其人所博得社会名声所付出的努力，给予登第。

第三节 举子干谒作品之文体选择与其求第心态

  唐代文学作品体裁多样，有诗、文（古文和骈文）、赋、小说

---

① 《唐五代笔记小说大观》，第1864~1865页。
② 《唐五代笔记小说大观》，第1897页。

（传奇、笔记）、词、变文等。举子干谒权要或名人时，因为关系自己前途，一般是不会随意投赠作品的；除了注意作品的内容与自己想要达到的目的是否一致外，他还会对作品的体裁加以选择，以配合自己的干谒目的。上列几种文体中，诗、文、赋是最常见的干谒作品，小说亦有举子用来纳省卷，但效果不好。如《南部新书》甲："李景让典贡年，有李复言者，纳省卷，有《纂异》一部十卷。榜出曰：'事非经济，动涉虚妄，其所纳仰贡院驱使官却还。'复言因此罢举。"① 但用来干谒行卷却极为少见。② 词在晚唐已颇为盛行，但其使用场合主要是在各种娱乐场所，难登大雅之堂。在关系自己前程这样重大问题上，还没有发现晚唐有文人以词作为干谒

---

① 《南部新书》甲，第9页。
② 关于唐代有无文人将传奇作为行卷之用的问题，学界近年来探讨甚多，倾向性意见是唐人并未将传奇作为行卷之用。赵彦卫《云麓漫钞》卷第八："唐之举人，先藉当世显人以姓名达之主司，然后以所业投献。逾数日又投，谓之温卷。如《幽怪录》、《传奇》等皆是也。盖此等文备众体，可以见史才、诗笔、议论。至进士则多以诗为赘，今有唐诗数百种行于世者，是也。"（《云麓漫钞》，中华书局，1985年，第222页）鲁迅在《六朝小说和唐代传奇文有怎样的区别？——答文学社问》一文中对赵彦卫的说法有所继承，道："唐以诗文取士，但也看社会上的名声，所以士子入京应试，也许豫先干谒名公，呈献诗文，冀其誉，这诗文叫作'行卷'。诗文既滥，人不欲观，有的就用传奇文，来希图一新耳目，获得特效了，于是那时的传奇文，也就和'敲门砖'很有关系。"（《且介亭杂文二集》，《鲁迅文集》第五卷，丁华民主编，吉林文史出版社，2006年，第73页。）程千帆《唐代进士行卷与文学》引赵彦卫语，分析道："它告诉了我们唐人用传奇小说行卷这个重要事实。但其所叙述的某些方面则殊嫌含混，有待订正，因为它既没有将举子们纳省卷与投行卷这两种不同的事实区别开来，也没有将无论是纳省卷或投行卷都主要是应进士科的举子的特有风尚而与明经科并无关系这一事实指陈出来。"（《唐代进士行卷与文学》，上海古籍出版社，1980年，第7页）上述观点近年来受到学界的广泛质疑，戴伟华师通过对《幽怪录》、《传奇》成书年代的考察，认为二书并非牛僧孺、裴铏早年干谒时作，因此"可以怀疑唐人曾以传奇小说行卷的风气了"。"另外《南部新书》的例子反而说明了传奇小说施之于行卷是不盛行的，甚或是个别的，即《南部新书》甲卷所记李复言纳省卷一事，其文如下：……李复言以小说纳省卷是想以奇取胜，结果反遭斥逐，如此带尝试性的举动，只能明示士子此路不通。因此可以说李之前大概还没有人以小说行卷，而其后士子也应以此为鉴。"（戴伟华：《唐代使府与文学研究》，广西师范大学出版社，2007年，第198～201页。其余尚有不少时贤持类似观点，兹不再赘述。）

之工具的。变文是一种市井说唱文本，更不可能被举子拿来作为干谒行卷之用。在科举考试各科中，进士科最受重视，其考试内容也最为复杂，"大率以三场为试。初以词赋，谓之杂文；复对所通经义；终以时务为策。"①"词赋"即诗和赋，合称杂文；帖经是考背诵儒家经典，可用诗赎帖；时务策是以书面形式回答考官问题。由于目前能够见到的为求第而进行干谒的作品绝大部分是举进士者所写，再加上进士科考试内容的"指挥棒"效应，举子干谒权要时当然会多以进士科考试文体为主。基于此，下面拟对举子干谒时对不同文体的选择心态做一分析。

一 选择诗赋行卷之心态

诗赋在考试中通称杂文，故一起论之。晚唐时诗赋首场试，不及格则连后面的考试也不能参加。如黄滔《下第》："昨夜孤灯下，阑干泣数行。辞家从早见，落第在初场。"②诗试五律，赋试八韵，讲究平仄、对偶（对仗），有比较明确的判定标准，所以在此处容易分出高下。赵匡《举选议》："主司褒贬，实在诗赋，务求巧丽，以此为贤。"③胡震亨道："唐进士初止试策，调露中，始试帖经，经通，试杂文，谓有韵律之文，即诗赋也，杂文又通，试策。凡三场。其后先试杂文，次试论，试策，试帖经为四场。第一场杂文放者，始得试二、三、四场。其四场帖经落者，仍许诗赎，谓之赎帖。……唐试士重诗赋者，以策论惟剿旧文，帖经只抄义条，不若诗赋可以尽才。又世俗偷薄，上下交疑，此则按其声病，可塞有司之责。虽知为文华少实，舍是益汗漫无所守耳。"④钱穆认为："惟对策多可钞袭，帖经惟资记诵，别高下、定优劣，以诗赋文律为最

---

① （五代）牛希济：《贡士论》，《全唐文》卷八四六，第8891~8892页。
② 《莆阳黄御史集》，第101页。
③ 《全唐文》卷三五五，第3601页。
④ 《唐音癸签》卷十八《诂笺三》"进士科故实"，第196~197页。

宜。故聪明才思，亦奔凑于此也。"① 李浩也说："诗赋之所以为人看重，是因为仅靠帖经与对策在考试中成绩优劣拉不开距离，而诗赋则易于突显个人特殊的才性与灵气，易于区别高下，故往往就成了胜败攸关、扭转乾坤之举。"② 所以举子在干谒时，将自己诗赋作品编成集以投赠最为常见。

诗是干谒时首选文体，既可以一首或几首诗为贽，说明来意，又可编入卷轴，展示文才，有着其他文体难以替代的功能，实可谓"丹霄路在五言中。"③ 晚唐出现的大量苦吟诗人，有相当多的是在为求第作准备。贾岛苦吟之事众人皆晓，其他如刘得仁，"到晓改诗句，四邻嫌苦吟"，④ 方干，"才吟五字句，又白几茎须"，⑤ "志业不得力，到今犹苦吟。吟成五字句，用破一生心。"⑥ 任翻，"飘泊仍千里，清吟欲断魂"，⑦ 张乔，"巷僻行吟远，蛩多独卧迟"，⑧ 为求第而苦吟的举子，多希望以句名篇，以篇名身，从而获得世人对其文才的认可。晚唐人好吟诗中名句，这就为诗人以句出名提供了外在的环境和内在苦吟的动力。如许棠，以"四顾疑无地，中流忽有山"⑨ 一联出名，人称"许洞庭"；郑谷，以"雨昏青草湖边过，花落黄陵庙里啼"⑩ 一联出名，人称"郑鹧鸪"。

赋写得好与诗一样可为举子扬名，杜牧求第时献《阿房宫赋》扬名登第事流传甚广。再如周繇、谢廷浩，《唐摭言》卷十《海叙不遇》："周繇者，湖南人也，咸通初以辞赋擅名。繇尝为《角抵赋》，略曰：'前冲后敌，无非有力之人；左攫右拿，尽是用拳之

---

① 钱穆：《国史大纲》（修订本），商务印书馆，1996年，第430页。
② 李浩：《唐代三大地域文学士族研究》，中华书局，2002年，第195页。
③ 方干：《赠李郢端公》，《全唐诗》卷六五二，第7538页。
④ 《夏日即事》，《全唐诗》卷五四四，第6338页。
⑤ 《赠喻凫》，《全唐诗》卷六四八，第7495页。
⑥ 《贻钱塘县路明府》，《全唐诗》卷六四八，第7496页。
⑦ 《冬暮野寺》，《全唐诗》卷七二七，第8412页。
⑧ 《秋夕》，《全唐诗》卷六三九，第7383页。
⑨ 《过洞庭湖》，《全唐诗》卷六○三，第7021页。
⑩ 《鹧鸪》，《郑谷诗集编年校注》，第36页。

手.'或非缄善角抵。……谢廷浩,闽人也。大顺中,颇以辞赋著名,与徐夤不相上下,时号'锦绣堆'"。[1]再如《本事诗》之《征咎第六》:"范阳卢献卿,大中中举进士,词藻为同流所推。作《愍征赋》数千言,时人以为庾子山《哀江南》之亚,今谏议大夫司空图为注之。"[2]皮日休赞此赋为"愍征新价欲凌空,一首堪欺左太冲。"[3]卢献卿所写赋之内容,从题名看,当为哀叹民生艰难之作,这也是赋之感人之处。李商隐在《樊南甲集序》一文中认为:赋"好对切事,声势物景,哀上浮壮,能感动人。"[4]洪迈曾言:"晚唐士人作律赋,多以古事为题,寓悲伤之旨,如吴融、徐寅诸人是也。黄滔字文江,亦以此擅名"。[5]赋寓悲伤之旨,故可一唱三叹,排比铺陈,长篇累牍,正是显露文才的上佳文体,故举子常用赋来投赠权要。如杜牧《上知己文章启》:

某少小为文章,伏以侍郎文师也,是敢谨贡七篇,以为视听之污。……宝历大起宫室,广声色,故作《阿房宫赋》。有庐终南山下,尝有耕田著书志,故作《望故园赋》。[6]

皮日休《文薮序》:

编次其文,复将贡于有司……赋者,古诗之流也,伤前王太佚作《忧赋》;虑民道难济作《河桥赋》,念下情不达作

---

[1] 《唐五代笔记小说大观》,第1666~1667页。
[2] (唐)孟棨撰,李学颖校点《本事诗》,《唐五代笔记小说大观》,第1251页。
[3] 《伤卢献秀才(献有〈愍征赋〉一卷,人为作注)》,《皮子文薮》附录一,第178页。
[4] 《李商隐文编年校注》,第1713页。
[5] (宋)洪迈:《容斋随笔・四笔》卷七《黄文江赋》,上海古籍出版社,1996年,第694页。
[6] 《樊川文集》卷十六,第241页。

《霍山赋》，悯寒士道雍作《桃花赋》。①

顾云《投户部郑员外启》：

> 惭无经济之文，空有悲哀之赋。投竿鱼浦，篑迹龙津。无一时暂废讨论，无一日敢忘索课，诚不足踰扬大政，感动知音，比于雕虫为文，鸟迹成字，虽无关至理，亦粗有可观。②

黄滔《赵起居启》：

> 某今月二十日辄以所业赋一轴陈献清严。③

清人李调元《函海·赋话》卷二《新话二》云："《文苑英华》所载律赋至多者，莫如王起，其次则李程、谢观，大约私试所作而播于行卷者，命题皆冠冕正大。逮乎晚季，好尚新奇，始有《馆娃宫》、《景阳井》及《驾经马嵬坡》、《观灯西凉府》之类，争妍斗巧，章句益工。而《英华》所收，显从其略，取舍自有定制，固以雅正为宗也。"④ 这是说赋是唐时举子私试⑤时常用的文体故保存相当多，中晚唐最重要的律赋家王起其时四知贡举，赋是其最为看重之文体。故卢肇《上王仆射书》道："故度天下之德，莫重于仆射；计天下之学，莫深于仆射；观天下文章，莫富于仆射……敢布愚拙，伏惟特以文之光明而俯烛之，幸甚幸甚！并献拙赋一首。"⑥ 卢肇干谒极富针对性，他所献赋为其精心撰制的晚唐巨篇《海潮

---

① 《皮子文薮》，第 2 页。
② 《全唐文》卷八一五，第 8579 页。
③ 《莆阳黄御史集》，中华书局，1985 年影印本，第 231 页。
④ 《丛书集成初编》，中华书局，1985。
⑤ 《南部新书》乙："亦有十人五人醵率酒馔，请题目于知己朝达，谓之'私试'"，第 22 页。
⑥ 《全唐文》卷七六八，第 7996 页。

赋》，这为其以进士头名及第起了很大作用。

诗赋在进士科考试中本为一体，举子们一般都是诗赋兼习，但也有举子以诗为主业并轻视赋，《唐摭言》卷十二《自负》："卢延让业僻涩诗，吴翰林虽以赋卷擢第，然八面受敌，深知延让之能。延让始投贽，卷中有说诗一篇，断句云：'因知文赋易为下者之乎。'子华笑曰：'上门恶骂来！'"① 此虽为个别举子看法，但也反映诗赋相比时，人们愿意将诗当作更值得创作的文体。

二 选择古文和骈文行卷之心态

晚唐进士科考试内容中，先试诗赋，接着便是论、策等作文。时务策以明达时务、通晓律法为要，一般多程序化内容，无须在国家大政方针上超原则性地发挥，以免触犯禁忌。论、策以陈述和议论为主，陈述事物时条理要清晰，这就能看出作者之语言组织能力；议论时重思辨，讲究逻辑，这就要求作者博学多才，能够旁征博引，说理透彻。举子干谒时，多以文叩门，同时或稍后以诗赋集呈现；较少以诗赋作引，献上文者。原因在于文可以更清楚地说明个人希求，诗赋毕竟没有文容易读懂，特别是对于一些文化水平不高的权要来说，文应该更合适阅读，也就更容易达到干谒之目的。② 举子学写古文，可以扬名，如来鹄，《唐摭言》卷十《海叙不遇》："来鹄，豫章人也，师韩、柳为文。大中末、咸通中，声价益籍甚。"③ 骈文可以渲染自己之穷愁，增加气势以打动对方。如顾云数举不第，在《投翰林刘学士启》中道："三犯龙门，屡奔鲸浪。元珠难得，空迷罔象之津。大道多歧，频洒亡羊之泣。辄尘

---

① 《唐五代笔记小说大观》，第1685页。
② 如魏博节度使韩简，文化水平就不高。《北梦琐言》卷第十三《韩简听书》："魏博节度使韩简，性庇质，每对文人，不晓其说，心常耻之。乃召一孝廉，令讲《论语》。及讲至《为政》篇，明日谓诸从事曰：'仆近知古人淳朴，年至三十，方能行立。'外有闻者，无不绝倒。"《唐五代笔记小说大观》，第1916页。
③ 《唐五代笔记小说大观》，第1667页。

第三章 晚唐文人求第心态

藻鉴,叨献菲辞。窃自朋游,或闻推许。潘生摛锦,巧借丹青。谢氏碎金,猥加流品。亦复愿披仙雾,频扣朱门。冀遂望尘,不期倒屣。今则藩羝类窘,幕燕同危。正当羸角之时,未识安巢之计。辄披肝胆,来诉融明。"① 读来颇有气势,把自己不第之愁绪做了很好地表达。此外,当时笺奏大部分用骈文,故能写骈文亦是当时文人值得夸耀的一大本领。如李商隐,"初为文瑰迈奇古,及在令狐楚府,楚本工章奏,因授其学。商隐俪偶短长,而繁缛过之。时温庭筠、段成式俱用是相夸,号'三十六体'。"②

晚唐特别是唐末时期,藩镇之间战事频繁,战时文书写作任务大量增加,这就要求写作者能够下笔千言,倚马可待,而且牵涉面广,不能出任何差错。当时藩镇中有一批作文高手以此扬名,《旧五代史》卷六十《李袭吉传》:"自广明大乱之后,诸侯割据方面,竞延名士,以掌书檄。是时梁有敬翔,燕有马郁,华州有李巨川,荆南有郑准,凤翔有王超,钱塘有罗隐,魏博有李山甫,皆有文称,与袭吉齐名于时。"③ 因此干谒时作文若能显露此一方面才华,无疑会受到权要另眼相看。如胡曾,以未第之身干谒高骈,《贺高相公除荆南启》:"今者江腾海沸,山动岳摇。荆门告累卵之危,淮楚陈剖胎之难。赤眉卷地,黄巾滔天。公侯无匡合之才,藩镇乏纵擒之术。……佥云非相公不能定荆楚,非相公不能绾货泉。既无异于肩尧,遂有成于命说。伏计即离犀浦,遽赴龙山。销唐尧旰食之忧,解黎庶倒悬之急。"④ 此段文字先以时世维艰为背景,进而说明需才干之臣出镇四方的形势,再以高骈出守荆南为旨归,巧妙地将奉承之意融于国事和时局之中,且言辞精当,一气呵成,展示了自己不俗的文才。后来,高骈镇守西川,胡曾果然以笺作高手而扬名。《鉴诫录》卷二《判木夹》:"高相公骈统临益部,兼号征

---

① 《全唐文》卷八一五,第 8580 页。
② 《新唐书》卷二百三《文艺传》下,第 5793 页。
③ 《旧五代史》,第 805 页。
④ 《全唐文》卷八一一,第 8534~8535 页。

139

南。蛮陬闻名，预自屏迹矣。然时飞一木夹，其中惟夸兵革犀象，欲借绵锦之江，饮马濯足而已。高相公于是经营版筑，置防城勇士八千，命胡记室曾以檄破之，仍判回木夹。胡曾破之数联，天下称为奇绝。"①

由上可见，古文和骈文对于举子来说，不仅干谒时以其打开方便之门，更是将来安身立命之本，其重要性是不言而喻的。

中国封建社会等级森严，阶层壁垒重重。在相对和平时期，唐以后实行的科举考试便成了阶层变动最为主要的工具，"朝为田舍郎，暮登天子堂"成了很多读书人为了改变命运而不懈追逐的梦想。晚唐时代，从甘露之变始，宦官专权造成的血雨腥风一直阴云不散，成了笼罩在文人心头一片挥之不去的阴霾；牛李党争浇灭了文人建功立业的激情，尔虞我诈成了他们很多人处世的信条；人民起义和强藩大镇之间的杀伐引起的连年战乱四处蔓延，全身远祸与求禄养亲成了文人心中难以化解的矛盾和痛苦。当此之际，江河日下的国势，风雨飘摇的朝廷，末世危险的焦虑，日益浇薄的世风，使得文人很难置身事外，但社会恰恰难以为他们提供较为正常的进身之途；仅凭苦读诗书而提高学识并不能完全保证命运的改变，大量非才学因素左右着他们本已狭窄的人生出路。为了获得仕进之阶，以文干谒求第是文人最容易且最擅长的致身之道，大量文人的参与却又使得这一场场竞争几乎变成了赤裸裸的功利性人生交易，文学在其中沦落成了可怜的道具。钱穆《论唐文人干谒之风》道："隋唐以降，科举进士之制新兴，穷阎白屋之徒，皆得奋而上达。其先既许之以怀牒自列，试前又有公卷之预拔，采声誉，观素学，若不自炫耀，将坐致湮沉。"②文人抱着"出门便作焚舟计，生不

---

① 《鉴诫录》，第 10 页。《代高骈回云南檄》，《全唐文》卷八一一，第 8536~8537 页。但亦有学者认为此檄是胡曾为路岩所写，见陈勇《〈全唐文〉所录胡曾〈代高骈回云南檄〉纠误》一文辩，《湖北成人教育学院学报》2009 年第 2 期。

② 《中国文学论丛》，三联书店，第 274 页。

成名死不归"①的信念，到处寻求陌生的"知己"，演绎着自己并连同他人的人生悲喜剧。黄滔《卢员外浔启》言其汲汲求引之心："实以从古干时之道，至今取第之由，莫不路邀鳌头，程悬骥尾。苟非先鸣汲引，哲匠发挥，纵或自强，行将安适？"②牛希济《贡士论》言举子干谒情形："秋风八月，鞍马九衢，神气扬扬，行者避路。取富贵若咳唾，视州县如奴仆。亦不独高于贵胄，亦不贱彼孤介。得其术者，舍耒耜而取公卿，乖其道者，抱文章而成痼疾。"③但成功者少，失意者多，他们付出一生的时间和精力，却往往抱恨终身。《剧谈录》卷下《元相国谒李贺》："自大中咸通之后，每岁试春官者千余人。其间章句有闻，亹亹不绝。如何植、李玫、皇甫松、李孺犀、梁望、毛涛、贝庶、来鹄、贾随，以文章著美；温庭筠、郑溎、何涓、周铃、宋耘、沈驾、周繁，以词赋标名；贾岛、平曾、李陶、刘得仁、喻坦之、张乔、剧燕、许琳、陈觉，以律诗流传；张维、皇甫川、郭鄩、刘延晖，以古风擅价；皆苦心文华，厄于一第。"④

需要说明的是，晚唐文人之求第心态，正如他们生活道路一样复杂曲折，本章限于篇幅，难以论及所有文人干谒求第心态之细节，只能撮其要者，如上述之。

小结

其一，晚唐文人求第过程一般为先通过州府监寺试取得贡举人身份，再经过礼部省试，合格后参加吏部关试，通过后，求第才算是成功结束。这一过程中，礼部省试最为关键，其次是州府监寺试，关试则大多流于形式。

---

① 雍陶：《离家后作》，《全唐诗》卷五一八，第5961页。
② 《莆阳黄御史集》，第207页。
③ 《全唐文》卷八四六，第8891~8892页。
④ （唐）康骈撰，萧逸校点《剧谈录》，《唐五代笔记小说大观》，第1497页。

其二，晚唐州府监寺试，由于名额有限，存在一定程度的竞争。监寺试材料稀少，州府试材料较多。通过相关作品分析，文人求贡心态可分为显露才华，先声夺人；激以声望，赋予高义；自伤穷愁，恳求拔解；吹捧对方，言辞夸张。京兆府试竞争激烈，张乔被动让解元于许棠，其内心的失落和酸楚是不言而喻的。

其三，晚唐文人求第心态是矛盾的。干谒过程中的艰难困苦令他们时时向往悠游林泉的欢乐，但迫于生计或理想，又不得不走上干谒之途。为了达到干谒目的，他们各施其能，心态不一，包括：一展才学，平交王侯；自甘卑微，乞求垂怜；利用强藩，文过饰非；不顾名节，攀附权阉；哗众求进，心态扭曲。这些心态外化为行动和创作，不同程度地揭示了各自真实的内心世界。

其四，晚唐举子干谒时以文学作品作为行卷方式。一般来讲，诗、文、赋最为常见，小说则较为罕见，即使有个别特例，但效果不好。词和变文不见用来行卷。诗赋最见文才，诗赋中的名句常可令举子一夜之间扬名四方，所以常被举子编成文集以投赠显要。对举子们来说，古文和骈文写作得好同样令他们名利双收，而且文本身在晚唐藩镇军务处理中作用突出，往往成为不少文人安身立命之本。

第四章
晚唐文人科场成败之际心态

　　晚唐科场竞争空前激烈，及第与落第昭示了文人人生命运的巨大反差。马克思在论述阶层差别时有一个形象的比喻，他说："一座小房子不管怎样小，在周围的房屋都是这样小的时候，它是能满足社会对住房的一切要求的。但是，一旦在这座小房子近旁耸立起一座宫殿，这座小房子就缩成可怜的茅舍模样了。这时，狭小的房子证明它的居住者毫不讲究或者要求很低；并且，不管小房子的规模怎样随着文明的进步而扩大起来，但是，只要近旁的宫殿以同样的或更大的程度扩大起来，那么较小房子的居住者在那四壁之内越发觉得不舒适，越发不满意，越发被人轻视。"[1]文人们经过科场竞争后，有人仍然是"小房子"，有人却即将成为"宫殿"，这一反差实在是太过强烈。得失之际，文人们心态到底如何？一般来看，成名者毕竟占少数，故失意者心态是本章重点，其中对失意者的怨恨心态与人生选择论述则是对失意者心态研究的进一步延伸。

---

[1] 马克思：《雇佣劳动与资本》，《马克思恩格斯选集》（第一卷），人民出版社，1972年，第367页。

晚唐文人仕进心态研究

第一节 科场成名者心态

举子多年苦读诗书和做出的各种努力,最终都要在科场上一见高下。此时不仅是他们个人命运的关键时刻,也是全社会关注的焦点事件。在此多重压力下,对成名的渴望比任何时候都强烈。一旦及第,心态当是如何?

一 欣喜若狂,踌躇满志

在晚唐科场竞争空前激烈时期,无论靠才学、门第、关节而登第者,均欣喜若狂,达官贵人之家往往大摆宴席,以示庆贺。《唐摭言》卷三《慈恩寺题名游赏赋咏杂记》载唐代多人及第后情形,如曾任宰相的淮南节度使刘邺之子刘覃于乾符四年(877)及第,花巨资大置樱桃宴:"新进士尤重樱桃宴。乾符四年,永宁刘公第二子覃及第。时公以故相镇淮南,敕邸吏日以银一铤资覃醵罚,而覃所费往往数倍。邸吏以闻,公命取足而已。会时及荐新状元,方议醵率,覃潜遣人厚以金帛预购数十石矣。于是独置是宴,大会公卿。时京国樱桃初出,虽贵达未适口,而覃山积铺席,复和以糖酪者,人享蛮榼一小盎,亦不啻数升。以至参御辈,靡不沾足。"[①]此等奢靡以庆及第令人震惊。该书接下来载有郑光业事:

> 郑光业新及第年,宴次,有子女卒患心痛而死,同年皆惶骇。光业撤筵中器物,悉授其母,别征酒器,尽欢而散。[②]

此处病卒之"子女",当是家中佣仆。在其主人郑光业眼中,自己及第之事大于一切,故无论发生什么情形,欢庆宴会是不可取消

---

① 《唐五代笔记小说大观》,第1605~1606页。
② 《唐五代笔记小说大观》,第1607页。

144

的。这是富贵人家的及第庆贺事，贫寒文人及第后，当然难有如此铺张，但欣喜若狂的心情当是相同的，如许棠，《金华子杂编》卷下载：

> 许棠常言于人曰："往者未成事，年渐衰暮，行倦达官门下，身疲且重，上马极难。自喜一第以来，筋骨轻健，揽辔升降，犹愈于少年时。"则知一名能疗身心之疾，真人世孤迸之还丹也。①

许棠及第来之不易，故及第后有返老还童之感。李旭及第后长舒了一口气，说"今日始知天有意，还教雪得一生心。"② 袁皓及第后意气风发，说"金榜高悬姓字真，分明折得一枝春。蓬瀛乍接神仙侣，江海回思耕钓人。九万抟扶排羽翼，十年辛苦涉风尘。升平时节逢公道，不觉龙门是崄津。"③ 翁承赞及第后被赋予探花使，这无疑是锦上添花，他的兴奋心情溢于言表："深紫浓香三百朵，明朝为我一时开"，"今日始知春气味，长安虚过四年花。"④ 黄滔多年不第后终于跨过"龙门"，一扫昔日穷愁，《放榜日》：

> 吾唐取士最堪夸，仙榜标名出曙霞。白马嘶风三十辔，朱门秉烛一千家。却诜联臂升天路，宣圣飞章奏日华。岁岁人人来不得，曲江烟水杏园花。⑤

此时的黄滔，再也不是那个屡屡抨击科举不公的落拓书生形象；他意气风发地为唐王朝科举制度唱着赞歌，俨然一位官味十足的士大

---

① 《唐五代笔记小说大观》，第 1768 页。
② 《及第后呈朝中知己》，《全唐诗》卷七百十九，第 8257 页。
③ 《及第后作》，《全唐诗》卷六〇〇，第 6998 页。
④ 《擢探花使三首》，《全唐诗》卷七〇三，第 8167 页。
⑤ 《莆阳黄御史集》，中华书局，1985 年影印本，第 117 页。

夫形象了。薛昭蕴、韦庄二人则以词来写及第后狂喜的心情。薛昭蕴三首《喜迁莺》词：

> 残蟾落，晓钟鸣，羽化觉身轻。乍无春睡有余酲，杏苑雪初晴。紫陌长，襟袖冷，不是人间风景。回看尘土似前生，休美谷中莺。
>
> 金门晓，玉京春，骏马骤轻尘。桦烟深处白衫新，认得化龙身。九陌喧，千户启，满袖桂香风细。杏园欢宴曲江滨，自此占芳辰。
>
> 清明节，雨晴天，得意正当年。马骄泥软锦连乾，香袖半笼鞭。花色融，人竞赏，尽是绣鞍朱鞅。日斜无计更留连，归路草和烟。①

第一首写及第后兴奋得彻夜难眠，简直是脱胎换骨之感；第二首写游街和赴宴时的荣耀；第三首写和煦春光中踏青游冶之得意。韦庄有两首《喜迁莺》词：

> 人汹汹，鼓冬冬，襟袖五更风。大罗天上月朦胧，骑马上虚空。　香满衣，云满路，鸾凤绕身飞舞。霓旌绛节一群群，引见玉华君。
>
> 街鼓动，禁城开，天上探人回。凤衔金榜出云来，平地一声雷。　莺已迁，龙已化，一夜满城车马。家家楼上簇神仙，争看鹤冲天。②

第一首写金榜题名时的满城之热闹，第二首写跨马游街及受帝王接见的荣耀。

---

① 《全唐诗》卷八九四，第10164页。
② 《韦庄集笺注·浣花词》，第440页。

第四章 晚唐文人科场成败之际心态

上述薛、韦二人，是晚唐乃至整个唐代仅见的用词的形式写及第之乐的文人，他们所用的《喜迁莺》词牌名称本身，便寓有"出自幽谷，迁于乔木"的升迁喜庆意味。从表达效果上来看，由于晚唐文人多写格律严整的近体诗，中规中矩，不太容易表达及第时的激动跳跃心情；而词长短不一，抒写及第之乐就比诗更容易展现欢腾难抑的心情。唐亡后的五代时期，男女艳情内容始专以词来写作，① 似这种以词来写自己人生重大转折的内容直到李煜词中才出现，但那已是唐亡后半个多世纪了。由此更见薛、韦二人这五首词在文人表达及第狂喜心态中的独特性。

举子及第后，最令其感激的当是座主的赏识提拔之恩，如曹松《及第敕下宴中献座主杜侍郎》：

得召丘墙泪却频，若无公道也无因。门前送敕朱衣吏，席上衔杯碧落人。半夜笙歌教泥月，平明桃杏放烧春。南山虽有归溪路，争那酬恩未杀身。②

此诗表达了其及第后的感动以及对座主誓死效忠的意愿，反映了当时门生座主之间胶固的关系。姚鹄《及第后上主司王起》云：

三年竭力向春闱，塞断浮华众路岐。盛选栋梁非昔日，平均雨露及明时。登龙旧美无邪径，折桂新荣尽直枝。莫道只陪金马贵，相期更在凤凰池。③

诗题当是后人所加。此诗不仅表达自己对座主赏拔的感激，更称赞了座主以公道取人而不徇私情的节操，同时也暗含自己对座主继续

---

① 参见李定广《由诗词关系审视唐五代词的演变轨迹》，《文学评论》2008 年第 2 期。
② 《全唐诗》卷七一七，第 8327~8328 页。
③ 《全唐诗》卷五五三，第 6463 页。

147

提拔的期待。及第对于蹭蹬多年的文人来说，喜悦中难免掺杂了一丝悲凉。如刘沧，"大中八年礼部侍郎郑薰下进士榜后，进谒谢，薰曰：'初谓刘君锐志，一第不足取。故人别来三十载不相知闻，谁谓今白头纷纷矣。'"①

举子及第后的欣喜从他人的道贺诗中也能感受出来，如李频《送太学吴康仁及第南归》：

因为太学选，志业彻春闱。首领诸生出，先登上第归。一荣犹未已，具庆且应稀。纵马行青草，临岐脱白衣。家遥楚国寄，帆对汉山飞。知己盈华省，看君再发机。②

此诗赞其学问超群，白衣可脱，荣归故里后前程远大。亦有言及第后的生计事宜，充满期待的，如刘驾《送友人擢第东归》："有马不复羸，有奴不复饥"。③ 亦有表达及第后欣喜之余的感叹，郑谷《送太学颜明经及第东归》："平楚干戈后，田园失耦耕。艰难登一第，离乱省诸兄。"④

名登金榜后，志得意满之态不仅表现在欣喜的心情上，更会体现在行动上。如拜谒座主、参加宴会、同年交往等都是风光一时的事情。还有一些专门机构如进士团者为这些新及第者帮闲以虚张声势的，就更能使欣喜心情无比膨胀起来。《唐摭言》卷三《慈恩寺题名游赏赋咏杂记》："薛监晚年厄于宦途，尝策羸赴朝，值新进士榜下，缀行而出。时进士团所由辈数十人，见逢行李萧条，前导曰：'回避新郎君！'"⑤ 文人及第后，渴望入仕为官再自然不过了。

---

① 《唐才子传校笺》（第三册）卷八，第412页。
② 《全唐诗》卷五八九，第6895页。
③ 《全唐诗》卷五八五，第6839页。
④ 《郑谷诗集编年校注》，第30页。
⑤ 《唐五代笔记小说大观》，第1607页。傅璇琮亦有对进士团问题的详论，参见《唐代科举与文学》第十一章"进士放榜与宴集"，第323~324页。

此时他们多踌躇满志,以期理想得伸,壮志可达。《中朝故事》言:"京国士子进士成名后,便列清途,屈指以期大用。"① 如柳棠,及第后踌躇满志,狂放清高,回乡后久不拜谒东川节度使杨汝士,后"召棠至,已在醉乡矣。斟三器酒,内一巨鱼杯,棠不即饮。"② 但实际情况并非如此,入仕之途也不是所梦想的那么平坦。

二 释褐不易,新愁复添

举子通过科考成名后,并不能算作释褐。按照规定,尚需守选若干年。进士一般为三年,明经则比进士长得多。③《文献通考》卷三二《选举五》云:"自汉至唐,进士登第者尚未释褐,或是为人所论荐,或再应皆中,或藩方辟举,然后始得释褐。"④ 这里说了三种可不守选的情形,一是"为人所论荐",即得到权要荐于朝廷,可破格授官。二是再应考吏部科目选或参加制举试,中者可立即授官,但对于晚唐文人来说,由于制举试在晚唐发生的重大变化,大和二年(828)后基本无文人感兴趣的制举可考,只有参加吏部宏词或书判两科目选,但录人极少。三是"藩方辟举",但进入幕府并不表示释褐为官,还需方镇向朝廷举奏,由中央下文授予散官衔后方可算是正式入仕。这三条路对于有门路的士族文人来说较为容易,但对于大多数无门路的及第寒士来说仍较艰难。所以及第的欣喜过后,入仕的忧愁又添心头。如许棠《讲德陈情上淮南李仆射八首》其五:

> 三纪吟诗望一名,丹霄待得白头成。已期到老还沾禄,无复偷闲却养生。当宴每垂听乐泪,望云长起忆山情。朱门旧是

---

① 《唐五代笔记小说大观》,第 1782 页。
② 《云溪友议》卷中《弘农忿》,《唐五代笔记小说大观》,第 1296 页。
③ 参见《唐代铨选与文学》第二章"及第举子守选",第 51~63 页。
④ 《文献通考》,第 304 页。

登龙客，初脱鱼鳞胆尚惊。①

数十年的辛劳终于及第，但头发花白。希望到老能够得沾寸禄，只好干求权要望人垂怜。其八：

> 丹霄空把桂枝归，白首依前着布衣。当路公卿谁见待，故乡亲爱自疑非。东风乍喜还沧海，栖旅终愁出翠微。应念无媒居选限，二年须更守渔矶。②

及第后仍是穿着布衣，关键是没有公卿"见待"，只好老老实实地守选。晚唐其他寒素文人及第后情形与许棠相近，如许浑，蹭蹬科场二十五年方得一第，又六年后方释褐为当涂尉；王贞白及第时两鬓斑白，又七年后方得一校书郎。寒素举子及第后数年守选的结果往往是得一卑官，而岁月蹉跎，入仕的欣喜早已烟消云散，远赴僻地作县尉之类的小官则是充满了无尽的悲凉。许浑守选六年方得一尉，道："昔时恩遇今能否，一尉沧州已白头。"③ 许棠守选七年后方得一泾县尉，郑谷送诗曰："白头新作尉，县在故山中。高第能卑宦，前贤尚此风。"④ 诗中充满了安慰，哪有释褐的一丝欣喜？

第二节 科场失意者心态

一 哀伤自怜，思绪万千

希望越高，失望越大。面对名落孙山的现实，科场失意者第一

---

① 《全唐诗》卷六〇四，第 7041 页。
② 《全唐诗》卷六〇四，第 7041 页。
③ 《陪宣城大夫崔公泛后池兼北楼宴二首》其一，罗时进《丁卯集笺证》，第 235 页。
④ 《送许棠先辈之官泾县》，《郑谷诗集编年校注》，第 34 页。

第四章 晚唐文人科场成败之际心态

个反应多是伤感和无助。赵嘏情辞悲苦地诉道："落第逢人恸哭初，平生志业欲何如。鬓毛洒尽一枝桂，泪血滴来千里书。"① 崔涂于乱中赴蜀科试落第，痛哭流涕："天涯憔悴身，一望一沾巾。在处有芳草，满城无故人。"② 罗隐诉道："一枝仙桂，尝欲觊觎，十年恸哭于秦庭，八举摧风于宋野。"③ "十年此地频偷眼，二月春风最断肠。"④ 许浑道："夜愁添白发，春泪减朱颜。"⑤ 邵谒将自己不第归于命运："我命独如何，憔悴长如一。白日九衢中，幽独暗如漆。流泉有枯时，穷贱无尽日。惆怅复惆怅，几回新月出。"⑥ 曹邺则充满惆怅："年华且有限，厥体难久康。人言力耕者，岁旱亦有粮。吾道固如此，安得苦怅怅。"⑦ 有的归于寒素身份，言辞中充满哀怨和愤激，如罗隐："病想医门渴望梅，十年心地仅成灰。早知世事长如此，自是孤寒不合来。谷畔气浓高蔽日，蛰边声暖乍闻雷。满城桃李君看取，一一还从旧处开。"⑧ 李山甫："眼前何事不伤神，忍向江头更弄春。桂树既能欺贱子，杏花争肯采闲人。"⑨ 张蠙自抒身世低微之痛："十载声沉觉自非，贱身元合衣荷衣。"⑩ 有的归于无媒，如雍陶："莫惊西上独迟回，只为衡门未有媒。惆怅赋成身不去，一名闲事逐秋回。"⑪ 韦庄："要路无媒果自伤。"⑫ 刘得仁以"无援"宽慰下第友人："朝是暮还非，人情冷暖移。浮生只如此，强进欲何为？要路知无援，深山必遇师。怜君

---

① 《下第后上李中丞》，《赵嘏诗注》，第88页。
② 《蜀城春》，《全唐诗》卷六七九，第7836页。
③ 《投湖南王大夫启》，《罗隐集校注》，第559页。
④ 《逼试投所知》，同上，第94页。
⑤ 《下第别杨至之》，《丁卯集笺证》，第44页。
⑥ 《自叹》，《全唐诗》卷六〇五，第7048~7049页。
⑦ 梁超然、毛水清注《曹邺诗注》之《夜坐有怀》，上海古籍出版社，1985年，第36页。
⑧ 《丁亥岁作》，《罗隐集校注》，第296页。
⑨ 《下第卧疾卢员外召游曲江》，《全唐诗》卷六四三，第7417页。
⑩ 《言情》，《全唐诗》卷七〇二，第8156页。
⑪ 《人问应举》，《全唐诗》卷五一八，第5964页。
⑫ 《下第题青龙寺僧房》，《韦庄集笺注·浣花集》卷第一，第7页。

151

明此理,休去不迟疑。"①

失意者的自伤自怜中,数刘驾表达得最为哀婉,让人心寒。《长安旅舍纡情投先达》(一作《长安抒怀寄知己》):

> 岐路不在地,马蹄徒苦辛。上国闻姓名,不如山中人。大宅满六街,此身入谁门。愁心日散乱,有似空中尘。白露下长安,百虫鸣草根。方当秋赋日,却忆归山村。静女头欲白,良媒况我邻。无令苦长叹,长叹销人魂。②

又《下第后屏居长安书怀寄太原从事》:

> 刖足岂更长,良工隔千里。故山彭蠡上,归梦向汾水。低摧神气尽,僮仆心亦耻。未达谁不然,达者心思此。行年忽已壮,去老年更几。功名生不彰,身殁岂为鬼。才看芳草歇,即叹凉风起。匹马未来期,嘶声尚在耳。③

这两首诗不仅是刘驾个人科场失败的写照,更是千千万万个晚唐失意文人在人生关键的十字路口徘徊苦闷的内心独白。刘驾更言道:"若不化女子,功名岂无期",④ 以一种变态的心理表达功名难成之伤痛,让人读后心生寒意。

失意者对自身失败的归因,虽从某一方面揭示了晚唐科场之不公,但于事无补,为了抚平内心难言的伤痛,借助诗文指责科场不公就成了顺理成章之事。章碣痛感举场不公,斥道:"尘土十分归举子,乾坤大半属偷儿。"⑤ 于邺下第后愤愤难平,道:"雀儿未逐

---

① 《送车涛罢举归山》,《全唐诗》卷五四四,第6344页。
② 《全唐诗》卷五八五,第6830页。
③ 《全唐诗》卷五八五,第6835页。
④ 《送友人下第游雁门》,《全唐诗》卷五八五,第6830页。
⑤ 《癸卯岁毗陵登高会中贻同志》,《全唐诗》卷六六九,第7717页。

飓风高,下视鹰鹯意气豪。自谓能生千里足,黄昏依旧委蓬蒿。"①
罗邺虽为小姓文人,但同样屡败科场,且看其《牡丹》一诗:

> 落尽春红始着花,花时比屋事豪奢。买栽池馆恐无地,看到子孙能几家。门倚长衢攒绣縠,幄笼轻日护香霞.歌钟满座争欢赏,肯信流年鬓有华。②

胡震亨评罗邺诗道:"罗邺名场无成,无一题不以寄怨。'买栽池馆恐无地,看到子孙能几家。'人以为牡丹警句也,那知从伎求本怀中发出来!"③ 胡氏之言甚当,从中可以看出诗人对权要之家奢华生活的愤慨和诅咒。再看高蟾,一直被当作寒素文人中心态较为平和者,《北梦琐言》卷第七《高蟾以诗策名》道:"进士高蟾……落第诗曰:'天上碧桃和露种,日边红杏倚云栽。芙蓉生在秋江上,不向春风怨未开。'盖守寒素之分,无躁竞之心,公卿间许之。先是胡曾有诗曰:'翰苑何时休嫁女,文章早晚罢生儿。上林新桂年年发,不许平人折一枝。'罗隐亦多怨刺,当路子弟忌之,由是渤海策名也。"④ 这里以胡曾、罗隐之怨刺反衬高蟾之安分,高蟾于是得第。沈德潜《唐诗别裁集》亦称其为"安分语耳",又称"存得此心,化悲愤为和平矣。"⑤ 实际上读完这首《下第后上永崇高侍郎》,我们并没有感到"和平"之意:诗人以天上碧桃、日边红杏喻指权要子弟以及那些攀龙附凤的无耻之辈,这些人偏偏能够金榜题名;自己要路无媒,恰如低洼的秋江上自生自长的芙蓉,无天时地利人和之利,春风不至,命该如此。这样的"安分语",岂能

---

① 《下第不胜其忿题路左佛庙》,《全唐诗》卷七二五,第8394页。
② 《全唐诗》卷六五四,第7560页。
③ 《唐音癸签》卷八《评汇四》,上海古籍出版社,1981年,第79页。
④ 《唐五代笔记小说大观》,第1869页。
⑤ 分别见《唐诗别裁集》卷十、卷二十,上海古籍出版社,1997年,第147、332页。

让人感到一点点"安分"！秋江芙蓉怨何其深也！高蟾另有《春》诗，"天柱几条支白日，天门几扇锁明时。阳春发处无根蒂，凭仗东风分外吹"，① 同样是对权要子弟在科场竞争中的优势地位进行抨击。只不过高蟾的怨恨相对胡曾、罗隐等人要委婉隐晦一些罢了。

科场不公，还给失意者带来更多难堪的处境，使他们哀伤不已，表现在：一是愧对亲友。如许浑："江花半落燕雏飞，同客长安今独归。一纸乡书报兄弟，还家羞著别时衣。"② 许棠言其下第后"渔父时相问，羞真道姓名。"③ 刘得仁为下第感到耻辱，说："如病如痴二十年，求名难得又难休。回看骨肉须堪耻，一著麻衣便白头。"④ 顾非熊道："旧交因贵绝，新月对愁生"，⑤ 因为没能登第，连与登第的朋友的交情也难以为继了，世态炎凉何其令人酸楚！刘驾言其下第后心情是"低摧神气尽，僮仆心亦耻。"（见前引）下第不仅让自己丧气，连童仆也感到不光彩。唐代举子多有童仆，即使是在诗文中反复哭穷叹贫者也都有童仆跟随，如杜荀鹤下第后返乡，"回头不忍看羸僮，一路行人我最穷"，⑥ 下第不仅是主人疲惫，连僮仆也显得羸弱；孙樵有两个僮仆，其《骂僮志》道：

> 孙樵既黜于有司，忽恍乎若病醒之未醒，茫洋若痴人之瞑行。据床隐几，憔然不寐。二僮以樵尚甘于眠，偶语户间。且曰："……今主远来关东，居长安中，进无所归，居无所依。……学猎古今，不为众誉。文近于奇，不为人知。九试泽

---

① 《全唐诗》卷六六八，第7710页。
② 《送杨发东归》，《丁卯集笺证》卷十一，第321页。
③ 《秋江霁望》，《全唐诗》卷六〇三，第7030页。
④ 《省试日上崔侍郎四首》其二，《全唐诗》，卷五四五，第6356页。
⑤ 《冬日寄蔡先辈校书京》，《全唐诗》卷五〇九，第5828页。
⑥ 《长安道中有作》，《〈唐风集〉校注》卷二，《杜荀鹤及其〈唐风集〉研究》，第177页。

第四章 晚唐文人科场成败之际心态

宫,九黜有司。十年辇下,与穷为期。一岁之间,几日晨炊。饥不饱菜,寒无袭衣。此皆自掇,何怨于时。浪死无成,孰与归耕。"言始及是,樵闻起喜。二僮遽匿,呼谕不得。遂敲几而歌曰:"彼以其势,我专吾勤。彼以其力,我勤吾学。学之不修,骨肉如仇。学之苟修,四海何仇。"①

此篇以僮仆对话表达自己下第后之困窘之状:九举不第,僮仆不满,连至亲骨肉也会视如仇人。更让落第文人心中难受的是如何面对年迈父母的期盼。求禄荣亲和养亲的希望落空,使得大多数举子无颜回家。如章碣:"故乡朝夕有人还,欲作家书下笔难。"② 杜荀鹤:"落第愁生晓鼓初,地寒才薄欲何如?不辞更写公卿卷,却是难修骨肉书"。③ 为了防止把自己落第后的愁苦情绪带给家中亲人,落第士子如果返乡,多会强颜欢笑:"恐伤欢觐意,半路摘愁髭。"④ "莫将和氏泪,滴著老莱衣"。⑤

二是羁旅行役之苦和思乡念亲之痛。如刘沧:"共惜年华未立名,路岐终日轸羁情。青春半是往来尽,白发多因离别生。"⑥ 雍陶下第后滞留长安,心境悲苦:"日过千万家,一家非所依。不及行尘影,犹随马蹄归。"⑦ 许浑下第后自感有家难回,心情悲苦:"三献无功玉有瑕,更携书剑客天涯。孤帆夜别潇湘雨,广陌春期鄂杜花。灯照水萤千点灭,棹惊滩雁一行斜。关河迢递秋风急,望见乡山不到家。"⑧

---

① 《全唐文》卷七九五,第 8337 页。
② 《下第有怀》,《全唐诗》卷六百六十九,第 7652~7653 页。
③ 《下第投所知》,《〈唐风集〉校注》卷二,《杜荀鹤及其〈唐风集〉研究》,第 159 页。
④ 李洞:《下第送张霞归觐江南》,《全唐诗》卷七二一,第 8355 页。
⑤ 刘得仁:《送友人下第归觐》,《全唐诗》卷五四四,第 6345 页。
⑥ 《送友人下第归吴》,《全唐诗》卷五八六,第 6853 页。
⑦ 《长安客感》,《全唐诗》卷五一八,第 5959 页。
⑧ 《留别裴秀才》,《丁卯集笺证》卷六,第 165 页。

翻检全唐诗文，不难发现，晚唐落第士子的伤感失意篇什远多于初盛中唐。胡震亨道："晚唐人集，多是未第前诗，其中非自叙无援之苦，即訾他人成事之由。名场中钻营恶态，忮懻俗情，一一无不写尽。"① 言虽刻薄，但基本说中了晚唐落第文人心态。形成这一现象的原因不外有二：一是晚唐士子的出路更窄，科场竞争更激烈，数十年不第者比比皆是；二是科场日趋腐败和黑暗，普通文人仅凭才学已很难及第。所以晚唐落第士子哀伤自怜中包含着愤激，万千思绪中酝酿着怨恨。

二 期待公道，来年再战

痛定思痛之后，科场失意者都会面临新的选择：就此罢举还是来年再战文场？罢举者除了健康状况、年龄、家庭等客观因素外，多属失望到了极点才无奈地做出此种痛苦的抉择，这就意味着多年的追求终成泡影，所以对大多数举子来说并不愿意接受。来年再战文场的心理基础在于对科举公道的期待，这就引出了一个问题：晚唐科场到底有无公道可言？

不容讳言的是，晚唐科场腐败情形较多，升沉决于私第，毁誉难出公心；贿赂公行，以门第、朋党、关节等缘由谋取科第等，本文第一章中述及令狐滈科举风波就可见出这一点。宋人洪迈在《容斋四笔》卷五《韩文公荐士》中说：

> 唐世科举之柄，颛付之有司，仍不糊名。又有交朋之厚者为之助，谓之通榜，故其取人也畏于讥议，多公而审。亦有胁于权势，或挠于亲故，或累于子弟，皆常情所不能免者。若贤者临之则不然，未引试之前，其去取高先，固已定于胸中矣。②

---

① 《唐音癸签》卷二十六《谈丛二》，第 277 页。
② 《容斋随笔》，第 669～670 页。

第四章 晚唐文人科场成败之际心态

从语气来看，洪氏总体上仍是肯定唐代科举的"公道"的。所以我们认为，晚唐文人们所期望的"公道"在一定时期和范围内是存在的，[①] 原因在于：一是晚唐科场录取时并没有全部为权要请托所垄断，部分主司仍具有正直的良心和操守，一些寒素文人还能通过科场成名，如聂夷中、许棠及第时之主司高湜。当然，寒素文人并非完全不可能得到权要荐引，一些权要出于名声或其他因素有时也会提携寒士，如李德裕提携卢肇、杨汉公称赞项斯等。二是最高统治者在必要时会强力介入录取人选的确定，维持起码的科场公道，如昭宗"颇为寒畯开路"。[②] 三是时人和后人指斥的晚唐科场腐败，似乎受害者都是小姓或寒素文人，其实由于科场竞争的激烈，僧多粥少的现实，即使是士族权要子弟也并非都能一蹴而就。前文所述的李景让弟李景庄、王铎弟王镣就是如此。兹再举两例，《唐摭言》卷十五《没用处》："高涣者，锴之子也，久举不第。或谑之曰：'一百二十个蜣螂，推一个屎块不上。'盖高氏三榜，每榜四十人。薛昭俭，昭纬之兄也。咸通末数举不第，先达每接之，即问曰：'贤弟早晚应举？'昭俭知难而退。"[③] 基于此，失意文人多表达其对"公道"的期待并以此自勉。如曹邺："开目不见路，常如夜中行。最贱不自勉，中途与谁争？蓬为沙所危，还向沙上生。一年秋不熟，安得便废耕。颜子命未达，亦遇时人轻。"[④] 方干鼓励友人："文战偶未胜，无令移壮心。"[⑤] 李咸用亦道："明时公道还堪信，莫遣锥锋久在囊。"[⑥] 李频下第后自我激励道："永拟

[①] 吴在庆、刘心《唐代科场弊病略论——以中晚唐数次科场案为例》一文认为"唐代科场总的来说是较为公平合理的，但也存在某些弊病，尤以中晚唐为突出"，与本文观点相近。《厦门大学学报》2006 年第 4 期。
[②] 《唐摭言》卷七《好放孤寒》，第 1636 页。
[③] 《唐五代笔记小说大观》，第 1709 页。
[④] 《偶怀》，《曹邺诗注》，第 40~41 页。
[⑤] 《送喻坦之下第还江东》，《全唐诗》卷六四八，第 7493 页。
[⑥] 《赠陈望尧》，《全唐诗》卷六四六，第 7457 页。

东归把钓丝,将行忽起半心疑。青云道是不平地,还有平人上得时。"① 同时又以此意与友人共勉:"不信升平代,终遗草泽才",② 曹松亦自我打气道:"岂能穷到老,未信达无时。"③ 张乔自我安慰道:"每到花时恨道穷,一生光景半成空。只应抱璞非良玉,岂得年年不至公。"④ 杜荀鹤自述道:"近腊饶风雪,闲房冻坐时。书生教到此,天意转难知。吟苦猿三叫,形枯柏一枝。还应公道在,未忍与山期。"⑤ 韦庄贺人及第时,也为自己打气:"何事欲休休不得,来年公道似今年。"⑥

晚唐文人们对"公道"的理解往往从自己能否及第的角度出发,得意者大赞公道,失意者则认为公道无存,结果当然是众说纷纭,难见客观统一标准。如黄滔,在晚唐文人中,他对科场公道议论最多,得失之际,话锋偏向不一,前文已论及,兹再举其话语证之。在《颍川陈先生集序》中云:

> 唐设进士科垂三百年,有司之取士也,喻之明镜,喻之平衡,未尝不以至公为之主。而得丧之际,或失于明镜,或差于平衡。何哉?俾其负不羁之才,蕴出人之行,殁身名路,抱恨泉台者多矣。呜呼!岂天之竟否其至公也,抑人之自坎其命邪?颍川陈先生,实斯人之谓与。⑦

黄滔在此文中为其科场失意终生之姑丈陈黯鸣不平。"负不羁之才,蕴出人之行"的陈黯等举子终生难以登第,表明科场有失"公道"。但在其干谒求第时,却对科场"公道"赞不绝口,在

---

① 《自遣》,《全唐诗》卷五八七,第6870页。
② 《贻友人喻坦之》,《全唐诗》卷五八七,第6873页。
③ 《言怀》,《全唐诗》卷七一六,第8305页。
④ 《自消》,《全唐诗》卷六三九,第7378页。
⑤ 《长安冬日》,《〈唐风集〉校注》卷一,《杜荀鹤及其〈唐风集〉研究》,第42页。
⑥ 《癸丑年下第献新先辈》,《韦庄集笺注·浣花集》卷第八,第290页。
⑦ 《莆阳黄御史集》,第178~179页。

《段先辈启·第二启》中云：

> 且圣代近来，时风愈正。取舍先资于德行，较量次及于文章。无论于草泽山林，不计于簪裾绂冕。①

又《蒋先辈启》：

> 矧国朝之设科待士，较文取人。往岁主司，则断于独鉴。近时公道，则采自众称。由是重望朝贤，有名先达，得以主张斯道，梯级将来。②

这是黄滔写给先达文人的书启，目的是希望对方为自己延誉。由于对方正是凭借科场"公道"而及第，所以前启中暗赞对方是借德行、文才登第，而不是借"簪裾绂冕"，即门第和荫封而得进。无论对方及第实际情况如何，这些话对已第者都是最为中听的。再看黄滔写给权要的干谒文是如何看待"公道"的，《与裴侍郎启》：

> 伏惟侍郎中丞顷持文柄，大阐至公。垂为圣代之准绳，悬作贡闱之日月。某为后无私之两榜，遂乖必字于十年。伏蒙侍郎中丞曲赐悯伤，直加赏录。……今则已除主文，只祈阴德。延颈于沟隍之底，瞻恩于邱岳之隆。③

《杨侍郎启》：

> 伏以侍郎荣司文柄，宏阐至公。历选滞遗，精求文行。泉

---

① 《莆阳黄御史集》，第229页。
② 《莆阳黄御史集》，第213页。
③ 《莆阳黄御史集》，第238～239页。

下则大臣有感,揭起销沉。场中则寒族无羞,酌平先后。所以如某者,曾干衡镜,经定否臧。若不蒙指向后人,说为遗恨,则宰辅之为荐举,帝王之作知音,而主且不言,人谁肯信。由是须出侍郎金口,须自侍郎瑶函。①

此二启均是黄滔下第后上书主司之文,不仅没有抨击科场不公,还大赞"大阐至公"、"宏阐至公",这种违心言语,当然是此时此地硬着头皮也要说的,目的不外乎是为来年求第打基础。相比于罗隐、来鹏等一味斥责科场不公的文人,黄滔的求第心态的确要成熟老练得多。这当是其科场失意多次之教训的总结,磨去的是可贵的棱角,剩下的是世故和庸碌。

钱穆认为:"总观国史政制演进,约得三级:由封建而跻统一,一也。由宗室、外戚、军人所组之政府,渐变而为士人政府,二也。由士族门第再变而为科举竞选,三也。惟其如此,'考试'与'铨选',遂为维持中国历代政府纲纪之两大骨干。全国政事付之官吏,而官吏之选拔与任用,则一惟礼部之考试与吏部之铨选是问,此二者,皆有客观之法规,为公开的准绳,有皇帝所不能摇,宰相所不能动者。"②钱氏从历史发展的高度肯定了科举之积极作用,其中"皇帝所不能摇,宰相所不能动者"正是科举中"公道"之核心。真正的"公道"是彻底排除人事干扰,按照既定的考试规则进行,再完全凭才学录取。晚唐科场由于制度等方面的原因,根本不可能做到这一点;再加上其时文人们因为出路的狭窄而产生极为迫切的及第愿望,以至于将毕生的追求和幸福都寄托在科场成功之上,这是科举考试本身难以承受之重,也是包括唐王朝在内的任何一个封建王朝都难以满足的。这样,科场失意文人伤感、彷徨、再考……但限于时光,不可能周而复始地持续下去。多年的失

---

① 《莆阳黄御史集》,第239~240页。
② 《国史大纲》引论,第14~15页。

望在一点一滴地积聚,量变终有发展到质变的时候。在唐末暴风骤雨般的社会变革中,一些失意科场而心生怨恨的文人终于找到了他们的人生舞台,并在历史的长河中掀起了滔天巨浪。

第三节　科场失意文人之怨恨心态与人生选择

本节是对上一节的申论。从上文论述可知,晚唐科场失意文人伤感、彷徨之余,多会重新振作精神,再战文场。但并非每一个失意者都能找回自信,多次的失败打击使他们在另寻出路时,必然是满怀惆怅和不甘甚而是怨恨离开科场的。这些失意者的出路不外归隐、入道、浪游、入幕,也有少数凭借家族关系尚能混迹于朝堂之上,如苏楷之流。因不第生怨进而揭竿而起者亦并非黄巢一人。

不第而归隐故山,难免会为物质生活操心。如郑云叟,《旧五代史》卷九十三:"郑云叟……少好学,耿介不屈。唐昭宗朝,尝应进士举,不第,因欲携妻子隐于林薮。其妻非之,不肯行。云叟乃薄游诸郡,获数百缗以赡其家,辞诀而去。寻入少室山,著《拟峰诗》三十六章,以导其趣,人多传之。后妻以书达意,劝其还家,云叟未尝一览,悉投于火,其绝累如此。"[①] 可见郑云叟不第后欲隐,妻子"非之"的原因在于生计匮乏。他游丐得钱"赡其家",遂绝意尘事,做一个真正的隐士。

唐人出入道门并不复杂,许多落第文人归隐山林后如果不再打算求仕,往往以入道为精神寄托。如苏瞻,裴说《送进士苏瞻乱后出家》:"因乱事空王,孤心亦不伤。梵僧为骨肉,柏寺作家乡。眼闭千行泪,头梳一把霜。诗书不得力,谁与问苍苍。"[②] 再如侯彤,陆龟蒙《送侯道士还太白山序》言:"尝应举,作七言诗甚有态度。不见十年,自云:'载贡于有司,艺不中度,辄得黜。龃龉

---

① 《旧五代史》,第 1237 页。
② 《全唐诗》卷七二〇,第 8345 页。

不与世合,去人老子法中做道士,更名云多。'"① 不第而浪游四方不失为一种看似悠闲的人生选择,但能否持久,则要看其具备什么样的条件。如赵牧,《唐才子传》卷八:"牧,不知何处人。大中、咸通中累举进士不第。有俊才,负奇节,遂舍场屋,放浪人间。劾李长吉为歌诗,颇涉狂怪,耸动当时。蹙金结绣,而无痕迹装染。其余轻巧之词甚多。"② 这是言赵牧有才名播于世,且创作颇多,有一定的读者面,当可放浪世上,一般不会为衣食发愁。

归隐或浪游不过是失意文人在仕进问题上消极心态的常态反映,占据失意者心态的主流,其中当有不少值得研究的内容,但因为与本文论题关系不大,故此处不做深入探讨。我们要探讨和关注的是不甘心科场失败而心生怨恨的一群,他们在仕途进取中遭受重大挫折后选择与唐王朝分道扬镳,其所作所为,在唐末乱世中显得格外触目惊心,发人深省。

一 未第而混迹朝堂文人之怨恨心态

未第而能混迹朝堂为官者,此处拟论苏楷。之所以言其入仕为"混迹"者,主要在于其不学无术,举进士时为昭宗所斥后仍能以荫入仕,并非指其他未第而得官者。《北梦琐言》卷第十七《驳昭宗谥号》:

> 昭宗先谥圣穆景文孝皇帝,庙号昭宗。起居郎苏楷等驳议,请改为恭灵庄闵皇帝,庙号襄宗。苏楷者,礼部尚书苏循之子,乾宁二年应进士。楷人才寝陋,兼无德行,昭宗恶其滥进,率先黜落,由是怨望,专幸邦国之灾。……河朔人士,目苏楷为衣冠土枭。③

---

① 《莆里先生文集》卷之十六,第 232 页。
② 《唐才子传校笺》,第 471 页。
③ 《唐五代笔记小说大观》,第 1941~1942 页。

昭宗有意中兴，故对人才选拔特别重视。其斥苏楷事，详见于《覆试进士敕》：

> 朕……令每岁乡里贡士，考核求才，必在学贯典坟，词穷教化。然后升于贤良之籍，登诸俊造之科。如闻近年已来，兹道浸坏，鹢多披于隼翼，羊或服于虎皮，未闻一卷之师，已在迁乔之列，永言其弊，得不以惩？昨者崔凝所考定进士……其崔砺、苏楷、杜承昭、郑稼等四人，诗赋最下，不及格式，芜颣颇甚。曾无学业，敢窃科名，浼我至公，难从滥进。宜令所司落下，不令再举。①

此事亦见于《旧五代史》卷六十《苏循传》："初，循子楷，乾宁二年登进士第。中使有奏御者云：'今年进士二十余人，侥幸者半，物论以为不可。'昭宗命学士陆扆、冯渥重试于云韶殿，及格者一十四人。诏云：'苏楷、卢赓等四人，诗句最卑，芜累颇甚，曾无学业，敢窃科名，浼我至公，难从滥进，宜付所司落下，不得再赴举场。'楷以此惭恨，长幸国家之灾。昭宗遇弑，辉王嗣位，国命出于朱氏，楷始得为起居郎。"② 由此可见，苏楷学业低劣，臭名昭著，昭宗下诏不许再举进士，令其当众蒙羞，故滋生怨恨。昭宗被弑后，苏楷因攀附朱全忠，谋得起居郎之位，便图谋报复，改昭宗谥便见其对昭宗不臣且怨毒之心，其《驳昭宗谥号议》：

> 帝王御宇，由理乱以审污隆。宗祀配天，资谥号以定升降。故臣下君上，皆不得而私也。伏以陛下顺考古道，昭彰至公。既当不讳之朝，宁阻上言之路。伏以昭宗皇帝睿哲居尊，

---

① 《全唐文》卷九一，第954页。
② 《旧五代史》，第811页。此处所言四人与昭宗敕文不同，但均有苏楷。

恭俭垂化。其于善美，孰敢蔽亏。然而否运莫兴，至理犹郁。遂致四方多事，万乘频迁。始则阉竖猖狂，受幽辱于东内。终则嫔嫱悖乱，罹夭阏于中闱。其于易名，宜循考行。有司先定尊谥曰圣穆景文孝皇帝，庙号昭宗，敢言溢美，似异直书。按后汉和帝安帝顺帝，缘非功德，遂改宗称，以允臣下之请。今郊禋有日，祫祭惟时。将期允惬列圣之心，更下详议新庙之称。庶使叶先朝罪己之德，表圣主无私之明。①

此文所言冠冕堂皇，对昭宗先赞后贬，包括统治无方致四方多事、阉竖猖狂至辱于宫中、宫人作乱至死于非命三项，大多是欲加之辞。接着将昭宗与汉末三帝相提并论，更见其不臣之心，因为当时唐尚未亡，其已迫不及待地借此邀宠于朱氏。此事《资治通鉴》卷二百六十五"昭宣帝天祐二年"载："起居郎苏楷，礼部尚书循之子也，素无才行，乾宁中登进士第，昭宗覆试黜之，仍永不听入科场。甲午，楷帅同列上言：'谥号美恶，臣子不得而私，先帝谥号多溢美，乞更详议。'事下太常，丁酉，张廷范奏改谥恭灵庄愍孝皇帝，庙号襄宗，诏从之。"②

从上文可知，苏楷因为文辞卑劣才被昭宗斥落，故其所作驳文出自他人。《旧唐书》卷二十下《哀帝本纪》："全忠弑逆君上，柳璨陷害朝臣，乃与起居郎罗衮、起居舍人卢鼎连署驳议。楷目不知书，手仅能执笔，其文罗衮作也。时政出贼臣，哀帝不能制。"③罗、卢二人当出自保全富贵之心与苏楷一同为恶。

昭宗原谥为"圣穆景文孝"，被苏、张二人奏改为"恭灵庄愍孝"，庙号由"昭"改为"襄"，其间有何异同？且看唐人对谥号的看法。苏涤《宣宗谥议》：

---

① 《全唐文》卷八三九，第8833页。
② 《资治通鉴》，第8650页。
③ 《旧唐书》，第800~801页。

第四章　晚唐文人科场成败之际心态

谨按谥法：敬祀享礼曰圣，辟土斥境曰武，聪明睿知曰献，经天纬地曰文，慈惠爱亲曰孝。先皇帝肃祗禋祀，非礼不行，得不谓之圣乎？收复旧疆，诛锄梗鸷，得不谓之武乎？好文乐贤，兴善不倦，得不谓之献乎？虔奉天道，锐意典法，得不谓之文乎？五十而慕，问安不懈，得不谓之孝乎？谨上尊谥曰：圣武献文孝皇帝，庙号宣宗。谨议。①

苏涤大中时人，宣宗死后继位者懿宗为其亲子，故对宣宗谥号当为美谥，不可能有故意贬低情形。昭宗原谥"圣穆景文孝"，对照宣宗谥，"圣"、"文"、"孝"皆属美谥，"穆"、"景"二字又属何等呢？宋人郑樵《通志略》有对历代谥号美恶之解释，较为公允且流行。其中上谥为"用之君亲焉，用之君子焉"。该栏目中"景"、"穆"二字，亦属美谥。昭宗谥被苏、张去掉了"圣"、"穆"、"景""文"四美字，改为"恭灵庄愍孝"。在《通志略》上谥中有"恭"、"庄"二字，亦属美谥；中谥为"用之闵伤焉，用之无后者焉"，该栏目下有"愍"字；下谥为"用之奸夷焉，用之小人焉"，该栏目下有"灵"字。庙号由"昭"改为"襄"，虽在《通志略》中均属上谥，但"昭"字远排在"襄"字之前。② 这一切均可见出苏、张二人对昭宗的有意贬损。

平心而论，昭宗处乱离之世，用人失序，又受制于权阉和强藩，虽有心中兴，但无论是权谋和才能均十分有限，况唐王朝至昭宗时已呈不可逆转之衰亡态势，仅凭个人的努力均无法挽回。这样看来，苏楷新议谥号并不算得丑化，从实际上来看倒是更为公允。但问题是历代帝王被加恶谥者多为亡国之君，是改朝换代后新朝所加，如隋炀帝之"炀"字、明思宗之"思"字。但昭宗死后唐尚未亡，且谥号已定，再来更议明显属于恶意为之，正是苏楷对当年

---

① 《全唐文》卷七九〇，第8270页。
② （宋）郑樵：《通志略》，上海古籍出版社，1990年，第314~315页。

昭宗斥落自己的报复。再看与苏楷同议者、身为议谥职事长官的太常卿张弘范所论，其《昭宗谥号议》："昭宗初实彰于圣德，后渐减于休明。致季述幽辱于前，茂贞劫幸于后。虽数拘厄运，亦道失始终。违陵寝于西京，徙兆民于东洛。轫辇辂未逾于寒暑，行大事俄起于宫闱。谨闻执事坚固之谓恭，乱而不损之谓灵，武而不遂之谓庄，在国逢难之谓闵，因事有功之谓襄。今请改谥曰恭灵庄闵皇帝，庙号襄宗。"① 这段话同样是冠冕堂皇，与苏楷所论互为表里，目的均是加恶谥于被弑的昭宗身后。二人出自保全富贵的需要，在唐室尚存时就率先发难以求首功，为朱氏篡唐而鼓噪，确实为人所不齿。《旧五代史》卷六十《苏循苏楷传》："史臣曰：'唯苏循赞梁祖之强禅，苏楷驳昭宗之旧谥，士风臣节，岂若是乎！斯盖文苑之豺狼，儒林之荆棘也。'"②《全唐文》小传："楷，乾宁二年举进士，重试黜落。哀宗时依朱氏为起居郎，以旧憾上疏驳昭宗谥号。梁祖即位，勒归田里。後唐同光中为员外郎，天成中累历使幕。会执政欲纠其驳谥之失，以忧卒。"③ 其不顾节操只图富贵的目的并未完全得逞。

二 未第而入幕文人之怨恨心态

晚唐时，朝廷对未第者入幕一直持反对态度。早在会昌时，朝廷就曾下诏："诸道所奏幕府及州县官，近日多乡贡进士奏请，此事已曾厘革，不合因循。且无出身，何名入仕？自今以后，不得更许如此，仍永为定例。"④ 从此段诏书，我们可以读出两点：一是晚唐时未第文人入幕现象严重，屡禁不止；二是未第者即使为幕主所辟，朝廷也不会同意授其官衔，名义上仍不能算作入仕。或许因为这一点，使得未第而入幕者哪怕已在幕府中站稳脚跟且谋得一定

---

① 《全唐文》卷八三九，第8833页。
② 《旧五代史》，第812~813页。
③ 《全唐文》卷八三九，第8833页。
④ (宋)王溥：《唐会要》卷七十九《诸使下》"会昌五年敕"，第1714页。

第四章 晚唐文人科场成败之际心态

权位者都久久难以释怀。因为他们是真正不甘心科场失败的一群，却由于朝廷政策原因而不能入仕，这反过来自然更容易促使他们怨恨心态的生成。兹以李山甫、李振、张策为例。

李山甫，《唐才子传》载："山甫，咸通中累举进士不第。落魄有不羁才，须髯如戟，能为青白眼，生憎俗子，尚豪，虽箪食豆羹，自甘不厌。为诗托讽，不得志，每狂歌痛饮，拔剑斫地，少抒郁郁之气耳。"① 可见李山甫颇为自负，只是未能登第，故其诗伤感中夹杂着怨怼之气，如《寓怀》："劝君不用夸头角，梦里输赢总未真。"②《望思台》："君父昏蒙死不回，漫将平地筑高台。九层黄土是何物，销得向前怨恨来。"③《兵后寻边三首》："自怜长策无人问，羞戴儒冠傍塞垣。""胸中纵有销兵术，欲向何门说是非。"④ 诗中不仅自负才高，且颇有不甘入幕之意。其不第之怨恨心态终于在入幕魏博后找到了报复的机会，《北梦琐言》卷第十三《草贼号令公》云：

> 王中令铎落都统，除滑州节度使，寻罢镇。以河北安静，于杨全玫有旧，避地浮阳，与其都统幕客十来人从行，皆朝中士子。及过魏，乐彦祯礼之甚至。铎之行李甚侈，从客侍姬，有辇下升平之故态。彦祯有子曰从训，素无赖，爱其车马姬妾，以问其父之幕客李山甫。山甫以咸通中数举不第，尤私愤于中朝贵达，因劝从训图之。俟铎至甘陵，以轻骑数百，尽掠其橐装姬仆而还，铎与宾客皆遇害。及奏朝廷云："得贝州报，某日杀却一人，姓王，名令公。"其凶诞也如此。彦祯父子，寻为乱军所杀。得非琅琊公诉于上帝乎？⑤

---

① 《唐才子传校笺》（第三册），第485～486页。
② 《全唐诗》卷六四三，第7416页。
③ 《全唐诗》卷六四三，第7427页。
④ 《全唐诗》卷六四三，第7425页。
⑤ 《唐五代笔记小说大观》，第1915页。

这一事件正史中亦有相应记载，① 可见李山甫的怨恨乃至报复心态源于科举不第。事隔十余年后，李山甫仍怀恨在心，并通过借刀杀人的恶劣手段得逞。那么王铎其人及其知贡举时又是什么情形呢？从上文可以看出，王铎赴任时，衣马轻狂，奢华无比，这在乱世中尤为惹眼，遭人嫉妒。王铎出身世家，又仕至高位，故多用权要子弟而不计实际才干。《北梦琐言》卷第十四《儒将成败》载："谏议大夫郑宝曾献书以规，其旨云：'未知令公以何人为牙爪，何士参帷幄？当今大盗移国，群雄奋戈，幕下非旧族子弟、白面郎君雍容谈笑之秋也。'"② 可见当时就有人对王铎任人唯亲提出质疑。又如任用李系，"系无将略，微有口才，军政不理……系甲兵五万，皆为贼所杀，投尸于江……江陵竟陷于贼。天子不之责。罢相，守太子太师。"③ 李系因为是西平王晟之孙，王铎就不考察其实际才干而用为都统都押衙，兼湘南团练使，导致如此惨败，而王铎只是罢位而已。再看其知贡举事，"（咸通）五年，转礼部侍郎，典贡士两岁，时称得人。"④ 可见王铎知举时并无恶评，李山甫的报复纯出于个人恩怨。故胡震亨认为："乐帅子高鸡泊杀王铎一事，李山甫导之也。史言山甫数举进士被黜，怨中朝大臣，故有此举。考铎传，咸通典试；而小说山甫罢举亦在咸通中，山甫被黜即铎也，岂泛怨哉！举子主司至此涂地尽，而唐事益不可为矣！"⑤

李振，《新五代史》卷四十三《李振传》云：

> 振常举进士咸通、乾符中，连不中，尤愤唐公卿。及裴枢等七人赐死白马驿，振谓太祖曰："此辈尝自言清流，可投之

---

① 王铎被害事，分别见《旧唐书》卷一百六十四《王播传附王铎传》，第4285页；《新唐书》卷一百八十五《王铎传》，第5407页；《资治通鉴》卷二百五十六"僖宗中和四年"，第8317页。
② 《唐五代笔记小说大观》，第1921页。
③ 《旧唐书》卷一百六十四《王铎传》，第4283页。
④ 《旧唐书》卷一百六十四《王铎传》，第4282页。
⑤ 《唐音癸签》卷二十六《谈丛二》，第277~278页。

河，使为浊流也。"太祖笑而从之。①

这就是唐末著名的"白马之祸"，发生于唐哀帝天祐二年（906），可谓李振怨恨心态表现之极致。其原因主要在于科举失利而造成的一种怨恨报复之心，目标则是唐朝在位公卿，即以"清流"自居的裴枢等人。《资治通鉴》载：

> 初，柳璨及第，不四年为宰相，性倾巧轻佻。时天子左右皆朱全忠腹心，璨曲意事之。同列裴枢、崔远、独孤损皆朝廷宿望，意轻之，璨以为憾。和王傅张廷范，本优人，有宠于全忠，奏以为太常卿。枢曰："廷范勋臣，幸有方镇，何籍乐卿？恐非元帅之旨。"持之不下。全忠闻之，谓宾佐曰："吾常以裴十四器识真纯，不入浮薄之党，观此议论，本态露矣。"璨因此并远、损谮于全忠，故三人皆罢。……
>
> 柳璨恃朱全忠之势，恣为威福。会有星变，占者曰："君臣俱灾，宜诛杀以应之。"璨因疏其素所不快者于全忠曰："此曹皆聚徒横议，怨望腹非，宜以之塞灾异。"李振亦言于朱全忠曰："朝廷所以不理，良由衣冠浮薄之徒紊乱纲纪；且王欲图大事，此曹皆朝廷之难制者也，不若尽去之。"全忠以为然。……敕裴枢、独孤损、崔远、陆扆、王溥、赵崇、王赞等并所在赐自尽。
>
> 时全忠聚枢等及朝士贬官者三十余人于白马驿，一夕尽杀之，投尸于河。②

由上文可以看出，朱全忠是"白马之祸"的元凶，柳璨、李振是帮凶，他们认为这些人自矜名望，窃居高位，又好以出身析分人

---

① （宋）欧阳修：《新五代史》，中华书局，1974年，第470~471页。
② 《资治通鉴》卷二百六十五"昭宣帝天祐二年"，第8641~8643页。

等，这正是朱全忠等出身不显者深自嫉恨的。① 李振的挑拨使朱全忠觉得裴枢等人是自己将来篡唐的政敌而加以杀戮，这也是李振因举进士受挫而产生的怨恨心态作祟的结果。

"白马之祸"为朱全忠篡唐扫清了朝堂上潜在的反对势力，李振在其中起了重要作用，但其怨恨心态之爆发并不止这一次。此前尚有逐朝臣、弑昭宗等恶劣事迹。"昭宗迁洛，振往来京师，朝臣皆侧目，振视之若无人。有所小怒，必加谴谪。故振一至京师，朝廷必有贬降。时人目振为鸱枭。"② 鸱枭，恶鸟，闻声即令人厌恶，可见李振为人行事阴险狠毒之状。这应是其早年久处人下，一朝得志后怨恨心态大爆发的反映。又，《资治通鉴》卷二百六十五"昭宗天祐元年"载：

全忠方引兵西讨，以帝有英气，恐变生于中，欲立幼君，易谋禅代。乃遣判官李振至洛阳，与玄晖及左龙武统军朱友恭、右龙武统军氏叔琮等图之。

八月，壬寅，帝在椒殿，玄晖选龙武牙官史太等百人夜叩宫门，言军前有急奏，欲面见帝。夫人裴贞一开门见兵，曰："急奏何以兵为？"史太杀之。玄晖问："至尊安在？"昭仪李

---

① 关于柳璨其人，吕思勉认为其是"忠臣义士"。在《隋唐五代史》第十一章"唐室乱亡下"中，吕氏针对史书中言其谋杀衣冠事为柳璨辩白道："此说不独厚诬璨，并恐诬玄晖、廷范，特以玄晖、廷范为汴人，而璨与汴人相交结，遂亿度以为如此耳。璨名族，若谓骤进，则当时不次拔擢者甚多，裴枢等何事轻之哉。或曰：既如是，璨何以坐视此祸而不救。并不引退？此则势无可为，欲就大谋，固不得不忍人之所不能忍。然遂以此蒙谤于天下后世矣。此则其遇可哀，而其心亦愈苦矣，而可以成败论之哉？"又柳璨为朱全忠所杀时大呼"负国贼柳璨，死其宜矣。"吕思勉道："此盖自憾所谋之未成，忠臣义士无穷之心也，而史又以此语，定其爱书，犹为有目人乎？"这里，吕思勉力辩柳璨、蒋玄晖、张廷范等人确实谋兴唐室，故最后都被朱全忠残忍杀害。吕之辩解，颇有道理，发前人之所未发。吕思勉：《隋唐五代史》（上），上海古籍出版社，2005年，第452～455页。姜维公、高文辉《"白马之祸"考析》一文亦赞同吕说，《长春师范学院学报》1999年第3期。

② 《新五代史》，第470页。

第四章　晚唐文人科场成败之际心态

渐荣临轩呼曰："宁杀我曹，勿伤大家！"帝方醉，遽起，单衣绕柱走，史太追而弑之。渐荣以身蔽帝，太亦杀之。又欲杀何后，后求哀于玄晖，乃释之。①

此段记载令人读后触目惊心。李振作为唐之落第士子，谋划并参与弑君，其对唐政权怨毒乖戾心态无以复加。从弑君前后来看，他不仅做得从容，而且颇有心计。为塞天下人之口，他又建议朱全忠处死直接弑君的朱友恭等人，曰："昔晋司马氏杀魏君而诛成济，不然，何以塞天下之口？"②

张策，据《北梦琐言》卷第三《赵大夫号无字碑　张策附》：

> 梁相张策尝为僧，返俗应举，亚台鄙之。或曰："刘轲、蔡京，得非僧乎？"亚台曰："刘、蔡辈虽作僧，未为人知，翻然贡艺，有何不可？张策衣冠子弟，无故出家，不能参禅访道，抗迹尘外。乃于御帘前进诗，希望恩泽，如此行止，岂掩人口。某十度知举，十度斥之。"清河公乃东依梁主而求际会，盖为天水拒弃，竟为梁相也。③

这段话表明张策参加科考时为主司赵崇所拒，所拒理由竟然不是才学问题，而是其曾出家为僧的经历，这样的理由无论在当时还是后世均难以服众，可见赵崇自视清流之高傲心态。张策科场失意后入朱全忠幕，其间乘机构陷赵崇，《唐摭言》卷十一《反初不第》："策后为梁太祖从事。天祐中，在翰林，太祖颇倚之，为谋府。策极力媒孽，崇竟罹冤酷。"④

对于李山甫、李振、张策这种因落第而生的强烈怨恨心态，我

---

① 《资治通鉴》，第 8635~8636 页。
② 《新五代史》，第 470 页。
③ 《唐五代笔记小说大观》，第 1824~1825 页。
④ 《唐五代笔记小说大观》，第 1672 页。

们可称其为"怨毒"心态。王夫之言:"唐之重进士也,贵于宰辅。李巨川、李振之流,皆以不第而生其怨毒。"① 可见李振等人之怨毒心态,王夫之亦不以为然。我们说,怨毒起自怨恨,但它是怨恨的极端表现,是以实施实际报复行动为最终目的的恶劣心理态势。这一心态在唐末士子中虽非普遍现象,但其发作的后果对唐末官场乃至整个社会都不亚于一场场政治"地震",带给人们心灵的冲击也是极其强烈的。

三 未第而揭竿而起文人之怨恨心态

如果说苏楷这样未第而混迹朝堂者和李山甫、李振等未第而入幕者的怨恨心态有较为具体的报复对象,那么黄巢等未第者之怨恨心态则是将整个唐王朝作为打击对象,掀起了历史变革的滔天巨浪。

黄巢作为唐末起义军的领袖,似不应再作为文人来论述,但他确实是一个落第的文人。其名诗《不第后赋菊》:"待到秋来九月八,我花开后百花杀。冲天香阵透长安,满城尽带黄金甲。"② 诗中以菊花与众花开放之异时特色,表达自己横扫乾坤一统天下的豪情壮志,这恰恰是其不第后怨毒心态的反映。《题菊花》:"飒飒西风满院栽,蕊寒香冷蝶难来。他年我若为青帝,报与桃花一处开。"③ 借菊花清冷孤高的形象表达自己不甘人下的远大志向。但黄巢与普通文人大不一样之处在于其不第后之心态的巨大转变,他不再对及第抱有信心,而是走上一条"另类"的道路,《旧唐书》卷二百下《黄巢传》载:"黄巢,曹州冤句人,本以贩盐为事。乾符中,仍岁凶荒,人饥为盗,河南尤甚。……先是,君长弟让以兄奉使见诛,率部众入嵖岈山。黄巢、黄揆昆仲八人,率盗数千依

---

① (清)王夫之:《读通鉴论》卷二十八,中华书局,1975,第2325页。
② 《全唐诗》卷七三三,第8466页。
③ 《全唐诗》卷七三三,第8466页。

让。"① 可见黄巢为文武双全之人，只是因为材料缺乏，难以弄清其具体之求第情由。但从其起义后对儒生和科举之态度来看，他仍念念不忘其未第之事，《新唐书》卷二百二十五下《黄巢传》："初，军中谣曰：'逢儒则肉，师必覆。'巢入闽，俘民绐称儒者，皆释，时六年三月也。儴路围福州，观察使韦岫战不胜，弃城遁，贼入之，焚室庐，杀人如蓺。过崇文馆校书郎黄璞家，令曰：'此儒者，灭炬弗焚。'"② 黄巢起义初期，对儒生尚有惺惺相惜之义，故制造谣言以约束部下善待儒生。基于此种心态，他将起义的主张宣告天下时，其一主要目的就是激起大量落第文人对唐政权的怨恨之心："露表告将入关，因诋宦竖柄朝，垢蠹纪纲，指诸臣与中人赂遗交构状，铨贡失才，禁剌史殖财产，县令犯赃者族，皆当时极敝。"③ 这一文告所指斥的问题，都直击唐廷要害，特别是"铨贡失才"，说出了广大失意文人痛苦压抑的心声。《旧唐书》卷二百下《黄巢传》亦道："时天下承平日久，人不知兵。僖宗以幼主临朝，号令出于臣下。南衙北司，迭相矛盾，以至九流浊乱，时多朋党，小人才胜，君子道消，贤豪忌愤，退之草泽。既一朝有变，天下离心。巢之起也，人士从而附之。或巢驰檄四方，章奏论列，皆指目朝政之弊，盖士不逞者之辞也。"④ 从黄巢发布的文告中，可以推测出黄巢军中当还有落第失意文人，只限于资料不全，我们难以找到这部分文人的姓名。但在其他反叛唐王朝的武装力量中，我们可以看到落第文人的身影。如张荣，加入蜀地叛将阡能军中，为孔目官，"本安仁进士，屡举不中第，归于阡能，为之谋主，为草

---

① 《旧唐书》，第 5392 页。
② 《新唐书》，第 6454 页。至于黄璞为何得以免祸，明人陆容在《菽园杂记》卷六中有一段颇有意味的话，录之参看："唐季黄巢之乱，兵锋所过，多被杀伤。然巢性独厚于同姓，如黄姓之家，及黄州、黄冈、黄梅等处，皆以黄字得免。"中华书局，1985 年，第 68 页。
③ 《新唐书》卷二百二十五下，第 6454 页。
④ 《旧唐书》，第 5392 页。

书檄,阡能败,以诗启求哀于仁厚,仁厚送府,钉于马市。"①

上文论述了未第者选择混迹朝堂、入幕、揭竿而起这三种人生道路,从中我们看到了这些失意科场者的怨恨心态及其报复的手段。但失意科场者并非都会产生怨恨心态,因科场失意而产生的怨恨心态也并非都会以报复他人和社会才得以化解。如罗隐,"恃才忽睨,众颇憎忌。自以当得大用,而一第落落,传食诸侯,因人成事,深怨唐室。"②但罗隐后依钱镠,尚能持身中正,未改儒生本来面目。

怨毒心态既是时代高压下扭曲的人性分裂的表现,也是个人选择的最终结果。对于不学无术之苏楷之流来说,其因不第而怨毒昭宗,纯出于其个人品行低劣,无关其他,此处不作多论。对于不第而入幕和揭竿而起的文人来说,其怨恨心态产生的背景和原因倒是值得特别关注。

从历史上看,由于乱世中生存资料的相对匮乏,人们所能获取的自由发展空间要远小于治平之世。盛中唐隐逸文人的精神是闲散而疏旷的,并没有多少必须出仕的压力。晚唐时,科举取士人数每年与盛中唐相差无几,但竞争的激烈程度要比此前高得多,同时落第士子的挫折感也比此前强烈得多。从广义上来看,这是由于乱世中社会各方面对文人生存空间蚕食的结果。由于战乱频仍,征役赋税繁重,社会经济遭到严重破坏,若无一定的生活来源,选择隐居几乎等同于选择饥寒。隐居岁月并不等同于悠游林泉般的恬淡闲适;相反,更多的是贫病交加般的难堪境地。与尴尬的隐居生活相比,唐末文人更多地愿意选择入仕。入仕既可解决生计问题,还有可能实现个人价值。但入仕的道路随着唐末政治、经济环境的恶化而变得极其艰难,科举及第之途主要被世家大族子弟所填塞。至于科举为寒素开路的表象在唐末不过是一句呓语。毛汉光先生说:

---

① 《资治通鉴》卷二百五十五"僖宗中和二年十一月"条,第8282页。
② 《唐才子传校笺》(第四册),第123页。

第四章 晚唐文人科场成败之际心态

"一般想象科举为寒素开路，这需要政治社会上其他条件配合，单纯制度改变并不能立见功效。"他通过数据统计，说明"晚唐时期的政潮，实际上是士族之间的争执，而不是武后以降新兴进士或中晚唐新进寒素进士与旧门第之间互不相容。自中唐以降，由于圈内竞争的压力加剧，争取多项有利因素以求仕进，大士族子孙也缘引科举以达其保持地位。"[①] 这段话说明了唐末中下层文人科举竞争压力增大的根本原因在于世家大族子弟的强力挤入圈内。尽管偶有王铎、王凝、高湜等较为正直的官员主持科考，但强大的世族权贵的势力无处不在。如《唐语林校证》卷三《赏誉》载："牛、孔数家凭势力，每岁主司为其所制。"[②] 王铎主试期间黜落李山甫，应有多重因素，如李的身份、文名、考试成绩等，但李山甫将所有的怨恨发泄到主考官王铎一身，实在是有唐三百年间落第士子针对主考官极为罕见的惨烈报复。与之相比，李振的报复范围显得更广泛一些，上至弑君，下至朝臣，但同样令人恐怖。从被害者一方来看，无论他们在当时的历史条件下罪由如何，但绝不应该遭到如此残虐的杀害。怨毒心态导致的人性裂变到了令人发指的地步，夫复何言！

既然隐居难以忍受，造反生命堪忧，对于有机遇又有一定能力的文人来说，入幕应是一个不错的选择。《北梦琐言》卷第十四《外藩从事于东》："河东节度副使李习吉（'习'，《五代史》作'袭'），尝应举不第，为李都河中从事。都失守，习吉自昭义游太原，辟为从事。"又，同书卷第十五《韩建卖李巨川》："李巨川有笔述，历举不第。"[③] 唐代文人入幕自安史乱后大盛，幕府也成了文人入朝升迁之津梁，入朝为官始终是他们的人生理想。[④] 欧阳修

---

① 《中国中古社会史论》第九篇"唐代大士族的进士第"，第364页。
② 《唐语林校证》，第285页。
③ 分别见《唐五代笔记小说大观》，第1922、1927页。
④ 戴伟华《唐代使府与文学研究》一书中认为文人入幕主要是为了升迁入朝，"朝廷非闲地，幕府为文人入朝升迁之津梁"。

在《唐武侯碑阴记》一文中指出:"唐诸方镇以辟士相高,故当时布衣韦带之士,或行著乡间,或名闻场屋者,莫不为方镇所取,至登朝廷位将相为时伟人者,亦皆出诸侯之幕。"① 但唐末的政治现实使得他们已不太可能按正常的途径攀列卿相,而且入朝为官的吸引力也比此前大大降低。文人们大量进入方镇,使得唐中央政权人才匮乏,朝廷更加虚弱,反过来又助长了藩镇们的不臣之心。《新唐书》卷一百八十三《毕諴等传赞》:"懿、僖以来,王道日失厥序,腐尹塞朝,贤人遁逃,四方豪英,各附所合而奋。天子块然,所与者,惟佞愎庸奴,乃欲郛横流、支已颠,宁不殆哉!"② 这些文人进入藩镇幕府后,看惯了杀戮,冰冷了心肠,钩心斗角生涯中养成的残忍稀释了儒家本有的悲天悯人的情怀。他们不再甘心长期沉沦幕府终老一生,政治野心随着藩镇府主们的不臣之心一同膨胀。如敬翔,《新五代史》卷二十一《敬翔传》道:"梁之篡弑,翔之谋为多。"③ 此类幕府文人大多担当着割据军阀的"军师"角色,策划着一波波逐鹿天下的战争狂潮。他们将个人对唐王朝乃至对整个社会的怨毒之心凭借权位大肆扩散开来,制造一起起人间惨剧,但他们自身大多也成了这些惨剧的殉葬品。梁亡时,李振降后唐,被诛;敬翔自缢。李存勖《入汴州诛乱臣诏》言:

敬翔、李振,首佐朱温,共倾唐祚,屠害宗属,杀戮朝臣,既寰宇以皆知,在人神而共怒。敬翔虽闻自尽,未豁幽冤,宜与李振并族于市。④

黄巢举进士不第后,既没有选择归隐,也没有选择入幕,而是将其怨毒之心付诸行动。在起义军占领长安后,"内库烧为锦绣

---

① 《集古录跋尾》卷八,《欧阳修全集》,中国书店,1986年,第1191页。
② 《新唐书》,第5390页。
③ 《新五代史》,第208页。
④ 《全唐文》卷一〇三,第1056页。

第四章　晚唐文人科场成败之际心态

灰，天街踏尽公卿骨。"① 值得注意的是，他在战争中数次请求归顺朝廷，这或许有战略战术上的考虑，但仍反映其早年读书入仕的梦想依然残存心中。上文所引的他在文告中指责科举取士不公，这应是包括黄巢本人在内的起义队伍中所有文人们共同的心声。他们对唐王朝的怨毒心态体现在他们的个人选择上，而他们的人生选择注定了他们的悲剧性命运。对于黄巢起义，本文无意否认其对腐朽的唐王朝打击的进步意义，但社会的进步如果全都以这种牺牲万千生命的方式而获得，其进步的价值是需要深刻反思的。鉴于此，宋朝统治者吸取唐末教训，对久举不第文人给予"特奏名"录用的优惠政策，在当时是有一定的历史进步意义的。宋人王栐总结说：

> 唐末，进士不第，如王仙芝辈唱乱，而敬翔、李振之徒，皆进士之不得志者也。盖四海九州之广，而岁上第者仅一二十人，苟非才学超出伦辈，必自绝意于功名之途，无复顾藉。故圣朝广开科举之门，俾人人皆有觊觎之心，不忍自弃于盗贼奸宄。……况进士入官十倍旧数，多至二十倍。而特奏之多，自亦如是。英雄豪杰皆汩没消靡其中而不自觉，故乱不起于中国，而起于夷狄，岂非得御天下之要术与。苏子云："纵百万虎狼于山林而饥渴之，不知其将噬人。"艺祖皇帝深知此理者也，岂汉、唐所可仰望哉。②

综上所述，可以得出：一、怨毒心态并非仅见于唐末这样动乱的时代，但动荡不安的末世确实给怨毒心态提供了更多的付诸实际报复行动的机会，特别是如李振等谋得权位且又充满怨毒之心者尤为恐怖。二、怨毒心态的产生与唐末科举考试密切相关。它不仅是科考不公造成的悲剧，更是腐朽的封建统治者制造的悲剧。三、制

---

① 韦庄：《秦妇吟》，《韦庄集笺注·浣花集补遗》，第317页。
② （宋）王栐：《燕翼诒谋录》卷一，中华书局，1981年，第1~2页。

度并不必然制造怨毒心态，因此怨毒心理更确切地说是唐末部分士子在各方面压力下人性裂变的产物，它决定着这部分士子的人生选择——辅助王霸，运筹帷幄，在改朝换代中实现个人政治理想。这一选择充满着恢宏远大的诱惑力，尽管其大多数时候是一条不归之路。

小结

其一，科场成败决定着文人的人生命运。成名者一旦及第，行动上和创作中都会表现出欣喜若狂、踌躇满志并期以大用的心态，但不久后大多及第者仍需面对释褐不易的窘境，旧愁刚去，新愁复添。

其二，科场失意者一开始多会哀伤自怜，思绪万千，诗文中的悲泣令人痛心。接下来便是寻找原因，除个人主观因素外，对科场不公的指责便成了寻求心理平衡的最佳方式。但晚唐科场并非暗无天日，文人如黄滔等人所谓的公道与否常常是从自己登第与否的角度出发进行评说，这样并不客观。实际上，统治者出于维护起码的统治秩序考虑，一般会保证科场在一定程度上的相对公正性。

其三，一定程度上的科场公正并不能满足大量落第士子的人生愿望。失意者除了消极的隐逸、出家、浪游外，有时会采取一定的行动发泄内心的怨恨。混迹朝堂如苏楷者，借议谥号发泄其对昭宗的怨恨；李山甫、李振、张策等不第后入幕者，利用其影响强藩的能力对曾妨碍自己求第的权要进行惨烈的报复，怨毒之心无以复加；黄巢等不第文人更是走上揭竿而起的道路，与唐王朝势不两立，终于彻底动摇了唐王朝统治的基础。失意者的怨恨心态和人生选择竟然关系社会历史的走向，治文史者亦当关注文人仕进心态方面相关问题的研究。

第五章
晚唐文官仕进心态

　　文人通过各种入仕途径进入官场后,就算是正式进入了文官的行列。为入仕而奔走干谒的艰辛虽然结束,但仕途风雨一样会考验他们的仕进之心。与入仕前不同的是,入仕后能否得以升迁,关键在于个人的努力和机遇,入仕前显得较为重要的地域、阶层诸因素反倒会退居其次。赖瑞和亦认为:"进士(甚至还加上制科)并非官运亨通的保证。个人的才华、努力和际遇,恐怕才是比较重要的决定因素。"① 晚唐时,居高位者既有世家旧族人物,亦有杨收、刘瞻等小姓和寒门出身却能位极人臣者。这就为来自不同地域、阶层的文官们如何对待自身前程提供了一个重要的仕进目标和价值参考,由此也就产生了各种仕进心态。

　　唐代官制将流内官员分为九品,三品以上只分正从二等,四品及以下在分为正、从二等基础上,每等再分上、下二阶。其中五品是文官阶层区分之一重要界点,进入五品意味着各种政治(如门荫、选调、荐举、朝会、服饰、封爵、减刑、丧葬)和经济(如俸禄、受田数量、赏赐)上的特权。如归冕《谢兄除官表》:"伏奉某月日恩制,授臣兄前湖南观察判官、侍御史、内供奉赐绯鱼袋

---

① 《唐代中层文官》,第 287 页。

国子监博士。……圣代推恩,遂及兄弟,位登五品,光贲一门。"①三品则意味着进入了亲贵官员阶层,出将入相多籍于此中,故对于大多数文官来说,朋党斗争、巴结权阉和侍奉帝王是获取亲贵身份的手段,此时之仕进与文学之关系渐行渐远。所以本章主要以中下层文官之仕进心态作为研究对象,高层文官之仕进心态若与文学创作有关联处则会论及之。另外,本文虽以官品论官员职位高低,但绝不拘泥于此,因为唐代官制中官员实际职位的高低好坏是不能仅以官品来判定的。赖瑞和道:"一般而言,唐代文学研究者常以官品来衡量唐官,也常有贬低八、九品文官的倾向。但唐代官职的轻重,绝不能单看官品,这已是唐史常识。"②

第一节 锐意仕途,以图升迁

进入仕途后,文人们多会积极求进,以图升迁。一般来说,文官求进有三种情形,一是直言进谏,二是尽职尽责,三是攀附权阉。在晚唐政治环境比较恶劣的情况下,直言进谏者往往要承担很大风险,但锐意仕途之心明显。尽职尽责者不愿尸位素餐,以实际成绩赢得升迁的机会。晚唐权阉当道,攀附者同样也会得以升迁,但多为人所不屑为。当然还有其他情形,如巴结帝王权臣,但这些行为并不惹眼,除非个别极端事例外,③ 一般较少为人关注和非议。

一 勇于任事,敢于直言

晚唐政治环境较为险恶,文官贪图禄位、明哲保身者多,勇于

---

① 《全唐文》卷九四六,第9823页。
② 《唐代中层文官》,第118页。
③ 如孟弘微,《北梦琐言》卷第九载:"唐孟弘微郎中,诞忘不拘。宣宗朝,因次对,曰:'陛下何以不知有臣,不以文字召用?'上怒曰:'卿何人斯,朕耳全不知有卿?'翌日,上谓宰臣曰:'此人躁妄,欲求翰林学士,大容易哉!'"于是宰臣归中书贬其官,示小惩也。《唐五代笔记小说大观》,第1879页。

180

第五章 晚唐文官仕进心态

任事、敢于直言者少，但仍有杜牧、张云、曹邺、侯昌业、孟昭图等少数文官于公于私均敢于直言，表现出积极进取的仕进之心。

杜牧曾于会昌年间出守黄州、池州、睦州刺史，身处远郡的他并不就此甘心，而是积极上书宰相李德裕，在用兵、治盗方面多有建言，李德裕也有所采纳，对李德裕取得的政治成绩当有参与之功。但杜牧在李德裕取得政治业绩后并没有得到李之政治酬赏，故心态发生变化，全面倒向牛党，并对李诬以不实之词。这种心态是在牛李党争的背景下生成的，这里暂不作详论（详见本书第六章相关论述）。晚唐令狐滈无解取第和干扰权柄，曾引起众多非议，且看刘蜕、张云等文官在此事中所表现出来的仕进心态。刘蜕有《论令狐滈不宜为左拾遗疏》，在对令狐滈进行一番抨击后，直言自己心态："臣与滈家本无嫌雠，于陛下则是职司。谋其身则身轻，举其职则职重。不然，臣何故结冤权豪之族，轻践危亡之机。白日所临，赤诚可见。况物如脂腻，近则污人。官若薰莸，固难同器；誓以愚见，义不比肩。干冒圣聪，乞回成命。"[①] 表达自己甘冒得罪权臣的风险而忠于职守之心，其锐意仕途之心明白可见。张云《复论令狐滈疏》：

> 臣一昨以令狐滈负议圣朝，脱身疏网，因缘僭禄，抗奏上论。伏自疏奏以来，二十余日，未奉明诏，异议喧然。臣孤立自持，当此大位忽异，恐事生不测，先及臣身。则一去帝城，千里吞恨，将来拜疏，何略闻知。……所以先帝不加责于微臣，以言之无罪。不然，令狐滈外倚家门之权，内连郑颢之宠，臣寻粉碎于先朝矣，今日岂得全生，更为陛下明言乎？……臣若悉书滈过，方罄南山之竹，恐未尽也。臣家惟有童稚，更无兄弟。自伤侧足单居，但思引领获罪。令狐绹身荣上相，位冠通侯，十年桃李之阴，两叶公台之贵，煦能生物，

[①] 《全唐文》卷七九五，第 8252 页。

181

怒可移山。臣子岂无常人之情，有何苦切，频将单脆微蔑之身，与强家立怨立敌，自取倾危也。……独臣将经是事，岂得逡巡！止可碎身权豪之门，不可负陛下设官分职，况绹有秕政，亦何阻直言。以其前章，犹未明切。闻滈党欲谋害臣，恐不及继言，便至贬降。臣又思令狐绹负先帝之事，陛下不知，误我圣明。由臣悃怛，今再得指陈滈事，启达聪明。臣于妻子官业，已无爱惜矣。用舍之宜，一俟圣裁。①

此前，张云已写有《论令狐滈不宜为左拾遗疏》，认为令狐滈为拾遗，"捧近日月，飞翔九天"，是"恶人得位，善人必疑"。② 此文接着针对令狐滈另一不法之事而起，即其无解取第事，张云其时为起居郎。起居郎为从六品上，职责为记录皇帝日常言行，上疏论谏朝政并非其本职，那么张云写作此文用意如何呢？从文中可以看出，张云写作此文时正当宣宗刚死而懿宗新立，令狐绹罢相出任淮南节度使时。张云前已有疏劾令狐滈，但久不见下文，担忧一旦被贬出京，则连上疏辩解的机会都没有，故破釜沉舟，对令狐滈之事穷追猛打。文中言及担心遭到报复，但又言先帝宣宗都未因言罪人，这就很巧妙地为自己上疏讽谏作了开脱。接着又将自己之孤特无援和令狐绹之权倾朝野作对比，表明自己并非不知此点而拿身家性命开玩笑，而是为了揭发令狐绹对懿宗不忠之心，故冒死上奏，并早已将妻子官位置之度外。这篇奏疏看起来并未直接显出张云通过直言以图升迁之心，但细加分析，其实不然，表现在：一、此文写于令狐绹于宣宗死后罢相出京之时，也是其失势之际。尽管令狐滈拔取文解有不合程序处，但此文上疏时机颇耐人寻味。二、张云敢于上疏揭发权相令狐绹，关键在于其掌握了令狐绹的"罪证"，即宣宗晚期立太子时令狐绹态度暧昧，未明确支持当时还是皇长子

---

① 《全唐文》卷八〇六，第 8447 页。
② 《全唐文》卷八〇六，第 8476 页。

第五章 晚唐文官仕进心态

的懿宗,这在懿宗登基后可谓不忠。但此事同样难以说清,事态发展证明令狐绹为此事的辩解苍白无力,其子令狐滈终身未达说明张云此疏之分量。三、张云以此暧昧之事对令狐绹父子大加挞伐,难掩其当此新帝初立之际效忠新主以图升迁之心,这才是其上疏之真正目的。当然,其矛头所指的是横行宣宗一朝之令狐绹父子,颇具正义性,故不论出自什么目的,其敢于直言的做法仍值得肯定。可能是张云的目的为懿宗朝君臣所熟知,故贬其出京,后为成都少尹时因轻言被人所害。①

曹邺为官后忠于职守,表现出积极的进取之心。他进士及第后应辟为天平节度推官,曾奉命去齐州访查,《奉命齐州推事毕寄本府尚书》云:

> 州民言刺史,蠹物甚于蝗。受命大执法,草草是行装。……国中天子令,头上白日光。曲木用处多,不如直为梁。……社鼠不可灌,城狐不易防。偶于擒纵间,尽得见否臧。截断奸吏舌,擘开冤人肠。②

此诗叙述其秉公推事并向上司汇报实情,表达其对贪蠹之徒的痛恨和为民做主的决心。白敏中和高璩位极人臣,但多行不法之事,死后,曹邺在太常博士任,拟谥时丝毫不留情面。《新唐书》卷一百一十九《白居易传附白敏中传》:"博士曹邺责其病不坚退,且逐谏臣,举怙威肆行,谥曰丑。"③ 同书卷一七七《高璩传》:"太常博士曹邺建言:'璩,宰相,交游丑杂,取多蹊径。'谥法'不思妄爱曰刺',请谥为刺。从之。"④ 曹邺后来以祠部郎中出守洋州,

---

① 张云被杀事,见《北梦琐言》卷第三《吴行鲁温庭筠》:"张云起居为成都少尹,常出轻言,为行鲁酖杀之。"《唐五代笔记小说大观》,第1822页。
② 《曹邺诗注》,第10~11页。
③ 《新唐书》,第4307页。
④ 《新唐书》,第5286页。

可见其为太常博士时积极进取之心的成效。

唐代宦官为祸之剧为历朝之最,晚唐时尤为严重,不少文官都面临着艰难选择,即如何与宦官相处的难题。从相关文史材料来看,文官们与宦官相处有三种情形:一是势不两立,二是敬而远之,三是沆瀣一气,其中以敬而远之者为多,但也不乏敢于直言者,如中唐时大和二年因在对策中直斥宦官而名扬天下的刘蕡。晚唐敢于向宦官发难之文官,以侯昌业、孟昭图最为突出。《北梦琐言》卷第六《侯昌业表》:

唐自广明后,阉人擅权,置南北废置使。军容田令孜有回天之力,中外侧目。而王仙芝、黄巢剽掠江、淮,朝廷忧之。左拾遗侯昌业上疏,极言时病,留中不出,命于仗内戮之。①

此事《资治通鉴》载之更详:"左拾遗侯昌业以盗贼满关东,而上不亲政事,专务游戏,赏赐无度,田令孜专权无上,天文变异,社稷将危,上疏极谏。上大怒,召昌业至内侍省,赐死。"② 再看孟昭图事,《新唐书》卷二百八《宦者传下》:

帝闻变,与令孜保东城自守,群臣不得见。左拾遗孟昭图请对,不召,因上疏极陈:"君与臣一体相成,安则同宁,危则共难。……且天下者,高祖、太宗之天下,非北司之天下;陛下固九州天子,非北司之天子。北司岂悉忠于南司?廷臣岂无用于敕使?文宗时,宫中灾,左右巡使不到,皆被显责,安有天子播越,而宰相无所豫,群司百官弃若路人?已事诚不足谏,而来者冀可追也。"疏入,令孜匿不奏,矫诏贬昭图嘉州司户参军,使人沉于蟆颐津。初,昭图知正言必见害,谓家隶

---

① 《唐五代笔记小说大观》,第 1853 页。
② 《资治通鉴》卷二百五十三"广明元年"条,第 8220 页。

曰:"大盗未殄,宦竖离间君臣,吾以谏为官,不可坐观覆亡,疏入必死,而能收吾骸乎?"隶许诺,卒葬其尸。朝廷痛之。①

由上述可见,二人身为谏官,勇于任事,敢于直言。他们的谏言中针对的都是唐代积重难返的宦官专权问题。二人置生死于不顾,针对这一问题发难,无异与虎谋皮,但足见二人以国家为重,以个人仕途前程乃至身家性命为轻的凛然正气。他们身当谏职,并没有逃避责任,混迹官场,而是锐意仕途,以图万一之成功。这一仕进心态是晚唐文官群体中最为宝贵并值得推崇的。

二 尽职尽责,升迁有望

忠于职守,脚踏实地地做好本职工作,在晚唐较为浮躁的官场环境中亦属难能可贵。郑谷入仕后,虽无显著政绩,但安分守己,得到上司赏识后顺利升迁。据傅义《郑谷年谱》,②郑谷四十岁进士登第,四十五岁(景福元年,892年)才释褐为鄠县尉,但一年后就转为右拾遗,《入阁》诗言其欣喜心情:"小臣叨备位,歌咏泰阶前。"③两年后升右补阙,《顺动后蓝田偶作》:"小谏升中谏,三年待玉除",④表达喜悦之情。这几年郑谷忠于职守,工作环境和谐,与同僚、上司搞好关系,未卷入任何是非,故于五十岁时(乾宁四年,897年)得到宰相崔胤器重,超擢为都官郎中,由从七品的右补阙骤升为从五品的刑部都官郎中。《转正郎后寄献集贤相公》表达感激之情:"自贺孤危终际会,别将流涕感阶缘。"⑤又有诗叙及自己荣任此官的心情,"故许昌薛尚书能尝为都官郎中,后数岁,故

---

① 《新唐书》,第5886页。
② 《郑谷诗集编年校注》附,第253~285页。
③ 《郑谷诗集编年校注》,第167页。
④ 《郑谷诗集编年校注》,第150页。
⑤ 《郑谷诗集编年校注》,第160页。

建州李员外频自宪府内弹拜都官员外，八座外郎皆一时骚雅宗师，则都官之曹振盛于此。余早年请益，实受深知。今忝此官，复是正秩，岂惟俯慰孤宦，何以仰继前贤？荣惕在衷，遂赋自贺"。

> 都官虽未是名郎，践历曾闻薛许昌。复有李公陪雅躅，岂宜郑子忝余光。荣为后进趋兰署，喜拂前题在粉墙。他日节旄如可继，不嫌曹冷在中行。①

此诗表达了对自己仕途前景的美好憧憬，希望将来能够出将入相。可见骤升为五品官后，郑谷的仕进之心一下子便高涨起来，尽管都官郎中只是冷曹中行，但只要前途光明，这些都可以暂时忍耐。但三年后仍未见迁转，郑谷忍不住又向宰相崔胤干求，《感怀投时相》："待漏敢辞称小吏，立班犹未出中行"，②已显难耐之心。但后来由于崔胤专制朝政，劣迹颇多，郑谷便不再接近之。又以年龄老大，朝局凶险，以五十七岁（天祐元年，904年）弃官。

由上述可见，郑谷迁官虽有宰相崔胤提拔因素，但其尽职尽责，不惹是非，与同僚相处融洽才是其升迁的前提。这些升迁原因还可以从他人身上得以体现，《唐代墓志汇编》记载了一位官至刑部员外郎余君，墓志作者为尚书都官员外郎权寔。墓志通过对墓主不同时期的同僚们的评价的记述，展现了一位中层文人锐意仕途而积极求进的一生。这位余君，明经及第，书判拔萃第四等登科，授秘书省正字。又：

> 同为秘书官者曰：君在省阁时，其侪多自喜其门地声彩，借其官为基级，殊无意于事事。君独谨严以博阅，考正为绩，他僚久而咸伏其实。

---

① 《郑谷诗集编年校注》，第171页。
② 《郑谷诗集编年校注》，第190页。

第五章　晚唐文官仕进心态

可见余君初入官场，不似他人以秘书省为闲地而坐等迁官，而是积极充实学问，为以后升迁铺路。接下来分别由同僚言其仕历：由秘书省正字选为畿县尉，适逢亲丧，丁忧期间，谨言慎行。宰相白敏中非常赏识，任命其为集贤院校理、修撰，转直学士，又为太学博士。官博士时，曾成功抵制有人欲将穆宗宣懿皇后移出穆宗庙的动议，坚守了礼节。又为知贡举者考试贡士中从事经业学习者，因为其正直无私，得到贡士们的称颂。这位余君不仅富有文才，为官正直，且颇有吏干之才：

> 同为御史者曰：君自博士为侍御史时，京兆有杀人者，反诬平人，讯鞠留岁余，比奏，上疑之。事下御史台，君覆问未竟，三日而贼首明白。上嘉其能，岁满亦终用君为刑部员外郎。

又言其颇有仁爱之心：

> 同为刑部之属者曰：君初为郎，会大赦天下，君草起请文，请流谪之人当迁移者加常时千里。其仁惠如此。

最后道：

> 君自居南宫，益有美誉，白相国尝从容以君姓字为上言曰：其人精密可居翰林。因使摄左千牛卫中郎将，冀稍升殿，得亲侍左右，欲使上自知之。呜呼！今殁矣奈何！[①]

余君殁于刑部员外郎任上，此职正是中级官员中大有作为的职事

[①] 《唐故朝议郎行尚书刑部员外郎会稽余公夫人河南方氏合祔墓志铭并叙》，《唐代墓志汇编》大中060，第2295~2296页。

官,且又有白敏中相助,眼看又要升迁,却天不假年。但从这位余君的身上,我们看到了一位明经及第的文人如何锐意仕途的经过。

三 攀附权阉,以图升迁

文官与宦官相处时,其中沆瀣一气并于晚唐文官中最著名者当数乐朋龟。他与上文所述侯昌业、孟昭图同为拾遗官,且看其所作所为。《北梦琐言》卷第五《张濬乐朋龟与田军容中外事》载:"旧例,士子不与内官交游。十军军容田令孜擅回天之力,僖皇播迁,行至洋源,百官未集,阙人掌诰。乐朋龟侍郎亦及行在,因谒中尉,仍请中外,由是荐之充翰林学士。"① 《资治通鉴》亦载:"时百官未集,乏人草制,右拾遗乐朋龟谒田令孜而拜之,由是擢为翰林学士。"② 这是言其主动投谒权阉田令孜,获翰林学士美职。入翰林院成为学士,是很多文人梦寐以求的,因为"时辈何偏羡,儒流此最荣"。③ 如果说乐朋龟主动投谒田令孜为非常时期(乏人草制),那么后来其一味攀附权阉,则难辞其咎。在《西川青羊宫碑铭》中,对陈敬瑄和田令孜兄弟大肆吹捧:

> 剑南西川节度使太尉兼中书令颍川郡王陈敬瑄,夏日高悬,吐赫曦之可畏。……虽文翁、武侯之才,萧斵、王濬之策,未可与俦。昔韦南康镇成都,二十余载。郭汾阳为辅弼,二纪在朝。比其勋庸,量其惠化,则请留九闺之储,一裘之岁,未为多矣。耀陈氏剑南之政,掩裴度淮西之功,具载典彝,永光勋绩。行在都指挥使左神策军中尉十军军容田令孜,昆冈玉柱,独力扶天。大华金莲,张心捧日。佐圣而出,为国

---

① 《唐五代笔记小说大观》,第1842页。
② 《资治通鉴》卷二百五十四"僖宗中和元年"条,第8246页。
③ 刘得仁:《上翰林丁学士》,《全唐诗》卷五四五,第6353~6354页。

而生。有逾千越万之才，有闻一知十之智。……弼时立德，开国承家。赏罚无私，九土之诸侯怀惠。恩威普度，十军之将帅归心。①

此文将陈敬瑄之功无限夸大，"虽文翁、武侯之才，萧猷、王濬之策，未可与俦。"甚至可以"掩裴度淮西之功"；对田令孜则赞誉更多，称其才智绝伦，"有逾千越万之才，有闻一知十之智"；公正仁德，"赏罚无私，九土之诸侯怀惠；恩威普度，十军之将帅归心。"吹捧得实在肉麻。

乐朋龟攀附权阉田令孜后，在仕途上可谓一帆风顺。据傅璇琮考，"乐朋龟于中和元年正月由右拾遗入，后当累有迁转，至中和四年秋，仍在院，且已为翰林承旨、兵部尚书（正三品），官阶已相当高"。② 这一升迁速度为晚唐文官中所少见。联系前文所论侯昌业、孟昭图二位拾遗之仕进之心，再结合乐朋龟之行迹，晚唐文官锐意仕途之心及个人选择之高下，不辩自明。

第二节　仕宦难达，稻粱为谋

对于大多数入仕的文人来说，能够仕至五品以上已属相当难得。大多数文官皆是沉沦下僚，此时官俸成了主要的物质追求和精神寄托。晚唐时，地方官员的俸禄普遍高于京官，特别是方镇节帅手中可供支配的钱粮很多，所以地方官除了正常的俸禄收入外，还有方镇发放的诸多灰色收入。陈寅恪经过考证认为："唐代中晚以后，地方官吏除法定俸料之外，其他不载于法令，而可以认为正当之收入者，为数远在中央官吏之上。"③ 因此晚唐文官中，由于年

---

① 《全唐文》卷八一四，第8573页。
② 《唐翰林学士传论·晚唐卷》，第466页。
③ 《元白诗中俸料钱问题》，《金明馆丛稿二编》，三联书店，2001年，第76页。

龄、健康、家累或机缘等原因自觉仕途再难进取者，会非常明智地谋求俸禄较多的官位而不计京官或外官之别，或者说，官俸此时成了他们主要的牵挂和安慰。如《北梦琐言》卷第十九《老益贪》载："礼部尚书崔贻孙，年过八十，求进不休。囊橐之资，素有贮积，性好干人，喜得小惠。左降之后，二子争财，甘旨医药，咸不供侍。书责其子曰：'生有明君真宰，死有天曹地府。无为老朽，岂放尔邪！'为缙绅之笑端。"① 唐代规定官员退休后只能领取原俸禄的一半，故这位崔尚书虽年龄老大，却死守官位不休，目的正在于拿全部官俸。他作为父亲的表率作用太过见效，反而使得二子同样吝啬，对其不加奉养，成为笑料。

需说明的是，本节以官俸作为文官仕进心态之中心，并不表明所有的文官们都会如白居易那样常常将官俸挂在口头或写进诗文。② 实际上这是一个问题的两个方面，即一方面文官们求进之心不会彻底消失，在通向宰辅的道路上只要有机会大多不会放弃，哪怕是俸禄较外官为低的京官；另一方面，由于各种因素的制约，自觉迁官无望时才会寄心官俸，这是绝大部分文官共有之心态，故本节将其作为重点论述。

一 谋求外任，迂回求进

唐宣宗《大中改元南郊赦文》：

> 古者郎官出为邑宰，公卿外领郡符，所以重亲人之官，急为政之本。自浇风兴扇，此道稍消。頡颃清途，便至显贵，理人之术，未尝经心，欲使救百姓之艰危，通天下之利病，不可得也。朕为政之始，思厚时风，轩墀近臣，盖备顾问。如不周疾苦，何以膺朕访求？自今已後，谏议大夫给事中中书舍人未

---

① 《唐五代笔记小说大观》，第 1951 页。
② 参见《元白诗中俸料钱问题》一文。

第五章 晚唐文官仕进心态

曾任刺史县令,及纵曾任有败累者,并不在进拟限。①

此文强调了邑宰作为"亲人之官"之重要性,并规定"谏议大夫给事中中书舍人"等清望官任职资格必须曾任过刺史县令,而这些清望官正是唐代文官进入宰辅、位极人臣的重要津梁。如薛逢就曾因未任过刺史县令而未能得任中书舍人,《旧唐书》卷一百九十下《薛逢传》载:"俄而璨知政事,或荐逢知制诰,璨奏曰:'先朝立制,两省官给事中、舍人除拜,须先历州县。逢未尝治郡,宜先试之。'乃出为巴州刺史。"②因此在晚唐文官中,颇有一批京中郎官求为外州刺史者,如曹邺就曾以祠部郎中出为扬州刺史。兹举许浑、雍陶、薛能、李频为例说明。据谭优学考,许浑大中七年(853)时官虞部员外郎,其时已六十三岁。他自感闲散,故求外放,于是求河南尹刘璨帮助推荐,有《寄献三川守刘公》,序言云:"余奉陪三川守刘公宴言,尝蒙询访行止。因话一麾之任,冀三径之谋。特蒙俯鉴丹诚,寻许慰荐。"诗中有句"长闻季氏千金诺,更望刘公一纸书。"③第二年许浑果然出为郢州刺史,应当是刘璨之力荐所得。雍陶大中六年(852)为国子《毛诗》博士,又曾任过极短一段时间的尚书员外郎后复为博士,于大中九年(855)六十岁时出为简州刺史。④薛能曾于咸通七年(867)摄嘉州刺史,二年后回长安,于九年(868)任尚书省郎官,十年为给事中,时为五十三岁,后更历京兆尹、忠武军节度使等高官。⑤李频于咸通十四年(873)任兵部都官员外郎,作《感怀献门下相公》诗,向时相王铎求出为建州刺史。诗云:"谁云郎选不由诗,

---

① 《全唐文》卷八二,第 856 页。
② 《旧唐书》,第 5079~5080 页。
③ 谭优学:《许浑行年考》,《唐诗人行年考续编》,巴蜀书社,1987 年,第 158~159 页。
④ 谭优学:《雍陶行年考》,《唐诗人行年考续编》,第 179~180 页。
⑤ 谭优学:《薛能行年考》,《唐诗人行年考续编》,第 235~245 页。

上相怜才积有时。却是龙钟到门晚，终非稽古致身迟。谋将郡印归难遂，读着家书坐欲痴。日望南宫看列宿，迢迢婺女与乡比。"第二年果然如愿，时为五十八岁。① 以上四人中，许浑、雍陶、李频三人皆是由京官出任外州刺史，除许浑明言出官是为"三径之谋"，即作为归隐之资外，其余三人并未明言目的，但求进之心当是不言而喻的。只是出官时众人年龄均老大，故只有薛能一人能够继续迁官为给事中，符合宣宗赦文中所言，其余三人则未能升官。但升官与否并非出官前所能知，也并非官员个人所能决定，故从上述四人官历并结合宣宗赦文来看，文官谋求出为外任，其迂回求进的心态还是不能说没有的，只是限于诸如年龄等因素未能如意罢了。

历来皆有唐人重京官轻外官之说，其实这要问站在什么角度来看。对于一个因年龄和仕历等原因皆无多少上升空间的京官来说，与其留在京师捱穷，不如出任外官以多求俸禄。反过来，对于一个颇有升迁希望的京官，特别是一些重要的中央职事官而言，出为外任如果品级上没有增加，无疑是不大情愿的。但如果品级增加又能成为州县等地方长官，这对其今后升迁会有一定帮助。李远《送贺著作凭出宰永新序》道："会稽贺凭，以著作郎出宰永新。其行也，其色似若有不怿者。一时学省宪府之友，咸共语之，举杜甫诗云：'樽前失诗流，塞上得国宝。'乃相与赋诗送别秦东亭。陇西李远独后至，举杯而前曰：'子毋以邑小去国万里而难治。……吾属在宪府，与考绩黜陟之事，待子三载而来归报政也。勉之行无忘。'"② 这位任京官著作郎的贺凭，被出为江西永新县令，这样出为僻远县令当然不为其所喜，所以李远安慰他三年后京师再见，并表示会以自己握有考绩之权帮助之。这一个案也许正是在上述赦文的规定下的结果，只是很难被当事人接受罢了。

---

① 谭优学：《李频行年考》，《唐诗人行年考续编》，第 268~269 页。
② 《全唐文》卷七六五，第 7950~7951 页。

二 仕途坎坷，寄心官俸

文官谋求迁转是官场正常现象，动机无非是寻找晋身之阶或获得更多的官俸。如杜牧，据缪钺《杜牧年谱》考，其大中三年为尚书司勋员外郎、史馆修撰。此年杜牧曾上书求出为杭州刺史，未行，故又于次年三次上书求为湖州刺史，终于成行，而其出守时已是较为清要的吏部员外郎。缪钺认为："杜牧屡次上书于宰相，求为外放，所提出之原因是刺史官俸厚，可以赡养病弟孀妹，但其中可能另有隐衷，即是不满于当时朝政，以为在朝亦不能有所作为，故愿外出也。"[①] 湖州任后，杜牧回京历官考功郎中、知制诰，迁中书舍人。由此可见杜牧谋求外官不排除迂回求进的动机，只是其已有出守数郡的履历，若再迁高位已符合宣宗敕文之条件，因此杜牧求取外官之主要动机仍在于获得丰厚的官俸。杜牧在其《上宰相求湖州第一启》中云："人有爱某者，言于某曰：'吏部员外郎例不为郡，子不可求，假使已求，慎勿坚恳。'"[②] 这段话值得注意的有三点：一是言"吏部员外郎例不为郡"，言下之意则其余五部员外郎求郡较为正常，因此有此官重于其他员外郎之意，这也印证了上文中许浑、李频等以员外郎身份出为外郡的做法具有一定的普遍性，出为外官包含了迂回求进之目的。二是这位"爱某者"是真爱杜牧还是客套话语？所谓"爱"者，当是从杜牧之前程着想。按照正常迁转程序，吏部员外郎已是所有六品员外郎中地位最优者，已具备跨入五品职事官的所有资历，在京又有地利之便，若不是有其他想法，当无须再出守地方便可坐等升官。三是杜牧求刺湖州的理由是为家累，在其后二启中也一再重申，当不为虚言，但这位"爱某者"为何不虑及此点仍劝杜牧"慎勿坚恳"？看来这位"爱某者"当为杜牧真正之知己，对杜牧求为外任之隐藏目的也一并看穿，那就是

[①] 欧阳灼校注《杜牧集》附录，岳麓书社，2001，第 324~408 页。
[②] 《樊川文集》卷十六，第 242 页。

杜牧希望由外任不仅能很好地解决家累问题，亦想通过外任后回京得到升迁，但后者存在出官后难以回京的风险。由此可见缪钺所言也有道理，只是未能作深入说明而已。事实证明杜牧出守湖州后回京，两方面目的均得以满足。① 只是后者不具有普遍性，故下文拟就晚唐文官在仕宦难达时寄心官俸之心态论述之，且以薛逢为例。

薛逢出身士族之家，三十六岁方得一第，其后仕途多有波折，自然影响其仕进之心。其谋求官职时常直言无隐，如《上中书李舍人启》：

> 某家望陵迟，眇然孤藐。飘流勤苦，垂三十年。分分自登，粒粒自啄。取第不因于故旧，蒙知皆自于隽贤。……东观雠书七稔，才登于一邑。同时流辈，尽列班行。独此后时，有惭先达。……伏惟念以迷方，指其捷路。生死幸甚！今所期者，国庠博士，赤县子男。②

此启言其在仕途上进取之艰难，多年辛苦，才得一县令，而一同入仕者多位登显要。最后表达其所期之官是"国庠博士，赤县子男"，这两官阶均是五品，可见薛逢入仕多年，一直以未得五品为憾。据谭优学考证，此启作于其外放为嘉州刺史前，当时薛逢被人荐为中书舍人，但为同年刘瑑所阻，反被出为西川节度使从事，后被奏为嘉州刺史。③ 其得刺史官过程，亦颇为不易，《上白相公启》一文，尽叙酸辛，颇为动人：

> 如某者，关中士族，海内穷人。幼遭悯凶，壮知传导。南穷海裔，北济河源。勤苦一经，恓惶三纪。家门板荡，亡惠子

---

① 关于杜牧上书求官以纾家困事，详见拙文《论杜牧古文创作功能》，《华北电力大学学报》2008 年第 1 期。
② 《全唐文》卷七六六，第 7970～7971 页。
③ 谭优学：《薛逢行年考》，《唐诗人行年考续编》，第 194～198 页。

第五章 晚唐文官仕进心态

之五车;风树哀缠,痛虞邱之三失。加于元昆抱瘵,孀妹无家。同气六人,半归泉壤。……长安甲第,罗列九衢。朱门大开,欲往谁诉。因大中四年冬,蒙相公念以苦心,拔授官职。期于旦暮,必使奋飞。旋遇羌寇犯边,相公北讨,风云一失,流落十年。尉万年而郎秘书,宰四畿而纠东洛。……遂使清贯华资,蔑闻于拟议;涂趋坌走,久困于风尘。自相公再秉钧衡,重开庐冶。私门相庆,如春发荣。山妻敛袂而前曰:"尔以词赋摄高科,以诗篇达天听,以政事取章绶,以孤直沉下僚。今相国司徒公鼓铸元和,畴庸品物。风俗日益厚,泰阶日益平。是怀才抱器之人,云飞雨化之秋也。何尚悒悒于蓬茅者乎?"于是整某之冠,急某之带,驱策仆御,促某出门。……诚知自炫自媒,士之丑行。但以日暮途远,倒行逆施。若俟陟级循涯,必虑填委沟壑。①

此文作于大中十三年白敏中复相时,文中先言自己虽出身士族,但仕宦未达,又屡遭家门惨变,求告无门。自己尽管奋力仕途,但长期沉沦下位。有意思的是,薛逢此次求官找了个别人看起来好笑但又非常实际的理由,即妻子的期盼和压力。他妙录其妻之言,既是对自己人品和才学的赞美,又是督促自己求官的绝佳借口。他明知上书求官是"士之丑行",但年龄老大,若再指望按部就班地升迁,将会老死沟壑而无出头之日。这段文字真切地表明了当时中下层文官之仕进心态:岁月蹉跎,仕途难达,谋求迁官,全为俸禄。薛逢又有《镊白曲》,可为这一心态作一很好的注解:

前年依亚成都府,月请俸缗六十五。妻儿骨肉愁欲来,偏梁阁道归得否?长安六月尘亘天,池塘鼎沸林欲燃。合家恸哭出门送,独驱匹马陵山巅。到官只是推诚信,终日兢兢幸无咎。

---

① 《全唐文》卷七六六,第 7967~7968 页。

丞相知怜为小心，忽然奏佩专城印。专城俸入一倍多，况兼职禄霜峨峨。山妻稚女悉迎到，时列绿樽酣酒歌。醉来便向樽前倒，风月满头丝皓皓。虽然减得阃门忧，又加去国五年老。①

从诗中可以看出，他为节度从事兼成都少尹时，俸禄不足以将妻儿老小都接到成都，一家人只能在长安痛哭而别；一旦"专城印"做刺史，俸禄增多了一倍，还有其他收入，可以"减得阃门忧"，一家人终于有足够的财力团聚在一起，这真是中下层文官寄心俸禄的绝佳写照。

薛逢一生仕途不可谓不达，晚年仕至秘书监。他一直自许甚高，曾自赞画像云："壮哉薛逢，长七尺五寸。"② 但其一生大部分时光却是沉沦下僚，游宦各地，故而形成了褊狭狂傲的仕进之心。《旧唐书》卷一百九十下《薛逢传》载：

> 逢文词俊拔，论议激切，自负经画之略，久之不达。应进士时，与彭城刘瑑尤相善，而瑑词艺不迨逢，逢每侮之。至大中末，瑑扬历禁署，逢愈不得意，自是相怨。俄而瑑知政事，或荐逢知制诰，瑑奏曰："先朝立制，两省官给事中、舍人除拜，须先历州县。逢未尝治郡，宜先试之。"乃出为巴州刺史。既而沈询、杨收、王铎由学士相继为将相，皆逢同年进士，而逢文艺最优。杨收作相后，逢有诗云："须知金印朝天客，同是沙堤避路人。威凤偶时皆瑞圣，潜龙无水谩通神。"收闻，大衔之，又出为蓬州刺史。收罢相，入为太常少卿。给事中王铎作相，逢又有诗云："昨日鸿毛万钧重，今朝山岳一尘轻。"铎又怨之。以恃才褊忿，人士鄙之。迁秘书监，卒。③

---

① 《全唐诗》卷五四八，第6372页。
② 《南部新书》丙，第37页。
③ 《旧唐书》，第5079~5080页。

按说同年入相当是可喜可贺之事,但薛逢却颇感不平,作诗讥刺,结果屡遭排挤。辛文房批评道:"观逢恃才怠傲,耻在喧卑,而喋喋唇齿,亦犹恶醉而强酒也。累摈远方,寸进尺退,至龙钟而自愤不已,盖祸福无不自己求者焉。"① 正因为自觉宦途难达,再加上年龄老大,仕途进取之心大为衰退,官俸这才成了其求进的主要动力和安慰。其《老去也》诗道:"惆怅人生不满白,一事无成头雪白。回看幼累与老妻,俱是途中远行客。……暗数七旬能几何?不觉中肠热如火。老去也,争奈何。敲酒盏,唱短歌。"② 从此诗中可见其对功名仕宦的热衷。但由于多年宦途不顺,常充满牢骚和哀怨,在《邻相反行》一诗中,通过东家务农子和西家读书郎命运的比较,表达自己选择读书求进的懊悔之心:"尔今二十方读书,十年取第三十余。往来途路长离别,几人便得升公车。纵令得官身须老,衔恤终天向谁道?百年骨肉归下泉,万里枌榆长秋草。……生前不得供甘滑,殁后扬名徒尔为。"③ 由此诗可见出其求进时务求实惠不图虚名的功利心态,这样,其为官求俸的心态也就很容易理解了。

"仕人做官职,人中第一好。行即食天厨,坐时请月料。得禄四季领,家口寻常饱。"④ 诗中言唐时人们的普遍心态,即做官最为人看重的不是文人本身理想抱负或人生价值的体现,而是对自身和家庭生计问题的解决。如崔绍,官大理正,"俄以家道贫窭,求为外任,乃拜永嘉太守。"⑤ 邓璠为袁州刺史,"尺一诏书天上降,二千石禄世间荣。新添画戟门增峻,旧蹑青云路转平。"⑥ 即使任

---

① 《唐才子传校笺》(第三册),第 296 页。
② 《全唐诗》卷五四八,第 6373 页。
③ 《全唐诗》卷五四八,第 6374 页。
④ 王梵志:《仕人做官职》,《王梵志诗校注》,项楚校注,上海古籍出版社,1991,第 662 页。
⑤ (唐)崔兢:《唐故温州刺史清河崔府君墓志铭并序》,《唐代墓志汇编》乾符019,第 2485~2486 页。
⑥ 彭蟾:《贺邓璠使君正拜袁州》,《全唐诗》卷五四六,第 6362 页。

职低微,也能够纾解家庭经济压力,如周繇,"咸通十哲"之一,家贫,登第后为福昌县尉,但亦能养家:"登科作尉官虽小,避世安亲禄已荣。"① 唐代官员俸禄不计何种职位均远较平民百姓收入为高,故当时就有人感慨道:"得仕者如升天,不仕者若沉泉,欢愉忧苦,若天地之相远也。"② 由此可见,无论统治者或文人本身将追求仕进当作多么神圣的事业,赋予其诸如治国平天下等宏伟目标,但大多数文人入仕之动机却是非常现实的。他们多年寒窗,背负了太多亲人的期望,而这些期望对任何一个有家庭责任感和良知的文人来说都是沉重的。特别是在晚唐动荡的社会当中,经济衰退,民众生活水平普遍降低,这一现实使得文官们作为家庭经济的支柱地位越发突出,任何一次官职的调整都会影响文官整个家庭甚而家族中多个人的生活现状,这应是晚唐那些仕宦难达文官对官俸特别在意的主要原因。

第三节 仕途风雨,贬谪弃官

仕途不可能一帆风顺,风风雨雨在所难免。官场是各种权势的博弈之地,官员们则是其中永恒的主角。此时,无论是被动的贬谪还是主动的弃官,都是文人们进入仕途后常常付出的代价。当此仕途受挫之际,晚唐文官们又是持何种心态?

一 贬谪文官心态

贬谪是帝王对臣子的一种较为严厉的惩罚手段,不仅在品质上给以降低,还要在地域上进行远放,使其遭受奔波忧惧之苦。晚唐文学中,因贬谪而创作的文学作品很多,其中心态也是不一而足。

---

① 杜荀鹤:《送福昌周繇少府归宁兼谋隐》,《〈唐风集〉校注》卷二,《杜荀鹤及其〈唐风集〉研究》第 124~125 页。
② 沈既济:《选举论》,《全唐文》卷四七六,第 4868 页。

如许浑《送从兄别驾归蜀》："家留秦塞曲，官谪漳溪湄。道直奸臣屏，冤深圣主知。"① 杜荀鹤《送黄补阙南迁》："得罪非天意，分明谪去身。一心贪谏主，开口不防人。自古有迁客，何朝无直臣？喧然公论在，难滞楚南春。"② 此二首是为被贬人鸣不平，虽未见被贬者心态表白，但友人诗中的不平，既能在一定程度上抚慰受伤的心灵，但也有可能更增被贬之伤痛。张祜《伤迁客殁南中》："故人何处殁，谪宦极南天。远地身狼狈，穷途事果然。白须才过海，丹旐却归船。肠断相逢路，新来客又迁。"③ 项斯《哭南流人》："遥见南来使，江头哭问君。临终时有雪，旅葬处无云。官库空收剑，蛮僧共起坟。知名人尚少，谁为录遗文。"④ 郑谷《寄南浦谪官》："多才翻得罪，天末抱穷忧。白首为迁客，青山绕万州。醉欹梅障晓，歌厌竹枝秋。望阙怀乡泪，荆江水共流。"⑤ 此三首则是为年老遭贬甚而客死他乡的友人而伤感，由此亦可推知被贬谪人内心的哀伤。

要分析贬谪文官心态，关键是认清其受贬原因。一般来说，原因有三：一是罪有应得，二是遭受迫害，三是派系斗争，是非难定。

对于罪有应得者，贬谪并不一定能使他们悔过自新。如蔡京，《资治通鉴》卷二百五十"懿宗咸通三年"条载：

> 岭南西道节度使蔡京为政苛惨，设炮烙之刑，阖境怨之，遂为邕州军士所逐，奔藤州，诈为敕书及攻讨使印，募乡丁及旁侧土军以攻邕州。众既乌合，动辄溃败，往依桂州，桂州人怨其分裂，不纳。京无所自容。敕贬崖州司户，不肯之官；

---

① 《丁卯集笺证》卷十，第299页。
② 《〈唐风集〉校注》卷一，《杜荀鹤及其〈唐风集〉研究》，第52页。
③ 严寿澂校编《张祜诗集》卷二，江西人民出版社，1983年，第45页。
④ 《全唐诗》卷五五四，第6472页。
⑤ 《郑谷诗集编年校注》，第98页。

还，至零陵，敕赐自尽。①

从中可见其是一个典型的恶官，但他被贬时，作《咏子规》诗，充满哀婉：

> 千年冤魄化为禽，永逐悲风叫远林。愁血滴花春艳死，月明飘浪冷光沉。凝成紫塞风前泪，惊破红楼梦里心。肠断楚词归不得，剑门迢递蜀江深。②

尚永亮评此诗"托物寓怀，借凄美传说倾吐怀国思归之痛，身世飘零之悲。沉痛凄哀，一腔悲情确如杜鹃啼血。全诗意境凄迷，哀感顽艳，极是佳作"。③此诗哀艳凄凉，使人顿生同情之心。但只要一结合作者其人，就能看到这不过是其在作恶多端而被贬后的一己之伤痛，也是其自知罪责难逃时的绝望哀鸣，丝毫见不到其真心悔过的心态。

对于遭受迫害者而被贬者来说，由于其内心洗雪冤屈的诉求非常强烈，所以只要有机会，都会尽力为自己辩白，此时之创作当是发自肺腑，很能反映其被贬心态。且以萧仿为例，《唐摭言》卷十四《主司失意》录之较详，下文对其作一具体分析。

> 咸通四年，萧仿杂文榜中，数人有故，放榜后发觉，责授蕲州刺史主司。其年二月十三日得罪，贬蕲州刺史。……既紊官常，颇兴物论，经询大义，去留或致其纷拿，榜挂先场，进退备闻其差互。

---

① 《资治通鉴》，第 8100～8101 页。
② 《全唐诗》卷四七二，第 5395 页。
③ 尚永亮：《唐五代逐臣与贬谪文学研究》，武汉大学出版社，2007，第 463 页。

第五章 晚唐文官仕进心态

这里交代了其被贬缘由。接下来是萧仿在谢上表中的辩解,颇为可观。他先是承认自己的错误,表达对朝廷将其从岭外召回的感激和被任命知贡举之职的荣耀,接着便详述情由,力图申辩:

>　　臣伏以朝廷所大者,莫过文柄;士林所重者,无先辞科。推公过即怨讟并生,行应奉即语言皆息。为日虽久,近岁转难。如臣孤微,岂合操剸!徒以副陛下振用,明时至公,是以不听嘱论,坚收沉滞。请托既绝,求瑕者多。臣昨选择,实不屈人。杂文之中,偶失详究。扇众口以腾毁,致朝典以指名。缄深恳而一得敷陈,奉诏命而须乘邮传。

这段是其辩解的重点。首先强调了自己出自公心选拔人才,但请托者多;接着言正由于凭公道取人而得罪权贵,无人为自己辩解的艰难处境;再下来就是剖白忠心,表达自己毫无徇私之心,但也承认杂文考试中小有过失,结果落得墙倒众人推的下场。

>　　臣官为牧守,不同藩镇。谢上之后,他表无因。达天听而知在何时,备繁辞而并陈今日。驰魂执笔,流血拜章。形神虽处于遐陬,梦寐尚驰于班列。

因为刺史不同于藩镇,除到任后的谢上表外,不能直接向皇帝再上奏表,故备述详细,以希回京。紧承此篇奏表,《唐摭言》又录其《与浙东郑商绰大夫雪门生薛扶状》,主要目的仍是为自己辩冤。文中言己"孤直"而招致毁谤:"而腾口易唱,长舌莫箝。吹毛岂惜其一言,指颊何啻于十手。既速官谤,皆由拙直。"又表达自己为免非议,不许亲戚子弟就试:"窃以常年主司亲属,尽得就试。某敕下后,榜示南院,外内亲族,具有约勒,并请不下文书,敛怨之语,日已盈庭。"接着列出几位他人指责有旧的及第进士,申明自己与尔等并无私交。最后感慨:"今则公忠道消,奸邪计胜,众

201

情犹有惋叹,深分却无悯嗟。何直道而遽不相容,岂正德而亦同浮议!"①

从上述萧仿的两篇申辩文章中,我们可以看出遭受迫害而被贬的文官急于辩冤昭雪的强烈诉求,亦可见出其积极向上的仕进心态。但如果遭受迫害被贬后难有机会辩解,则会表现出万般无奈和认命心态。如郑还古,《诗话总龟》卷之四十四《嗟怨门》:"郑还古为河中从事,为同院所诽谤,贬吉州掾,道中为《望思台》诗云:'谗语能令骨肉离,奸情难测事堪悲。何因掘得江充骨,捣作微尘祭望思。'又云'吉州新置掾,驰驿到条山。薏苡殊非谤,羊肠未是艰。自渐多白发,争敢竞朱颜!若有前生债,今朝不懊还。'"②

晚唐因遭受迫害而被贬的文官著名者尚有吴融、钱珝、韩偓等人,尚永亮在《唐五代逐臣与贬谪文学研究》中各列专节讨论三人的心态和创作。③三人均是遭受迫害被贬,兹列其要者加以申述。

据尚永亮书,吴融南贬至江陵几有生命之忧,从《宿青云驿》句"苍黄负谴走商颜,保得微躬出武关"④可以看出,但具体原因难以详知,可能是遭受迫害被贬。在贬谪过程中,诗人初期悲愤不已,谪居江陵后十分感伤,最后则为彷徨失计,产生了退隐思想。钱珝被贬与宰相王抟相关,王抟为崔胤所陷,赐死于贬途,而钱珝为王所荐,故亦遭受迫害被贬,但其遭贬期间上百首诗却无一语涉及政敌,也不见悲愤之心,反倒创作了大量山水诗。其《舟中录序》云:"古者黜幽,不过考三载之绩,余冒居六年,见考无绩,用思黜不亦宜乎。"⑤足见其为一守道之士,而且"刻意与政治斗

---

① 《唐五代笔记小说大观》,第1700~1702页。
② 《诗话总龟》,第423页。
③ 《唐五代逐臣与贬谪文学研究》,第464~492页。
④ 《全唐诗》卷六八六,第7952页。
⑤ 《全唐文》卷八三六,第8806页。

争保持距离,并非锐意仕进之士。"韩偓一生被贬三次,其中翰苑生活对其影响最大,主要在于他与昭宗之间建立起来的知己之情。其遭受迫害被贬后心情复杂沉重,创作上,他无情嘲讽祸国奸佞,深情忆念翰苑生活,表达隐退江湖的情感心志,成就了其"唐末完人"的高尚节操。

上述三人生当末世,遭受迫害,横遭贬谪,但与萧仿相比,却无半点上书为己辩解之语。其不同处正在于,萧仿遭贬在咸通初,朝廷实际控制力较强,上书鸣冤,尚有昭雪之时,萧仿后来不仅被召回京,还做了宰相。郑还古则是表达对被贬之不满,但其知道难以申辩,故语中充满哀怨。而吴、钱、韩三人遭贬则在唐亡前夕,朝廷已无实权,政治环境变得无比恐怖,此时若上书辩冤,无异呓语,故三人在创作中相当明智地选择了回避贬谪事件本身,而是通过创作来抚慰自己难言的伤痛。事态的发展证明了他们选择之正确,他们以消极的仕进之心保护了自己,成就了唐末文人中较为难得的名节。

晚唐社会为整个唐代三大痼疾最为泛滥的时期,党派斗争如火如荼,宦官专权盘根错节,藩镇割据有恃无恐,最终将唐王朝推入万劫不复的深渊。在党派斗争中,牛李党争持续最久,危害也最深;大中朝后则是宰相之间、南北司之间的争斗,其中关系同样错综复杂。这些派系斗争直接导致了不少文官的被贬,这里结合相关文学创作探讨此中文官被贬之心态。

牛李党争以牛党最后胜利而告终,李党党魁李德裕贬死崖州。至于这场党争中文人之仕进心态,本文拟于第六章作专题研究,这里只就被贬的李德裕在诗文中表现出来的心态作一阐述。其时,宣宗以较为诡异的方法登上帝位,会昌朝宰相李德裕便被一贬再贬,随着贬途的越来越远,南行路上的李德裕是何心态?且看其为数不多的贬谪作品,《盘陀岭驿楼》:

嵩少心期杳莫攀,好山聊复一开颜。明朝便是南荒路,更

上层楼望故关。①

诗当是写刚上路不久情形,所以尚可望见依稀的故山,但千里迢迢的南贬路途,令其产生对故乡的依依不舍之情。《谪迁岭南道中作》:

> 岭水争分路转迷,桄榔椰叶暗蛮溪。愁冲毒雾逢蛇草,畏落沙虫避燕泥。五月畲田收火米,三更津吏报潮鸡。不堪肠断思乡处,红槿花中越鸟啼。②

诗写入岭南境内,恶劣的贬途令人倍增思乡之情,其间蕴含着沉痛的身世飘零之叹。《到恶溪夜泊芦岛》:

> 甘露花香不再持,远公应怪负前期。青蝇岂独悲虞氏,黄犬应闻笑李斯。风雨瘴昏蛮日月,烟波魂断恶溪时。岭头无限相思泪,泣向寒梅近北枝。③

随着深入岭南蛮瘴之地,诗人心中暮年永绝故乡的伤痛已不由地化作滚烫的泪水,渺远的故乡只能借北向的梅枝致以刻骨的思念。到了崖州后,李德裕留下诗文极少。《登崖州城作》:

> 独上高楼望帝京,鸟飞犹是半年程。青山似欲留人住,百匝千遭绕郡城。④

这是其写于贬所的唯一一首诗,仍是表达回乡之期盼。在诗人笔

---

① 《李德裕文集校笺》,第 729 页。
② 《李德裕文集校笺》,第 499 页。
③ 《李德裕文集校笺》,第 499 页。
④ 《李德裕文集校笺》,第 500 页。

下，重重环绕郡城的青山似有意挽留远方的迁客，但遭受惨重政治打击的诗人哪有心情欣赏这他乡的山水？他在《与姚谏议书》中说："大海之中，无人拯卹，资储荡尽，家事一空。百口熬然，往往绝食，块独穷悴，终日苦饥。惟恨垂殁之年，顿作馁而之鬼。自十月末得疾，伏枕七旬，属纩者数四。药物陈裛，又无医人，委命信天，幸而自活。"① 可见其遭受的不仅是精神上的折磨，更有基本生活物品匮乏的苦楚，但他并没有将悲痛之情写入诗文，而是以平常语道难言事，反映了其长期在风口浪尖上历练出来的刚毅的政治人格和强健的心理品质。

牛李党争后，唐末宰相之间派系斗争亦是相当激烈。如杨收，在与韦保衡的争斗中败下阵来，再加上宦官杨玄价的报复，终至赐死贬所。临死前，他上书懿宗，《乞贷弟严死罪疏》：

> 臣眇亩下才，谬当委任。心乖报国，罪积弥天。特举朝章，赐之显戮。臣诚悲诚感顿首死罪！臣自出寒门，旁无势援。幸逢休运，累污清资。圣奖曲流，遂叨重任。上不能謦輸臣节，以答宠光；下不能回避祸胎，以延俊义。苟利尸素，频历岁时。果至圣朝，难宽大典。诚知一死未塞深怨，固不合将泉壤之词，上尘天听。伏乞陛下哀臣愚蠢，稍缓雷霆。臣顷蒙擢在台衡，不敢令弟严守官阙下。旋蒙圣造，令刺浙东。所有罪怨，是臣自负。伏乞圣慈，贷严微命。臣血属皆幼，更无近亲，只有弟严，才力尪悴，家族所恃，在严一人。俾存殁曲全，在陛下宏覆。臣无任魂魄望恩之至！②

在这份绝笔奏章中，杨收从最为根本的家庭利益出发，要求免除其弟杨严死罪。对于自己为同僚所谮贬死异乡，他不仅没有半点为自

---

① 《李德裕文集校笺》，第521页。
② 《全唐文》卷七六五，第7961页。

己鸣冤叫屈之意,反而认为自己罪有应得。可见其在长期的仕宦生涯中,看透了是非不分和你死我活的派系斗争之真相,失败方所有的辩解和哀求都是极其苍白无力的,而绝望前的哀鸣只会增添对手胜利的快感。所以他在临死前以清醒的头脑上书,从而尽力保护亲人。

从李、杨二人贬死的遭遇中,可以看到晚唐在派系斗争中的文官一旦沦为失败者,都会对自己悲剧性的前途和命运有较为清醒的认识;那些无谓而苍白的辩解既不屑为更不必为,故在创作中呈现出冷静而且从容的心态,此时的仕进之心转化为对仕途风雨的无奈承受,体现了这类被贬文官部分刚毅或强健的人格。

二 弃官文官心态

本文花了不少篇幅论述晚唐文人求仕之艰辛,那么有幸入仕者当无比珍惜这得来不易的官职才是,为何仍有部分文人不求仕"进",却转而求仕"退"呢?原因在于以下几方面:

一是官卑而年老,仕进空间不大。如顾陶,六十八岁时仍为校书郎,故弃官。友人储嗣宗曾赋诗送行,《送顾陶校书归钱塘》:"清苦月偏知,南归瘦马迟。……圣朝思直谏,不是挂冠时。"① 再如顾非熊,三十举方得一第,项斯《送顾非熊及第归茅山》云:"吟诗三十载,成此一名难。自有恩门入,全无帝里欢。"② 表明其及第之不易。《唐摭言》卷八《已落重收》载:"长庆中,陈商放榜,上怪无非熊名,诏有司追榜放及第。时天下寒畯,皆知劝矣。"③ 但顾非熊在如此艰难方得一第的情况下却有出世之念,厉玄《送顾非熊及第归茅山》云:"故山登第去,不似旧归难。……

---

① 参见傅璇琮《唐五代文学编年史·晚唐卷》所述,第 328 页。
② 《全唐诗》卷五五四,第 6476 页。
③ 据梁超然考,"长庆中"误,当为"会昌五年",《唐才子传校笺》(第三册),第 352 页。

第五章 晚唐文官仕进心态

名在仪曹籍,何人肯挂冠!"① 这当是劝其耐心守选后出仕。刘得仁《送顾非熊作尉盱眙》:"一名兼一尉,未足是君伸。历数为诗者,多来做谏臣。"② 从此诗来看,顾非熊守选后得任县尉,但已流露出弃官之意,故刘诗颇有为其鸣不平之意。《唐才子传》言其"授盱眙主簿,不乐拜迎,更厌鞭挞,因弃官归隐。"辛文房此话当为臆测之语,实不足为据。梁超然认为当是任盱眙县尉,因为主簿"与'鞭挞'了无干涉。"③ 但此处仍有未明之处,也就是说,即使是县尉,也不一定就与"鞭挞"有必然联系。据赖瑞和考,唐代畿县、望县、紧县及上县有两个县尉名额,一个是司户尉,另一个才是与"鞭挞"有关的捕贼尉,且从职责上来看,司户尉相对闲散,地位较高。④ 那么盱眙县属何等级呢?《新唐书》卷三十八《地理志二》载:"泗州临淮郡,上。……县四。……盱眙,紧。武德四年以县置西楚州,八年州废,隶楚州。"⑤ 据此,盱眙当有两名县尉,顾非熊所任何尉则无法考知,而辛氏之武断,正在于他与很多后世论者一样,常将县尉当作专设的捕贼官来看待,这一看法当与盛唐高适《封丘作》中"拜印官长心欲碎,鞭挞黎庶令人悲"这一名句之广泛流传有关。如赵荣蔚在《晚唐士风与诗风》中云:"县尉是次于县丞、主簿的县令佐官,职主捕盗贼",⑥ 实际上,顾非熊弃盱眙尉的主要原因恐怕还是官卑而年老,仕进空间已不大的缘故。据梁超然考,顾非熊生于贞元十一年(795),及第时已是会昌五年(845),五十岁时方得一第,⑦ 又守选三年,作县尉时至少已五十三岁,基本上没有多少仕进发展空间,何况他又无须如苦寒文官那样靠俸禄为生,故弃官而去亦属正常之举。

---

① 《全唐文》卷五百十六,第 5897~5898 页。
② 《全唐诗》卷五四四,第 6345 页。
③ 《唐才子传校笺》(第三册),第 353 页。
④ 参见《唐代基层文官》,第 196~198 页。
⑤ 《新唐书》,第 990~991 页。
⑥ 上海古籍出版社,2004 年,第 314 页。
⑦ 《唐才子传校笺》(第三册),第 351~355 页。

二是不耐官卑而职剧的仕宦生涯。赖瑞和在论及县尉职掌时还以李商隐"黄昏封印点刑徒"为例说明李所任弘农尉是低下的兵法尉，并引日本学者砺波护之推论道："如果李商隐被任命的弘农县尉不是担当司法之尉，而是担当司户之尉的话，诗人的命运也可能会有变化，或许会走一条完全不同的道路。"① 我们且看李商隐《任弘农尉献州刺史乞假归京》诗："黄昏封印点刑徒，愧负荆山入座隅。却羡卞和双刖足，一生无复没阶趋。"② 可见李商隐所任正是地位较低的"兵法尉"，官卑而职剧，高适曾不耐烦的"拜印官长"和"鞭挞黎庶"之事在此诗中均有体现，所以诗人选择弃官而去。再看唐末另一文官韦士逸，《唐贞士韦君墓志》载：

> 於戏！此有唐贞士韦君栖真之所也。贞士讳士逸，字士逸，万年杜陵人也。举进士，释褐为赤县尉，不屑焉，遂弃去。躬耕南山，家室睦如，入其庭，知其为隐君子。韦为京兆望姓，□冠累叶，贞士独澹如也，不以门第相竞。③

韦士逸为京兆望族子弟，刚一释褐为官就得赤县尉，④ 但他却不屑为之而弃官。韦士逸宁可亲自耕田也不愿为赤县尉，可以推测此官在他眼中地位太低而职责太剧。从文中可知，作为世家大族子弟，他完全可以不靠俸禄为生，因此弃官也就很容易理解了。

三是为了避祸。韩偓道："道向危时见，官因乱世休。"⑤ 时危途穷，避祸为上。如崔瓘，《北梦琐言》卷第十六《为堂叔母侍疾》：

---

① 《唐代基层文官》，第 197 页。
② 李商隐撰，冯浩笺注《玉谿生诗集笺注》，上海古籍出版社，1979 年，第143～144 页。
③ 《唐代墓志汇编》中和 011，第 2514 页。
④ 赖瑞和将县尉分为七等，"地位最高的是赤、畿尉，多为入仕条件极佳士人的第二或第三任官。"《唐代基层文官》，第 219 页。
⑤ 《息虑》，《韩偓诗集笺注》卷二，齐涛笺注，山东教育出版社，2000 年，第 79 页。

第五章　晚唐文官仕进心态

唐天祐三年，拾遗充史馆修撰崔璆进状，以堂叔母在孟州济源私庄，抱疾加甚，无兄弟奉养，无强近告投。兼以年将七十，地绝百里，阙视药膳，不遑晓夕，遂乞假躬往侍疾。敕旨依允。时人义之。或曰：避祸而享义名者，亦智也。①

崔璆弃官，应以避唐亡之祸为主，而奉养堂叔母之理由当次之。唐末不少文官对朝政和仕途颇感心灰意冷，末世之中全身远祸的思虑促使他们纷纷选择弃官。如黄璞，据傅璇琮引《淳熙三山志》载，"官至崇文馆校书郎。当昭宗之世，杜门不仕。"② 黄滔有《寄从兄璞》："纵征终不起，相与避烟尘。待到中兴日，同看上国春。新诗说人尽，旧宅落花频。移觅深山住，啼猿作四邻。"③ 徐寅《赠黄校书先辈璞闲居》："驭得骊龙第四珠，退依僧寺卜贫居。青山入眼不干禄，白发满头犹著书。"④ 可见黄璞是为了"避烟尘"而隐居的，隐居后仕进之心全无，"不干禄"的心态可能也与"白发满头"有关。如郑良士，据傅璇琮考，四十六岁时弃官，引宋赵与泌、黄岩孙《仙溪志》卷四载："景福二年，献诗五百篇，授四门博士，累迁康、恩二州刺史，兼御史中丞，天复元年，弃官归隐于白岩故墅。"⑤ 郑良士已仕至御史中丞高位，仍弃官，全身远祸之意明显。王贞白同样为避祸而弃官，他有诗《看天王院牡丹》："前年帝里探春时，寺寺名花我尽知。今日长安已灰烬，忍随南国对芳枝。"⑥《唐才子传》载："值天王狩于岐，乃退居著书，不复干禄，当时大获芳誉。"据《唐才子传校笺》，诗当写于天复元年（901）昭宗被宦官韩全诲劫往凤翔时。又引《嘉靖永丰县志》卷

---

① 《唐五代笔记小说大观》，第 1930 页。
② 《唐五代文学编年史·晚唐卷》，第 844～845 页。
③ 《莆阳黄御史集》，第 99～100 页。
④ 《全唐诗》卷七〇九，第 8243 页。
⑤ 《唐五代文学编年史·晚唐卷》，第 928～929 页。
⑥ 《全唐诗》卷八八五，第 10080 页。

四载:"唐王贞白,字有道。……遭时不淑,隐居教授,以道学自任。"① 可见王贞白在此乱世之中,不得不为避祸而弃官回乡。再看王驾,"弃官嘉遁于别业,与郑谷、司空图为诗友,才名籍甚。""驾自大顺元年及第,至乾宁四年凡八载,于此时官六品上阶之礼外,其于仕途,亦不可谓迍邅矣。"② 可见王驾于唐亡前由礼部员外郎弃官,并非由于仕途难进,而是出自全身远祸之虑。郑谷,据傅义《郑谷年谱》,弃官时为都官郎中,时为天祐元年(904)朱全忠逼迁昭宗迁洛,"僧虚中,亦宜春人,适于此时献诗劝退。诗云:'代移家集在,身老诏书重。'谓易代之后,家集犹在,足以自娱。今迁洛之诏又已下矣,'何当答群望,高躅傅岩踪?'谷志遂绝,乘乱弃官归宜春。辗转奔匿,至夏口,已九月残,惊魂稍定。"③ 回乡后,郑谷有《黯然》诗记乱亡状:"搢绅奔避复沦亡,消息春来到水乡。屈指故人能几许,月明花好更悲凉。"④

司空图为避祸而弃官隐退之意更加明显,且看相关史料记载。《旧唐书》卷一百九十下《司空图传》:

> 龙纪初,复召拜舍人,未几又以疾辞。河北乱,乃寓居华阴。景福中,又以谏议大夫征。时朝廷微弱,纪纲大坏,图自深惟出不如处,移疾不起。乾宁中,又以户部侍郎征,一至阙廷致谢,数日乞还山,许之。昭宗在华,征拜兵部侍郎,称足疾不任趋拜,致章谢之而已。昭宗迁洛,鼎欲归梁,柳璨希贼旨,陷害旧族,诏图入朝。图惧见诛,力疾至洛阳,谒见之日,堕笏失仪,旨趣极野。璨知不可屈,诏曰:"司空图俊造登科,朱紫升籍,既养高以傲代,类移山以钓名,心惟乐于漱流,任非专于禄食。匪夷匪惠,难居公正之朝;载省载思,当

---

① 《唐才子传校笺》(第四册),第339页。
② 《唐才子传校笺》(第四册),第255页。
③ 《郑谷诗集编年校注》附,第281页。
④ 《郑谷诗集编年校注》,第231页。

第五章 晚唐文官仕进心态

徇栖衡之志。可放还山。"①

可见当时征召官位越来越高，祸也越来越近，但司空图后来还是得以全身而退。有意味的是，柳璨有《请黜司空图李敬义奏》：

> 近年浮薄相扇，趋竞成风。乃有卧邀轩冕，视王爵如土梗者。司空图、李敬义三度除官，养望不至，咸宜屏黜，以劝事君者。②

此处表面上看起来是柳璨对司空图的斥责，但实际上似有对司空图的暗中保护之意。因为若柳璨真的"希贼旨，陷害旧族"，那么司空图已至洛阳，完全可以用诏令中任何一条罪名将其处死，结果仅"放还山"，并专门以诏令形式逐之，这实际上是给了司空图一个全身而退的理由。前文引吕思勉言唐末宰相多受蒙谤，柳璨应是其中突出的一位。他的苦心可能渐被朱全忠发现，故于唐亡前夕被杀。这份苦心司空图当铭记在心，《唐才子传》言："图家本中条山王官谷，有先人田庐，遂隐不出，作亭榭素室，悉画唐兴节士文人像。尝曰：'某宦情萧索，百事无能。量才，一宜休；揣分，二宜休；耄而瞆，三宜休。'遂名其亭曰'三休'。作文以伸志，自号'知非子'、'耐辱居士'。言涉诡激不常，欲免当时之祸。……后闻哀帝遇弑，不食扼腕，呕血数升而卒，年七十有二。"③

相较于贬谪时文官们只能被动地接受来说，弃官则是文官们在仕途上唯一一次可以主动地进行命运的抉择。我们考察文官们弃官心态，是想从反面来认识文官们的仕进之由，从而更全面地对文官之仕进心态进行研究。晚唐文官弃官除了个人因素外，多是在唐末乱世中出于全身远祸的需要。在王室衰微、军阀混战之际，人命贱

---

① 《旧唐书》，第 5083 页。
② 《全唐文》卷八三〇，第 8759 页。
③ 《唐才子传校笺》（第三册），第 525~526 页。

如草芥，无论是官员还是百姓都会有身家性命之忧。我们不可能苛求文官们均应如司空图一样为唐室殉节。只要他们心存节义，不为虎作伥，哪怕是弃官退隐，也算是为其仕宦之途画上了一个令后人首肯的句号。

小结

其一，晚唐文官仕进心态研究主要以中下层文官为主，其心态表现在积极谋求升迁和追逐官俸两方面。

其二，谋求升迁者锐意仕途，求进方式有三：直言进谏、尽职尽责、攀附权阉。直言进谏者勇于任事，如刘蜕、张云二人，对令狐滈举进士及授官之事仗义执言，特别是张云善于抓住时机，表现强烈的进取之心。其他如侯昌业、孟昭图二人更是不惧权阉，冒死进谏，这种锐意仕途的精神是值得称道的。尽职尽责、忠于职守如郑谷者亦得以顺利升迁。攀附权阉的乐朋龟同样能在仕途上一帆风顺，这是晚唐朝政极其腐败的产物。

其三，谋求官俸的原因在于仕宦难达。文官难达者有的通过外放迁回求进，但结果难料，寄心官俸才是最为实惠的考量，如杜牧三求湖州刺史任的主要目的仍在于官俸。薛逢上书权相白敏中，叹贫嗟老，尽在求取多得官俸之目的，其仕途经历在晚唐众多仕宦难达文官之中颇具典型意义。

其四，仕途难得人人一帆风顺，贬谪弃官均属常见。贬谪文官因原因不同心态不一，罪有应得如蔡京者至死不悔，遭受迫害如萧仿者极力辩冤，派系斗争中失败的李德裕、杨收二人则人格刚毅，心态冷静而从容。弃官者同样原因复杂。顾非熊因年龄老大而辞官；李商隐、韦士逸则因官卑而职剧遂放弃；崔璟、黄璞、郑良士、王贞白、王驾、郑谷、司空图等人则是为了避祸，这也是唐末乱世中大多数弃官者的主要原因。

第六章
晚唐三大政治变故之际文人仕进心态

所谓政治变故,是指那些对政局和人心都产生了很大影响的政治事件及与其密切相关的前因后果。唐代近三百年中,政治事件多如牛毛,但能够对政局和人心产生巨大冲击者并不多,[①] 如中晚唐交替之际的"甘露之变",就是一场对文宗朝乃至整个晚唐政局都产生了重大影响的政治事件,其对当时和后世人心产生的冲击力度是不容忽视的。在此后七十余年的晚唐历史中,大大小小的政治事件难计其数,但牛李党争、唐末战乱、唐朝灭亡却是晚唐最为主要的三大政治事件,造成的政局变动和人心冲击也最为强烈。具体来说,牛李党争跨越中晚唐,前后持续四十余年,成了穆、敬、文、武、宣五朝最受关注的重大政治事件。其间,许多政治经济资源被无谓地消耗掉,社会问题难以解决,社会矛盾日益激化。文人作为最为活跃的社会群体之一,主动或被动地参与这一重大党争事件者不计其数,仕进之心亦受到不同程度的冲击和影响。唐末战乱起自懿宗咸通初年,包括因人民起义、藩镇割据、宦官专权而引发的各种形式的战争。这是晚唐最大规模的社会财富的内耗,并直接将延

[①] 胡可先:《唐代重大历史事件与文学研究》一书将武周革命、安史之乱、永贞革新、元和削藩、甘露之变、黄巢起义列为重大历史事件,并结合文学创作进行了个案研究,对本章撰写有一定的参考价值。浙江大学出版社,2007年。

续了近三百年的唐王朝彻底葬送,文人们在此之中的仕进心态颇耐人寻味。唐朝灭亡前后数年中,唐王朝不可逆转的衰亡及后梁兴起这一变故给社会人心造成了巨大冲击。面对这一天翻地覆般的社会变革,个人的命运该如何把握?文人们此时之仕进心态可谓五味杂陈。因此,本章选择晚唐这三大政治变故作为研究背景,既是将个案与整体研究进行有益的结合,也是拟将本论题的研究推向纵深,并对全文形成整体纵向性的收束。下面分别从这三个方面进行论述。

第一节 牛李党争期间文人仕进心态

关于牛李党争问题,历来文史研究者众多,成绩斐然。有的从史学角度出发,厘清史实,[1] 有的采用文史结合的方法,分析文人在党争期间的文学创作。[2] 牛李党争跨越中晚唐四十余年之久,大量文官和未仕文人卷入其中。这一场对唐后期政治影响巨大的党争究竟属何性质?历来论者众说纷纭。胡可先将其性质概括为三种:一是牛党进步,李党保守;二是两党争权,无一足取;三是李党进步,牛党保守。[3] 笔者认为,牛李党争是一场源于政治利益纷争而形成的官员群体性参与的内耗性派系斗争。相比较而言,牛党纠集的党徒较多,派系斗争意识较强;李党则自矜门第和身份,党徒相对较少,派系斗争意识并不十分明显。

---

[1] 如傅璇琮《李德裕年谱》,河北教育出版社,2001年;王炎平:《牛李党争——中唐中枢政权的倾轧》,西北大学出版社,1996年;丁鼎:《牛僧孺年谱》,辽海出版社,1997年。其他历代笔记、史书和近现代史学专著或通史教材、单篇论文均有论述,陈寅恪、岑仲勉、范文澜、吕思勉、翦伯赞、韩国磐、崔瑞德(英)、周建国等史学专家在各自著作中均有专论。
[2] 采用文史结合的研究方法较为突出的如傅锡壬《牛李党争与唐代文学》,台湾东大图书有限公司,1984年;胡可先:《唐代重大历史事件与文学研究》第四章"牛李党争:政治漩涡中的文人命运"。其余单篇论文亦从不同角度对党争与文学创作关系进行了论述。
[3] 胡可先:《唐代重大历史事件与文学研究》,第375~378页。

第六章　晚唐三大政治变故之际文人仕进心态

本节意不在对前贤关于此次党争研究成果加以评述，而是结合论题，关注这样一个问题，即在党争期间，晚唐文人们的仕进心态与文学创作呈现出什么样的特点？下面拟从党争的发展过程和成败之际两方面加以探讨。

一　牛李两党重要人物在文人仕进问题上的表现比较

无论是未仕或已仕文人，他们在干谒权要时一般不会太过盲目。为了达到最好的干谒效果，他们对所拟干谒的对象都会作一些了解，了解的重点当然是干谒的难易程度和干谒的成功率。平易近人但实权不大的高官自然不会有多少人去干求，同样，手握重权却拒人千里者同样也会令人望而却步。因此对文人干谒对象的研究，可以从反面更清晰地观察当时文人们的仕进心态。

（一）牛党人物插手科场，多行不法之事

牛党人物早在文宗朝就长期把持科场，这对文人求仕心态的冲击是相当之大的，从当时流行的举场谚语就可见这一点。《唐摭言》卷七《升沉后进》云："大和中，苏景胤、张元夫为翰林主人，杨汝士与弟虞卿及汉公，尤为文林表式。故后进相谓曰：'欲入举场，先问苏张。苏张尤可，三杨杀我。'"[1]苏景胤在敬宗朝即为李逢吉之"八关十六子"之一，张元夫、杨卿虞时号党魁，都是文宗朝盛于一时之牛党中坚。杨家三兄弟在举场中臭名昭著，无力打通他们关节的寒素文人常为其所斥。《旧唐书》卷一七六《杨虞卿传》云："虞卿性柔佞，能阿附权幸以为奸利。每岁铨曹贡部，为举选人驰走取科第，占员阙，无不得其所欲，升沉取舍，出其唇吻。"[2]《登科记考》卷二十八"别录上"引《牛羊日历》云："杨虞卿兄弟，上挠宰政，下干有司。常曰：'人生一世，成童之后，精气方壮，遽能结客交游，识时知变。倾心面北，事三五要

---

[1] 《唐五代笔记小说大观》，第1636页。
[2] 《旧唐书》，第4653页。

人，可以不下床使名誉若搏丸走坡。又何必如老书生辈，矻矻于笔砚间，暗记六经，思溺诗赋，发白齿落，曾不沾于禄，而饥穷不暇。'如此岂在读书业文乎！由是轻薄奔走，以关节紧慢为甲乙，而三史、六经，曾不一面。风俗颓靡，波及举子，分镳竞路，争趋要害。"① 这是一段李党人物刘轲对牛党攻讦性文字，必有其夸张之处。但结合前引两种无关党争的资料来看，还是可以看出杨虞卿兄弟之极其功利的人生态度和对科场浮薄之风的诱导作用。②

牛党要人除杨虞卿兄弟外，令狐绹父子对科场的干扰尤为突出。前文所引崔瑄上疏曰："令狐滈昨以父居相位，权在一门。求请者诡党风趋，妄动者群邪云集。每岁贡闱登第，在朝清列除官，事望虽出于绹，取舍全由于滈。喧然如市，旁若无人，权动寰中，势倾天下。"可见文人希求干进者云集令狐相府之盛况。

（二）文人多选牛党人物作为干谒对象，以图仕进之效

笔者曾将晚唐武、宣二朝文人之干谒对象作一统计，以比较文人在干谒时对牛李二党要人的选择，结果是：武宗朝，文人直接以诗文干谒李党要人李德裕和李回的共5篇，而对牛党要人周墀、杨汉公、杨敬之、白敏中、崔铉等人干谒诗文共8篇；而在宣宗朝，由于李党倒台，干谒对象主要是牛党人物，其数共11篇，③再补上晚唐文宗开成年间文人以诗文干谒权要统计，则牛党2篇，李党2篇。这样，晚唐文、武、宣三朝牛李党争时期文人对干谒对象的选择可以通过投文篇数大致反映出来：投文牛党为21篇，投文李党为7篇。这一统计难免挂一漏万，但可粗略反映当时实情，即文人多投文于牛党人物，这也可以印证上文所言的牛党人物多插手科场之结论。

---

① 《登科记考》，第1148页。
② 关于杨虞卿兄弟干涉科场事，详情可参看王静《靖恭杨家——唐中后期长安官僚家族之个案研究》一文，《唐研究》第十一卷，北京大学出版社，2005年，第389~422页。
③ 参见拙文《唐武宣二朝文人干谒对象研究》，《求索》2008年第4期。

第六章 晚唐三大政治变故之际文人仕进心态

牛党要人中，崔铉、李珏、杨汉公等人均是文人重点干谒对象。崔铉，武宗朝作为牵制李德裕的力量入相，宣宗朝再入相，权势熏天，连《幼学琼林》这样的儿童启蒙读物都有"炙手可热，唐崔铉之贵势炎炎"① 之语，他陷害李德裕，排挤同党白敏中，与崔珙兄弟相斗，可以说是一个权佞奸人。《东观奏记》中卷："魏国公崔铉秉政，郑鲁、杨绍复、段环、薛蒙一进俊造，铉所取信，凡有补吏、议事，或与之参酌。时人语曰：'炙手可热，杨、郑、段、薛；欲得命通，鲁、绍、环、蒙。'"② 现存有薛逢两次干谒诗文投赠予他，铉为丞相时，擢薛逢为万年尉。李珏文宗大和时为相，武宗朝被贬，宣宗大中时官至户部尚书和淮南节度使，诗人赵嘏和罗隐均有诗干谒于他，如罗隐有《广陵李仆射借示近诗因投献》诗，云："朝论国计暮论兵，余力犹随风藻生"，③ 称赞李之政绩和诗艺。杨汉公在文、武、宣三朝屡任高官，为士林瞩目，故投赠干谒他的诗文较多，如会昌五年赵嘏有《十无诗寄桂府杨中丞》，其一有句"不知贵拥旌旗后，犹暇怜诗爱酒无"，④ 祈盼至杨幕府，时杨任桂管观察使；大中五年，李郢有《阙下献杨侍郎》，渴求荐引，时杨任户部侍郎；大中七年，李群玉有《重阳日上渚宫杨尚书》，时杨任荆南节度使；大中十三年，罗隐有《投同州杨尚书启》，自述悲苦身世，以求援引，时杨任同州刺史。杨汉公虽有好士之名，但操守不高，持身不正。《东观奏记》中卷载："工部尚书杨汉公前任荆南节度使，以不廉闻，公议益喧，左迁秘书监。制曰：'考三载之绩，尔最无闻；致多士之嘲，人言未息。既起风波之论，难安喉舌之司。'舍人沈询词也。至大中十三年，汉

---

① （明）程登吉原著，赵登香主编《蒙学非常经典·幼学琼林》卷三，华语教学出版社，2005年，第70页。
② （唐）裴庭裕撰，田廷柱点校《明皇杂录·东观奏记》，中华书局，1994年，第106页。
③ 《罗隐集校注》，第130页。
④ 《赵嘏诗注》，第108~110页。

公除同州刺史,给事中郑公舆、裔绰三驳还制书。上自即位,但闻谏官论执,左曹驳正,无不立从其奏。至是,惑于左右,三下汉公同州之命,不允所论。"①综上可见牛党要人不仅掌握实权,而且在文人仕进问题上表现相当活跃,当然也就成了文人们干谒的重点。

(三)李德裕的施政方略和个人节操令文人投文求进者少

李德裕会昌年间秉政,位尊权重,按说是文人们重点干谒对象,但现存诗文中,除杜牧几篇上书外,几无这方面记载。而且杜牧上书内容虽不排除有希望汲引的意思,但并未直言求官,而是对军国大事提出中肯的建议。那么为何文人们较少上书李德裕呢?主要应该在于以下几点。

一是李德裕改革科举的主张让希望通过干谒达到目的的侥幸之士知趣而退。前文已述及其改革科举的主张,包括停试诗赋,增考经义和对策,引导文人由重文学到重经义,这对抑制举子浮华之风有一定积极意义;罢宰相阅榜之习,这在一定程度上限制了相权对礼部选人的干扰,对广大寒士科举有利;革门生座主之胶固之习,从而不利于结党营私;禁曲江游宴,不仅为寒素进士登第者减轻了经济压力,还使进士浮华朋比之风有所收敛。这些措施在当时无疑具有进步意义,同时也使那些好通关节的奔走干谒之徒对其望而却步。

二是李德裕个人持身较为端正,对于请托干谒之风深恶痛绝。《北梦琐言》卷三《卢肇为进士状元》:"唐相国李太尉德裕,抑退浮薄,奖拔孤寒。于时朝贵朋党,掌武破之,由是结怨。而绝于附会,门无宾客,唯进士卢肇,宜春人,有奇才,每谒见,许脱衫从容。……时论曰:'卢虽受知于掌武,无妨主司之公道也。'"②如其荐处士李源,就反映了其对干谒之徒的不满,"况源尝守沉默,

---

① 《明皇杂录·东观奏记》,第106页。
② 《唐五代笔记小说大观》,第1815页。

第六章　晚唐三大政治变故之际文人仕进心态

不语是非，或心交静求，理契深要，一言开析，百虑洗然，致君阜时，指象如见。抱此贞用，弃于清朝，臣窃为陛下深惜。优乞就授一官，召赴京阙，仍以事迹，宣付史馆。"① 李源不事干谒，反而得到李德裕的荐举，并且还要将其事迹让史官记载，传于后世。李德裕深知在干谒文人中，能够打通关节接触上层权要人物的多是官宦子弟，这些人常同声相连，把持科场，干扰主司，这对广大寒素文人来说是极为不公的。所以他对科场奔竞之风的有意打击，使得广大苦读诗书的寒士们颇得其惠。《唐摭言》卷七《好放孤寒》："李太尉德裕颇为寒畯开路，及谪官南去，或有诗曰：'八百孤寒齐下泪，一时南望李崖州。'"②《北梦琐言》卷第一《令狐滈预拔文解》："葆光子曰：'令狐公在大中之初，倾陷李太尉，唯以附会李绅而杀吴湘，又擅改元和史，又言赂遗阉官。殊不似德裕立功于国，自俭立身，掎其小瑕，忘其大美。洎身居岩庙，别无所长，谏官上章，可见之矣。与朱崖之终始，殆难比焉。'"③孙光宪将令狐绹之尸位素餐与李德裕立功于国且持身端正相比，高下立分。陈寅恪在《李德裕贬死年月及归葬传说辨证》一文中引李潘为李德裕第四子李烨撰《故郴县尉赵郡李君墓志铭》云："会昌中卫公自淮海入相，君已及弱冠，而谨畏自律，虽亲党门客罕相面焉。属姻族间有以利禄托为致荐，将以重赂之。答曰：吾为丞相子，非敢语事之私也。而又严奉导训，未尝顷刻敢怠。子之所言，非我能及。由是知者益器重之。"下文议曰："又烨志盛称，烨当父为相时避嫌守正之事，殆李潘特举此以刺令狐滈者。若果为实录，则季常信不陨其家风矣！"④

　　三是李德裕以门荫入仕，对进士科的看法和行为令诸多文人觉得与他"道不同，不相为谋"，故对其敬而远之。《玉泉子》载：

---

① 《荐处士李源表》，《李德裕文集校笺》，第715~716页。
② 《唐五代笔记小说大观》，第1636页。
③ 《唐五代笔记小说大观》，第1808页。
④ 《金明馆丛稿二编》，第28~33页。

219

"李德裕以己非由科第，恒嫉进士举者。及居相位，权要束手。德裕尝为藩府从事日，同院李评事以词科进，适与德裕官同。时有举子投文轴，误与德裕。举子既误，复请之曰：'某文轴当与及第李评事，非与公也。'由是德裕志在排斥。"① 这是为李德裕斥进士科浮华找了一个具体的理由，实际上并非如此简单。《旧唐书》卷一十八上《武宗本纪》载李德裕对武宗言："臣无名第，不合言进士之非。然臣祖天宝末以仕进无他伎，勉强随计，一举登第。自后不于私家置《文选》，盖恶其祖尚浮华，不根艺实。"② 这段常为人引用的话反映了李德裕对进士科的蔑视。尽管其祖李栖筠为进士出身，但在李德裕眼中那是最后且无奈的选择；而且"一举登第"，言下之意是进士科考试很是简单，登第易如反掌。通过登第巩固了家族地位后，其家族就将起家的这块"敲门砖"弃之如敝屣，免得败坏其固有的世家大族重"艺实"的门风。

四是李德裕会昌秉政时用心军事，特别是用兵泽潞打击不臣藩镇，当战争还未见胜负时，那些抱有功利之心但又首鼠两端的文人不敢贸然进言。因为对于李德裕这样重实际才能的权相来说，干谒诗文如果一味地摇尾乞怜是毫无意义的，杜牧就深谙此道，故在上书中积极建言军政大事。同时，会昌时牛党势力虽暂受压制，但并未瓦解，如果文人言辞或行动一旦有偏向李党之嫌，凭着牛党中盘根错节的座主、门生和同年之关系，就会招致群起而攻之而再难有出头之日，李商隐的遭遇就是一个显例。所以会昌时稍有朋党意识的文人多不会直接干谒李德裕，因为这毕竟是一个敏感的时期。

综上可见，在牛李党争过程中，由于牛党要人多插手科场，文人们趋之若鹜，浮华朋比之风愈演愈烈。会昌年间李德裕主政时持身端正，并有意遏制浮华，使此风略有收敛，但宣宗大中后由于君相"务反会昌之政"浮华之风重新炽热起来。浮华之风体现在文

---

① 《唐五代笔记小说大观》，第1423页。
② 《旧唐书》，第602~603页。

人仕进问题上,最为突出的表现为"躁进"之心态,李商隐悲剧性的一生就是一个典型的个案。傅锡壬深入分析了李商隐的婚姻和在牛李党争中的行为后认为:一是李商隐求婚李党王茂元之女,"是完全主动而独立自主的意识行为。……令狐绹以为义山'忘家恩',绝非偏激的片面攻讦之解。"二是李商隐"对政治的意识非常薄弱"。三是两唐书对李商隐的批评,如"无持操,恃才诡激","诡薄无行"、"放利偷合"等恶评,从政治立场角度来看并无不妥。① 傅之结论是较为中肯的,历来论者对李商隐的悲剧多持痛惜态度,这是不错的;但如果不做出实事求是的探究,而是将其悲剧简单地归因于时代,而对其个人原因有意或无意地视而不见,这更是不负责任的学术态度。李商隐的悲剧,正可以见出一个下层文人在牛李党争的背景下挣扎和努力的仕进历程;其以本应纯洁的爱情和婚姻作为仕进的赌注而招致失败,这一教训是非常惨痛的。

二 牛李党争成败之际文人仕进心态分析

会昌六年(846),唐武宗饵丹药死,这意味着李党执政的时代走到了尽头。宣宗上台后,君相"务反会昌之政",作为会昌政绩的代表人物李德裕自然成了头号打击对象,他被一贬再贬,直至死于遥远的崖州贬所。当此牛李党争再次进入你死我活的白热化时期,文人们的仕进心态又是如何?

(一) 见风使舵,言辞乖常

在李党全面失败之际,杜牧的表现历来是论者们关注的焦点。这里仍以他为例,说明一个文官在政局发生翻天覆地的变化时,为了保住自身的仕宦前程而如何罔顾事实地发表言辞的。

先看杜牧在李党彻底失败后的有关言辞,《祭周相公文》:

---

① 傅锡壬:《牛李党争与唐代文学》,台湾东大图书有限公司,1984年,第285~305页。

> 会昌之政，柄者为谁？恣忍阴污，多逐良善。牧实忝幸，亦在遣中。黄岗大泽，葭苇之场，继来池阳，西在孤岛。僻左五岁，遭逢圣明。收拾冤沉，诛破罪恶。①

牛党要人周墀是杜牧的恩人，周入相后将杜牧从僻远的睦州内擢为司勋员外郎、史馆修撰。此文中，杜牧对自己于会昌中任黄州、池州等地刺史相当愤懑，其矛头直指李德裕。又《唐故东川节度使检校右仆射兼御史大夫赠司徒周公墓志铭》：

> 李太尉德裕伺公纤失，四年不得，知愈治不可盖抑，迁公江西观察使、兼御史大夫。②

周墀于会昌中迁为江西观察使，当是李德裕提拔所致。③ 但杜牧这里不顾事实，对李德裕加以无端的非议。又《唐故太子少师奇章郡开国公赠太尉牛公墓志铭》：

> 时李太尉专柄五年，多逐贤士，天下恨怨，以公德全畏之……自十月至十二月，公凡三贬至循州员外长史，天下人为公接手咤骂。公走万里瘴海上，二年恬泰若一无事……李太尉志必杀公，后南谪过汝州，公厚供具，哀其穷，为解说海上与中州少异，以勉安之，不出一言及于前事。④

在为牛僧孺写的这篇墓志铭中，杜牧信口雌黄，将李德裕之奸和牛僧孺之贤无限放大，在极其夸张的对比中丑化李德裕，从而吹嘘牛

---

① 《樊川文集》卷十四，第 205~206 页。
② 《樊川文集》卷七，第 120 页。
③ 岑仲勉：《唐史余瀋》通过考证后道："迁用之而曰伺失不得，则啼笑皆非矣，文人之口之笔，尚足信乎？"中华书局，2004 年，第 144 页。
④ 《樊川文集》卷七，第 117~118 页。

僧孺的忠厚大度之风尚。① 又《上宰相求湖州第一启》：

> 某弟颛，世胄子孙，二十六一举进士及第……朱崖李太尉迫以世旧，取为浙西团练使巡官，李太尉贵骄多过，凡有毫发，颛必疏而言之。②

杜牧对辟用其弟的李德裕在此不仅未见任何感激，反而认为是李被迫所致，而颛似乎是出淤泥而不染，并对李多有规谏。此文写于大中四年，第二年，颛死，杜牧在其弟墓志铭中仍言："李丞相德裕出为镇海军节度使，辟君试协律郎，为巡官。后贬袁州，语亲善曰：'我闻杜巡官言晚十年，故有此行。'"③ 如果说写给宰相看的书启中为了达到目的而诋毁李德裕尚能情有可原，在颛之墓志铭中实在没有贬李的必要，由此可见杜牧当时为了仕途进取而急于切割与李德裕的任何关联之心态。

在李党全面失败之际，杜牧虽不是李党中人，但他也本非忠实的牛党党徒，为何言辞如此乖常？个中原因只能从其仕进心态之改变中去探寻，主要有以下三个方面。

一是出自个人仕宦前景的考虑。杜牧是一个非常聪明且有敏锐洞察力的文人型政治干才。从他上书李德裕所提出的一系列用兵和吏干才识上均可看得出来，这一点已是人们的共识。但他不可能是超越时代的圣人，从他个人仕宦前景来看，他没有必要为一个遭君相抛弃而全面失势，并且几乎没有任何翻身可能的李德裕坚守节操。他没有这个义务，何况他本就不属于李党中人。在

---

① 岑仲勉对相关史料考证后辩言："今无论碑、志、纪三文孰正，然大中二年六七月间僧孺已离汝，则必然之事矣。德裕贬崖州系二年九月，且已在潮州任，无缘过汝，胡云僧孺在汝州与德裕说海上事也？"《唐史余渖》，第144页。
② 《樊川文集》卷十六，第243页。
③ 《唐故淮南支使试大理评事兼监察御史杜君墓志铭》，《樊川文集》卷九，第139页。

当时，牛党宰相周墀一上任，就调杜牧回京，并让其撰《唐故江西观察使武阳公韦公遗爱碑》，杜牧受宠若惊，在《进撰故江西韦大夫遗受碑文表》中道："臣官卑人微，素无文学，恩生望外，事出非常，承命震惊，以荣为惧。……至于臣者，最为鄙陋，明命忽临，牢让无路，俯仰惭惧，神魂惊飞。臣不敢深引古文，广征朴学，但首叙元和中兴得人之盛，次述韦丹在任为治之功。事必直书，辞无华饰，所冀通衢一建，百姓皆观，事事彰明，人人晓会。但率诚朴，不近文章。受曲被之恩私，如生羽翼；报非次之拔擢，宜裂肝肠。"①据王炎平考，为元和干臣韦丹树碑立传，有特别的政治意义："建此遗爱碑，是借韦丹之功，颂宪宗之圣。而颂扬宪宗，意在昭示宣宗仰慕和效法宪宗之心，以与所谓谋逆的穆宗区别，从而抹倒穆、敬、文、武四朝。"②这样看来，杜牧受此荣任，心中非常明白其写作重点和宣宗君臣之目的，而他当时职为司勋员外郎、史馆修撰，本不掌此，却被膺此重任，可见在牛党要人眼中，他是非常值得拉拢和重用之一员。杜牧当然也投桃报李，在碑文中恰如其分地渲染了这一目的，利用其文才成功地扮演了一回宣宗御用文人的角色，仕宦前景一片光明。我们有理由相信，在宣宗朝，尽管杜牧因家累或其他因素又出牧湖州，但后来仍升至中书舍人；如果不是早逝，他的仕途还会有更进一步的上升空间。

二是对李德裕执政期间自己僻守远郡达七载之久的怨气的抒发。会昌年间，杜牧出守黄州、池州，曾屡次上书李德裕陈述才具方略，但未能改变仕途劣势。又上书李党要员李回，自陈家学和专长，但仍不见引用。此中原因，有论者详解为是牛党要人李绅从中

---

① 《樊川文集》卷十五，第 220~221 页。
② 王炎平：《牛李党争——中唐中枢政权的倾轧》，西北大学出版社，1996 年，第 188~189 页。

第六章 晚唐三大政治变故之际文人仕进心态

作梗,① 笔者认同这一分析,而且这也正是杜牧在错综复杂的党争中将个人利益最大化的选择。原来,杜佑与李吉甫有通家之谊,故李德裕辟杜颉入幕,杜颉也一直没有辜负李德裕。② 杜牧兄弟情深,但他对杜颉入李德裕浙西润州幕仍存有防范心理,在《送杜顗赴润州幕》中道:"少年才俊赴知音,丞相门栏不觉深。直道事人男子业,异乡加饭弟兄心。还须整理韦弦佩,莫独矜夸玳瑁簪。若去上元怀古去,谢安坟下与沉吟。"③ "直道事人"当有提醒弟弟不要卷入复杂的人事纠葛之中,而"整理韦弦佩"则表现出杜牧的谨慎与担心。

原来,杜佑与元稹、白居易、李绅有宿怨,元稹曾触怒杜佑,李绅则为了维护元稹而嘲笑杜佑,但李德裕又与元稹、李绅交好,时称翰林"三俊"。④ 杜佑死时杜牧仅十岁,杜家恩泽已为堂兄杜悰所承袭,自己兄弟仕宦难达,年长的杜牧自然迁怒于元稹和李绅。元稹早死姑且不论,但李绅一直是令杜牧不快之人。其《商山富水驿》言:"邪佞每思当面唾,清贫长欠一杯钱。驿名不合轻移改,留警朝天者惕然。"⑤ 诗中欲"当面唾"者即是李绅,所以他在洛阳对李绅实施了不留任何情面的报复。另外,牛李党争中著

---

① 赵荣蔚在《晚唐士风与诗风》一书中认为,杜牧出刺黄州是因为他开成元年(836)在洛阳得罪李绅所致,并举杜牧《郡斋独酌》句:"御史诏分洛,举趾何猖狂!"《昔事文皇帝三十二韵》句:"我实刚肠者,形甘短褐鬓。曾经触虿尾,犹得凭熊轩。"《除官归京睦州雨霁》句:"误曾公触尾,不敢夜循墙。"至于杜牧如何得罪李绅,该书引李绅《拜宣武军节度使》诗序:"开成元年六月二十六日,制授宣武军节度。七月三日,中使刘泰押送旌节止洛阳。五日赴镇,出都门,城中少长士女相送者数万人,至白马寺,涕泣当车者不可止。少尹严元容鞭胥吏、士人,怒其恋幕。留台御史杜牧,使台吏遮殴百姓,令其废祖帐。"第297～298页。
② 据杜牧《唐故淮南支使试大理评事兼监察御史杜君墓志铭》:"丞相奇章公僧孺请君入幕府,君谢曰:'李公在困,未愿副知己'。"《樊川文集》,第139页。"在困"指大和四年李德裕被郑注等诬构而被贬为袁州刺史。参见傅璇琮《李德裕年谱》,第231页。
③ 《樊川文集·外集》,第334页。
④ 参见胡可先《唐代重大历史事件与文学研究》,第181页。
⑤ 《樊川文集》卷四,第67页。

名的吴湘案就发生在李绅为淮南节度使任上。被李绅处死的吴湘是杜牧恩人吴武陵的侄子，这当然又增添了杜牧心中对李绅的仇恨。但不论多么复杂的人事纠葛，李德裕终归是李党核心人物，平泽潞后功盖朝野，杜牧上书道贺。在《贺中书门下平泽潞启》中，虽未直言邀功，但他与李德裕双方当是心照不宣而已，但杜牧等来的仍是失望的结果。所以说，杜牧对李德裕等党人的怨气确实是"冰冻三尺，非一日之寒。"

三是出自家族利益考虑。与杜牧同辈的杜佑子孙中，只有杜悰仕至高位，其余均是中下层官员。与杜牧、杜颛兄弟关系密切的是其堂兄杜慥。开成四年（839），杜颛曾因眼疾依时任江州刺史的杜慥。① 但这位堂兄并不宽裕，在《为堂兄慥求澧州启》中言其："今在鄂州汨口草市，绝俸已是累年。孤外生及侄女堪嫁者三人，仰食待衣者不啻百口，脱粟蒿藿，才及一餐。"② 可见杜牧这位堂兄与杜牧同样不免陷于家累之中。而最为腾达的杜悰对待家族中人又是如何呢？会昌二年（842），杜颛眼疾很重时，曾往依时任淮南节度使的杜悰。③ 在《上宰相求湖州第二启》中道："时西川相国兄始镇扬州，弟兄谋曰：'扬州大郡，为天下通衢，世称异人术士多游其间，今去值有势力，可为久安之计，冀有所遇。'其年秋，颛遂东下，因家扬州。"④ 会昌四年（844），杜悰入相，杜颛当是跟随入京，也正是在杜颛依杜悰的这数年间，杜牧屡有上书，表现出强烈的仕进之心，这当是杜颛在堂兄杜悰的关照下，杜牧不用操太多心的缘故。但杜牧是否就完全放心杜颛呢？当然不是，一是杜颛本人亦有家累，再加上治眼病需要大量费用，筹措起来颇为艰难，杜牧后来数次上书求刺外郡一重要理由就是杜颛之眼病；二是杜悰对待家族中人的态度颇让杜牧兄弟尴尬。《北梦琐言》卷第

---

① 据缪钺《杜牧年谱》，《杜牧集》附，第362页。
② 《樊川文集》卷十六，第249～250页。
③ 据缪钺《杜牧年谱》，《杜牧集》附，第368页。
④ 《樊川文集》卷十六，第245～246页。

三"杜邠公不恤亲戚":"杜邠公悰,位极人臣,富贵无比……镇荆州日,诸院姊妹多在渚宫寄寓,贫困尤甚,相国未尝拯济,至于节腊,一无沾遗。有乘肩舆至衙门诟骂者,亦不省问之。"① 又《中朝故事》载:"邠公杜悰,人臣福寿,少有其伦。日常五餐以为常式,一日之费皆至万钱。"② 可见杜悰为人悭吝而自私,杜颛往依数年,当会有此尴尬之事发生。那么杜牧与杜悰关系到底如何呢?杜悰妻岐阳公主薨于开成二年(837),在《唐故岐阳公主墓志铭》中,杜牧对杜悰妻岐阳公主大加称赞,并对杜悰本人加以吹嘘:"尚书治澧州,考治行为天下第一。后为大司徒、京兆尹、凤翔节度使,朝廷屈指比数,以为凡有中外重难,非尚书不可。"③简直将杜悰吹捧为治世之能臣,唐室之栋梁。实际情况又是如何呢?《北梦琐言》卷一《秃角犀》:"杜邠公悰,司徒佑之孙,父曰从郁,历遗补畿令。悰尚宪宗岐阳公主,累居大镇,复居廊庙。无他才,未尝延接寒素,甘食窃位而已。……时人号为'秃角犀'。凡莅藩镇,未尝断狱,系囚死而不问,宜其责之。呜呼!处高位而妨贤,享厚禄以丰己,无功于国,无德于民,富贵而终,斯又何人也!"④ 记载反差如此之大,可见杜牧对堂兄的吹捧实出自手足之情,几年后弟颛又往依之,也说明这对堂兄弟之间关系应是非常融洽的,但在杜牧仕进道路上似乎未能有所提携。据推测,当在于以下原因:一是杜悰极有城府,虽位居高位,但处于驸马这样一个敏感的位置,其自我保护意识很强,在党争中不愿多揽事。二是杜牧好言政事,志向远大,不仅力求宦达,更求治国安邦的理想能够实现。而杜悰则明哲保身,碌碌无为,二人当无多少共同语言。

宣宗登基后,牛党大盛。杜悰为牛党要员,此时已悬人相之势。当此家族重新振兴之际,杜牧没有理由不与牛党保持一致。《旧唐

---

① 《唐五代笔记小说大观》,第1816页。
② 《唐五代笔记小说大观》,第1792页。
③ 《樊川文集》卷八,第125页。
④ 《唐五代笔记小说大观》,第1809页。

书》卷一百四十七《杜牧传》言:"牧从兄悰隆盛于时,牧居下位,心常不乐。"①但这不仅不可能成为杜牧与堂兄悰疏远的理由,反而还会更加强化其仕途进取之心。他在牛党全面胜利后,遍干牛党要人白敏中、崔铉等。本来杜牧对白敏中从兄白居易多有不满,②但此时的白敏中已是牛党新的魁首,杜牧不得不硬着头皮加以奉承。其见风使舵的仕进之心和乖于寻常之言通过上述分析后一览无余。

(二) 坚守信念,不图巧进

与杜牧乖常言辞形成鲜明对比的是李商隐、温庭筠二人在李党失败之际的表现。这里以他们二人为例,说明牛李党争胜负已分之际较具操守文人的仕进之心。

1. 李商隐在李党全面失败之际的仕进心态

前文论及李商隐以婚姻作赌注,投身李党以图仕进,但这只是他在牛李党争过程中的做法。如果他真是如令狐绹所言,一直是一个"诡薄无行"、"放利偷合"的"无持操,恃才诡激"之人,此时李党的全面失败当是其回归牛党、巧于仕进的最好时机。但是李商隐的选择却截然相反,大中元年,他毅然从李党要人郑亚之辟,赴桂管任支使兼掌书记。胡可先认为这是李商隐"正式成为李党的标志,也是李商隐与令狐绹关系恶化的开始"。并引李商隐《酬令狐郎中见寄》一诗说明诗人对时任湖州刺史,但眼看就要入朝的令狐绹辩白自己此时依附李党郑亚之苦衷:"补羸贪紫桂,负气托青萍。万里悬离抱,危于讼阁铃。"表明自己为了生计,哪怕远赴南荒之地,且处境危险也难以顾及。李商隐企图以此消除令狐绹之怒,因为诗中有"土宜悲坎井,天怒识雷霆"句,故特寄诗想以哀语打动对方。③

李商隐入郑亚桂管幕后,曾受郑亚之托代写多篇书信安慰纷纷

---

① 《旧唐书》,第3986页。
② 参见杜牧《唐故平卢军节度巡官陇西李府君墓志铭》一文,《樊川文集》卷九,第137页。此文非议白居易诗的话语,引出后代学者诸多评议,兹不一一赘述,但杜牧与白居易不相谐则无疑义。
③ 《唐代重大历史事件与文学研究》,第436~437页。

第六章 晚唐三大政治变故之际文人仕进心态

遭贬的李党人物，特别是代郑为李德裕撰写《太尉卫公会昌一品集序》中，盛赞李德裕"成万古之良相，为一代之高士；翳尔来者，景山仰之。"此句虽为郑亚所删，① 但足见李商隐在李党失败之际坚持自己政治信念的可贵操守。在牛李党争过程中，李商隐就婚李党要人王茂元之女，改变了自己的党争阵营，可能纯出于仕进之心；但他一旦与李党人物多所接触，特别是深入了解了李德裕的治国方略后，他与杜牧一样在政治上不由地赞同李德裕的施政方针，只不过他没有如杜牧那样上书李德裕陈述胸中韬略而已。关于此点，我们可以从其相关文章中寻求，如他在《为李贻孙上李相公启》中道："伏惟相公丹青元化，冠盖中州。群生指南，命代先觉。语姬朝之旧族，庄、武惭颜；叙汉代之名门，韦、平掩耀。将邻三纪，克佐五君。动著嘉遒，行留故事。陶冶于无形之外，优游于不宰之中。"② 这是对李德裕道德文章和雄才大略的由衷称赞。在李德裕被贬潮州、崖州时，李商隐的言辞与杜牧大不相同。杜牧见风使舵，而李商隐却以一个正直有良知的文人之心，写下了《李卫公》、《旧将军》、《四皓庙》、《漫成五章》等为李德裕辩冤，③ 在李死后，牛党气焰愈炽，李商隐不同流合污，而是写下《无题》"万里风波"、《汉南书事》、《杜工部蜀中离席》等伤悼作品，并对牛党所作所为加以非议。

李商隐受知于李党，故当李党危难之际，他不仅能坚守自己的政治信念，还积极配合郑亚为李党辩冤，为郑亚起草致牛党要人马植、卢言、杨汉公等书启，在《为荥阳公上马侍郎启》、《为荥阳公与三司使大理卢卿启》中，李商隐利用崔元藻与李党要人李回本为门生与座主关系，却因为党争反目成仇之事，抨击牛党人员疯狂地诬陷李党人员时连起码的师生情谊都不顾的做法。在《为荥阳公与前浙东杨大夫启》中，为郑亚向杨汉公辩冤之辞。傅璇琮

---

① 见傅璇琮《李德裕年谱》，第484页。
② 《李商隐文编年校注》，第903页。
③ 详见宋宁娜《李商隐与李德裕》一文，《南通大学学报》2007年第4期。又傅璇琮《李德裕年谱》亦有简要辨析，第505~506页。

评李商隐上述诗文，"表现了李商隐高尚的情操，坚定的是非观念，与政治上的正义感"。①

在李党全面失败之际，李党党徒遭受打击当在意料之中，其他文人出于避祸或仕进之心，多缄口不言或纷纷转向，极少人能够如李商隐这样坚守信念，不顾自己仕进前程为李党辩冤。因此我们可以说，李商隐在政治立场和信念上属于李党，是一个有社会责任感和良知的文人正确的选择；但同时，他又是一个在行为上比较懦弱的下层文官，他的仕途命运大多时期掌握在牛党手中。在各种因素的综合考量下，他做不到与牛党人物特别是令狐绹的彻底决裂，但难能可贵的是他没有违背自己的良心巧于仕进，而是在李党失败时做些力所能及的辩诬性工作。在李党要人彻底失势之时，他不得不回到京城，为了生计和仕进再度向牛党权相令狐绹乞求。② 后人对

---

① 《李德裕年谱》，第506页。傅璇琮：《关于李商隐研究的几个问题》一文亦有相关论述，《文学评论》1982年第3期。

② 关于令狐绹有无对李商隐的仕途加以打压问题，论者存在两种截然不同的观点。如大中五年李商隐补为太学博士一职，胡可先认为："我们并不能将此视为令狐对义山宿憾已释的表示，令狐绹只是阻遏义山的仕进之路，还不至于对他搞政治迫害。如果令狐绹与义山往昔友谊真正恢复，尽管令狐嫉才，但提拔他做个显宦，不至于沉沦下僚则是可能的。援引同年或朋党居显职之事于唐官场乃习见之事。"（《唐代重大历史事件与文学研究》，第437页）。但傅剑平在《李商隐与令狐绹关系要论》一文中认为："这个国子博士冷官，他的亲哥哥令狐绪就曾做过。这个自己亲哥哥做得的官职，李商隐就做不得？这样荐引安排，就是敷衍塞责，挤兑压制？这是一种什么逻辑呢？再说，令狐绹要荐引李商隐一个什么样的官职，才能平息古往今来、千年不息的种种物议指责呢？难道一定要安排李商隐入翰苑兰台，位通显宦才算是援手和帮助吗？"（《华南师范大学学报》2006年第4期）。从常情来看，令狐绹在大中朝位极人臣，确实有能力将一个下层文官安排至显要位置，但恰恰不能安排李商隐。令狐绹能成为牛党后期魁首，正在于其对李党清算得最为彻底，不留任何情面。而李商隐出自令狐家，却"忘家恩"而弃牛奔李，这对令狐绹在牛党阵营中的地位起了很大的负面影响，若令狐绹在这样一个关乎自身威望的事情上处理偏颇，仍念及旧时情谊而徇私安排，必然引起牛党众多党徒之非议，这对令狐绹来说是不愿承受的；何况对李党的打击为大中朝既定政策，令狐绹纵有心安排，也会顾忌宣宗的质疑，这更是令狐绹所不愿看到的。所以说，令狐绹没有忘记与李商隐之旧谊，但他处在复杂之位置，只能为李商隐提供力所能及的帮助，那种一厢情愿地认为令狐绹可以彻底改变李商隐仕途命运却不愿意为之出力的说法是不准确的。

第六章　晚唐三大政治变故之际文人仕进心态

其依违两党之间的评价基本正确，但没有指出这只是其行为上的选择；在内心深处，他的思想自始至终都是与李党进步的政治理念相一致的，这也是构成其悲剧心理的重要原因之一。

2. 温庭筠在李党全面失败之际的仕进心态

与杜牧、李商隐二人相比，温庭筠的党人行迹更少，几乎看不出其属于哪一朋党。关于温庭筠之有关党争的作品和行为，傅锡壬在其《牛李党争与文学》一书中议论颇详，这里略述之以求立论。对于李党，温庭筠有《感旧陈情五十韵献淮南李仆射》一诗，诗中李仆射，傅书确认为李德裕。此诗傅书论及两点：一是此诗为干谒求引之作。在诗中，温庭筠言"有客将谁托，无媒窃自怜"，据傅书引顾学颉和夏瞿禅语，是温以通家子弟向李德裕陈情干谒之作。二是此诗作于温之少年，而李已壮年。温诗有"嵇绍垂髫日，山涛筮仕年。琴尊陈座上，纨绮拜床前"句，正是此意。又引温《题李相公敕赐锦屏风》："丰沛曾为社稷臣，赐书名画墨犹新。几人同保山河誓，独自栖栖九陌尘。"① 傅书认为"德裕能亲书屏风，以赐庭筠，而庭筠又于德裕远斥时，作诗感念如此，则彼此二人，断非泛泛之交。"（按：此处傅理解不当。屏风乃李获赐物，非李赐温之物。）又言温李二人之间必有怨隙，只是缺乏史料难以考知。对于牛党，傅书认为温与令狐绹交恶源于两点：一是温对令狐绹成名后不提拔自己耿耿于怀，故意触犯以抒其怨；二是温与李德裕相交甚厚，令狐绹必有所顾忌。② 从上述分析中可以看出，温庭筠与李德裕交往是在党争发展期间，他之所以与李德裕交厚却未得李之荐引，当是两方面原因造成：一是李自身持身端正，不轻易荐引举子，此点上文已有论述；二是温之浪子行径为重视礼法的李所不喜，故日益疏远之。除此二点外，目前尚难发现温李二人有怨隙之具体情由。而温与牛党要人交往主要在李党全面失败之后，其坚

---

① 《温庭筠全集校注》卷五，第462页。
② 《牛李党争与文学》，第189~199页。

守李党之进步的政治信念是他与牛党要人交恶的主要原因。李德裕南贬后，温庭筠不避嫌疑，在《题李相公敕赐屏风》中称李为"社稷臣"。当时政治之险恶，王夫之道："先君之骨未寒，太尉之逐已亟，环唐之廷，无有一人焉昌言以伸其忠勋者。"① 由此可见温之操守。此时，他完全可以如同杜牧一样全面投身牛党，以乖常之言辞讨好牛党并在仕途上得以巧进，但他并没有这样做。他虽与令狐绹有交往，却不主动示好，反而屡屡触犯，正是其宁为玉碎、不为瓦全心态的最好写照。② 他有诗自明心志，《江南曲》以荷为喻："拾萍萍无根，采莲莲有子。不作浮萍生，宁为藕花死。"③《懊恼曲》亦道："三秋庭绿尽迎霜，唯有荷花守红死。"④《寓怀》诗言其傲视权贵，淡泊名利之志："诚足不顾得，妄矜徒有言。……唯丝南山杨，适我松菊香。鹏鲲诚未忆，谁谓凌风翔。"⑤

（三）只求仕进，无意牛李

晚唐牛李党争期间，确实有不少文人卷入其中，这包括两种情况：一部分本身就是党徒身份，如李党之李德裕、李绅、韦瓘，牛党之牛僧孺、令狐绹等；一部分本无意党争但被动卷入的，如杜牧和李商隐。但晚唐还有大量文人，他们既不是两党党徒，也没有什么机缘主动或

---

① 《读通鉴论》卷二十六，第 2152 页。
② 据记载，温有两次触犯令狐绹，《旧唐书》一百九十下《温庭筠传》："大中初，应进士，苦心研习，尤长于诗赋。初至京师，人士翕然推重。然士行尘杂，不修边幅，能逐弦吹之音，为侧艳之词，公卿家无赖子弟裴诚、令狐滈之徒，相与蒲饮，酣醉终日，由是累年不第。……咸通中，失意归江东，路由广陵，心怨令狐绹在位时不为成名。既至，与新进少年狂游狭邪，久不刺谒。又乞索于杨子院，醉而犯夜，为虞候所击，败面折齿，方还扬州诉。令狐绹捕虞候治之，极言庭筠狭邪丑迹，乃两释之。自是污行闻于京师。"第 5078～5079 页。又《唐诗纪事》卷五十四："令狐绹曾以故事访于庭筠，对曰：事出《南华》，非僻书也。或冀相公燮理之暇，时宜览古。绹益怒，奏庭筠有才无行，卒不登第。庭筠有诗曰：因知此恨人多积，悔读《南华》第二篇。"《唐诗纪事校笺》，第 1839 页。
③ 《温庭筠全集校注》卷二，第 158 页。
④ 《温庭筠全集校注》卷二，第 179 页。
⑤ 《温庭筠全集校注》卷二，第 206 页。

第六章 晚唐三大政治变故之际文人仕进心态

被动卷入党争,他们只求仕进,无意于牛李纷争。这种无意纷争,可能存在这样两种情形:一是他们根本不了解朝中党派争斗内幕,干谒时也分不清所投对象属何阵营,只要是潜在的知己就行;二是他们虽分得清投文对象阵营,但自己距离党争毕竟遥远,故也就不太在意对方党派,只求对自己仕进有利就行。且以赵嘏为例:

据谭优学《唐诗人行年考·赵嘏行年考》,① 开成元年(836)有《送令狐郎中赴郢州》,令狐郎中为令狐楚弟令狐定,诗有句"佐幕才多始拜侯,一门清贵动神州。"② 时赵嘏未第,诗中流露的企图意味明显。同年又有《送张又新除温州》。张乃坐李训、郑注甘露事变事被贬。张是牛党中坚,为李逢吉"八关十六子"要员之一,曾猖獗一时;而此诗为赵嘏安慰张被贬官而作,可见二人已不是新交。开成四年(839),有诗二首干谒李德裕,分别为《献淮南李相公》和《献淮南李仆射》,后诗云:"早年曾谒富民侯,今日难甘失鹄羞。新诺似山无力负,旧恩如水满身流。马嘶红叶萧萧晚,日照长江滟滟秋。功德万重知不惜,一言抛得百生愁。"③ 此诗表明李德裕似颇欣赏赵嘏才华,只是未能荐引,故再次上书,希望李之"一言"能够为自己"抛得百生愁"。同年应举长安时,又有《和令狐补阙春独游西街》一诗,是和令狐绹诗。会昌三年(843)落第,有《下第后上李中丞》,是投给李党要人李回,有"唯应感激知恩地,不待功成死有余。"④ 会昌五年(845),曾干谒牛党要员李珏,有《舒州献李相公》和《回于道中献舒州李珏相公》。会昌六年(846),赵嘏已及第两年,四十一岁,守选中,寄《十无诗寄桂府杨中丞》诗于杨汉公,其四云:"日暮江边一小儒,空怜未有白髭须。马融已贵诸生老,犹自容窥绛帐无?"⑤ 诗中表

---

① 谭优学:《唐诗人行年考》,四川人民出版社,1981年,第289~318页。
② 《赵嘏诗注》,第47页。
③ 《赵嘏诗注》,第98页。
④ 据傅璇琮《唐五代文学编年史·晚唐卷》考,第221页。
⑤ 《赵嘏诗注》,第109页。

达入幕之愿。杨汉公是牛党中坚,前文已述,他是文人干谒牛党要人之主要对象。大中三年(849),有《别牛郎中门馆》,牛郎中为牛僧孺子牛蔚,可见赵嘏为求仕与牛僧孺父子均有交往。大中四年(850),令狐绹入相,赵嘏有《上令狐相公》诗,有句"不知机务时多暇,犹许诗家属和无?"① 赵嘏时已四十五岁,仍官渭南尉微职,故特与权相令狐绹诗,以图仕进。

我们之所以不厌其烦地罗列赵嘏求仕经历,是为了证明:一、普通下层文人如赵嘏等在仕进问题上有意或无意地忽视牛李党争,对于两党权要,均有干谒作品。二、李党失败后,如赵嘏等下层文官的仕进之心不曾受任何影响,牛党要人同样可以满足他们的干谒需求;三、没有机缘与李党接触的下层文人如赵嘏等,由于他们对牛李两党政治理念和治国方略较为陌生,不可能如同李商隐和温庭筠那样熟稔于胸,因此在李党失败之际,也就不可能做出如同温、李二人那样的进步选择,仕进仍是他们关心的第一要务。

综上所述,我们可以看到,在长达四十余年的牛李党争中,晚唐文人恰逢党争的后半段时间,受影响也最深。在这些卷入其中的文人当中,仕进问题一直是他们关注的核心问题,由此呈现出的各种心态也就有迹可循了。从总体来说,李党谨守礼法,与大量文人保持了一定距离;牛党则是广招党徒,队伍庞大,实力雄厚,并最终置李党于死地。傅锡壬总结道:"李党的成员是较缺乏整体作战与组织能力的。这不难从牛李党争的发展中去理解。因为李党多在维护既存的利益,而牛党则是在开创新局面,而且新兴阶级又是占多数的优势,在社会的变迁中,高门第的旧族,在长期闭关自守后,已经濒临'孤掌难鸣'的困境。……所以唐代的李党在先天上已注定失败,当李德裕贬死崖州后,即销声匿迹,而牛党的代表白敏中、令狐绹等还在政治舞台上大肆活跃呢!"② 历史的无情正

---

① 《赵嘏诗注》,第33~34页。
② 《牛李党争与唐代文学》,第264~265页。

在于此：进步的思潮并不能最终占得上风，以李德裕为代表的李党对晚唐浮华士风和文风的改革随着李党的失败而告终，代之而起的牛党君臣则将奢靡浮华士风和文风推向了极致。这样，越来越世俗化的仕进之风磨灭了文人们哪怕一丁点儿的可贵棱角，唐王朝也就在没有几声文人的哀叹声中走到了尽头。

第二节 唐末战乱期间文人仕进心态

懿宗咸通元年（860）至哀帝天祐四年（907）唐朝灭亡为晚唐后期，学者们多将其称为唐末时期。① 在这近半个世纪的乱世之中，由于人民起义、② 藩镇割据、宦官专权引发的战乱基本上没有停止过。本节拟从人民起义、藩镇战争两方面探讨此时文人之仕进心态。而由于宦官专权引起的战争时间较短，且多是与藩镇战争混杂在一起，故不再列专题探讨，而是将其纳入藩镇战争专题之中。至于唐亡前后数年间大量文人入地方政权以求仕进问题，则将在下节专门论述。

一 唐末社会乱象概述

关于唐末社会乱象和民不聊生之现实，有关研究成果论之颇为详尽。这里本文无意重复这些内容，只引当时人之作品来加以分析。刘允章《直谏书》：

> 今天下食禄之家，凡有八入，臣请为陛下数之。节度使奏

---

① 关于"唐末"时间界定，李定广在《唐末五代乱世文学研究》一书中将苏雪林、郑宾于、许总、吕武志等学者对"唐末"时间界定作了较为系统的归纳，可参看。中国社会科学出版社，2006年，第4~6页。
② 本文用"人民起义"而不用"农民起义"，主要考虑到唐末起义军并不都是农民出身，如庞勋起义主要是下层士兵，而且随着起义队伍的壮大，社会各阶层加入其中，仅以"农民起义"来概括似没有"人民起义"全面。

改,一入也。用钱买官,二入也。诸色功优,三入也。从武入文,四入也。虚衔入仕,五入也。改伪为真,六入也。媚道求进,七入也。无功受赏,八入也。国有九破,陛下知之乎?终年聚兵,一破也。蛮夷炽兴,二破也。权豪奢僭,三破也。大将不朝,四破也。广造佛寺,五破也。赂贿公行,六破也。长吏残暴,七破也。赋役不等,八破也。食禄人多,输税人少,九破也。臣闻自古帝王,终日劝农,犹恐其饥,终日劝桑,犹恐其寒。此辈不农不桑,坐食天下。欲使天下之人尽为将士矣,举国之人尽为僧尼矣,举国之人尽为劫贼矣。欲使谁人蚕桑乎?今天下苍生,凡有八苦,陛下知之乎?官吏苛刻,一苦也。私债徵夺,二苦也。赋税繁多,三苦也。所由乞敛,四苦也。替逃人差科,五苦也。冤不得理,屈不得伸,六苦也。冻无衣,饥无食,七苦也。病不得医,死不得葬,八苦也。仍有五去,势力侵夺,一去也。奸吏隐欺,二去也。破丁作兵,三去也。降人为客,四去也。避役出家,五去也。人有五去而无一归,有八苦而无一乐,国有九破而无一成,官有八入而无一出,凡有三十馀条,上古以来,未之有也。天下百姓,哀号于道路,逃窜于山泽。夫妻不相活,父子不相救。百姓有冤,诉于州县,州县不理;诉于宰相,宰相不理;诉于陛下,陛下不理;何以归哉?①

这段文字对唐末现实的描绘读来可谓惊心动魄。"八入"乃八种食禄寄生方式,自然耗费国家大量财力;"九破"乃九种政治弊端,任何一条都有可能导致国破政亡;"八苦"乃百姓八种痛楚,是诱发农民起义的一条条导火索;"五去"乃五种百姓纷纷踏上逃亡之路的原因。这一派民不聊生的惨象并非出自后人的想象,而是出自懿宗朝曾任翰林学士的正直文人刘允章之手,其所述时事之真实性

---

① 《全唐文》卷八〇四,第8449~8450页。

当不必怀疑。卢携《乞蠲蠲租赈给疏》:

> 陛下初临大宝,宜深念黎元。国家之有百姓,如草木之有根柢。若秋冬培溉,则春夏滋荣。臣窃见关东去年旱灾,自虢至海,麦才半收,秋稼几无,冬菜至少。贫者砧蓬实为面,蓄槐叶为齑。或更衰羸,亦难收拾。常年不稔,则散之乡境,今所在皆饥,无所依投,坐守乡间,待尽沟壑。其蠲免余税,实无可徵,而州县以有上供及三司钱,督趣甚急,动加捶挞。虽撤屋伐木,雇妻鬻子,止可供所由酒食之费,未得至于府库也。或租税之外,更有他徭。朝廷倘不抚存,百姓实无生计。乞敕州县,应所欠钱税,并一切停徵,以俟蚕麦。仍发所在义仓,亟加赈给。至春深之后,有菜叶木牙,继以桑椹,渐有可食。在今数月之间,尤为窘急,行之不可稽缓。①

这是宰相卢携上书给初即位的僖宗,劝其同情民间疾苦,不可横征暴敛一味嬉戏之词。

刘允章和卢携身居高位,他们上书给皇帝,目的当然是为了唐王朝的统治基础不至于出现动摇,因此二文中所描述的唐末哀鸿遍野的现实应该是真实可信的。我们还可以从相关诗歌中寻求佐证。如杜荀鹤的有关诗歌,《旅泊遇郡中叛乱示同志》:"遍搜宝货无藏处,乱杀平人不怕天。"《赠秋浦张明府》:"农夫背上题军号,贾客船头插战旗。"《哭贝韬》:"四海十年人杀尽,似君埋少不埋多。"② 郑谷《长安感兴》:"徒劳悲丧乱,自古戒繁华。落日狐兔径,近年公相家。可悲闻玉笛,不见走香车。寂寞墙匡里,春阴挫杏花。"③ 来鹏《山中避乱作》:"山头烽火水边营,鬼哭人悲夜夜

---

① 《全唐文》卷七九二,第8302~8303页。
② 三首诗分别见《〈唐风集〉研究》卷一、卷二、卷三,《杜荀鹤及其〈唐风集〉研究》第113、115、215页。
③ 《郑谷诗集编年校注》,第104页。

声。唯有碧天无一事,日还西下月还明。"① 司空图《淅上》:"西北乡关近帝京,烟尘一片正伤情。愁看地色连空色,静听歌声似哭声。"② 战乱之中,对于那些为了全身远祸而不求仕进的文人来说,即使躲避得再过偏僻,也不一定能保全性命,如周朴(见下文详述);对于那些为了理想或生计而追求仕进的文人来说,他们不得不在烽火连天的世上穿行,生命轻如一片秋叶,随时都会凋谢,如伊璠。③ 在如此险恶的仕进环境中,文人们心态又当如何?

二 唐末人民起义期间文人仕进心态

唐自大中朝以后,隐患弥深,各种社会矛盾越来越激化,但统治者却不顾及百姓死活,仍沉迷在奢侈荒淫之中。宣宗死后,继位的懿宗可谓有唐历史上最为荒淫残暴的皇帝,佞佛且凶残。④ 其在位十四年,先后爆发了裘甫、庞勋领导的人民起义,死后不久,又爆发了席卷全国的王仙芝、黄巢领导的农民大起义。相关史实兹不赘述,这里只就人民起义期间涉及文人仕进心态问题加以论述。

在裘甫起义队伍中,有进士王辂。《资治通鉴》卷二百五十"懿宗咸通元年"载:"有进士王辂在贼中,贼客之。辂说甫曰:'如刘副使之谋,乃孙权所为也。彼乘天下大乱,故能据有江东;今中国无事,此功未易成也。不如拥众据险自守,陆耕海渔,急则逃入海岛,此万全策也。'甫畏式,犹豫未决。"⑤ 可见王辂在起义

---

① 《全唐诗》卷六四二,第 7410 页。
② 《司空表圣诗文集校笺·诗集笺校》卷一,第 30 页。
③ (唐)高彦休撰,阳羡生校点《唐阙史》卷下《虎食伊璠》:"巢偷污踞宫阙,与安、朱之乱不侔。其间尤异者,各为好事传记,冠裳农贾,挈妻孥潜迹而出者,不可胜记。至有积月陷寇,终日逃避,竟不睹贼锋者。独前泾阳令伊璠,为戎所得,屡脱命于刃下。其后血属相失,村服晦行。及蓝关,为猛兽捕而食之。"《唐五代笔记小说大观》,第 1365 页。
④ 李定广在《唐末五代乱世文学研究》中道:"史学家多认为,唐懿宗是唐代二十帝中最为昏庸的帝王,奢侈无度、残暴专横、无能而又任性,'以谀佞为爱己,谓忠谏为妖言'",第 3 页。
⑤ 《资治通鉴》,第 8083 页。

军中起的是参谋作用。亦有誓死不降文人，如温庭皓，《资治通鉴》卷二百五十一"懿宗咸通九年"载："戊寅，勋召温庭皓，使草表求节钺，庭皓曰：'此事甚大，非顷刻可成，请还家徐草之。'勋许之。明旦，勋使趣之，庭皓来见勋曰：'昨日所以不即拒者，欲一见妻子耳。今已与妻子别，谨来就死。'勋熟视，笑曰：'书生敢尔，不畏死邪！庞勋能取徐州，何患无人草表！'遂释之。有周重者，每以才略自负，勋迎为上客，重为勋草表……"① 又懿宗咸通十年："夏，四月，壬辰，勋杀彦曾及监军张道谨、宣慰使仇大夫，僚佐焦璐、温庭皓等，并其亲属、宾客、仆妾皆死。"②

前文已论及，黄巢为一落第文人，但他贩卖私盐，绝不是一孱弱书生，落第后也没有哀伤自怜，而是产生强烈的怨恨和报复之心。其《不第后赋菊》、《题菊花》诗，与其说是怨毒的诅咒，不如说是冲锋的号角。他直指唐王朝各项弊端，尤其是铨贡无当，说出了很多失意文人心中想说而又不敢说的话。但他的起义队伍是抱着各种反唐目的之人组成的乌合之众，不可能代表天下所有失意文人向唐王朝讨还公道。相反，暴虐的习性使之即使占领长安后，也没有能力高瞻远瞩团结那些具有潜在合作和归附可能的文人。他们虽惩处了一大批唐王朝的高官，但更多的时候不过是在疯狂地杀戮，对待文人的残忍令人瞠目。《资治通鉴》卷二百五十四"僖宗中和元年"载："有书尚书省门为诗嘲贼者，尚让怒，应在省官及门卒，悉抉目倒悬之；大索城中能为诗者，尽杀之，识字者给贱役，凡杀三千余人。"③

---

① 《资治通鉴》，第 8127~8128 页。
② 《资治通鉴》，第 8142 页。
③ 《资治通鉴》，第 8247 页。关于此点，陈耀东《唐代文史考辨录》一书认为这是封建史家之栽赃陷害之词，黄巢杀的是达官贵人，"绝不是一般的士人，更不是广大的劳动群众。"团结出版社，1990 年，第 412~413 页。此论恐怕有些偏颇。

晚唐文人仕进心态研究

近年来，有论者注意到对唐末人民起义期间文人的研究，[①] 其中皮日休入黄巢军中且任翰林学士是研究焦点，特别是皮日休的结局众说不一，概括起来有四种：一是晚年"流寓宿州"；二是因讽刺黄巢发丑被杀；三是黄巢败后被唐王朝诛杀；四是避乱于吴越。[②] 这四种说法均与皮日休在人民起义期间的仕进之心密切相关。为对此问题作一透彻分析，我们先看当时文人对黄巢起义军的普遍看法，且以周朴、林慎思、刘允章、罗隐、司空图、崔致远等人为例。

周朴，林嵩《周朴诗集序》云："乾符七年，闽城殒贼，悲夫！"[③] 林嵩与周朴同时人，称黄巢为贼；《新唐书》卷二百二十五下《黄巢传》："又求处士周朴，得之，谓曰：'能从我乎？'答曰：

[①] 如张学松《晚唐诗人在农民起义中的心态表现及命运》，《上海大学学报》2005年第9期；吴玲玲《唐末农民起义期间的幕府文人与诗歌创作》，2007年陕西师范大学硕士学位论文。

[②] 第一种说法见张志康《皮日休究竟是怎样死的？》一文，《学术月刊》1979年第8期；该文引相关地方志，认为皮日休黄巢乱后流寓宿州终老。刘伟、高慎涛《晚唐诗人皮日休结局考释》一文认为此说乃地方志附会名人之意，且无其他佐证材料，不足为据。（刘、高文见《乐山师范学院学报》2003年第7期）。第二种说法见宋人钱易《南部新书》丁卷："黄巢令皮日休作谶词，云：'欲知圣人姓，田八二十一。欲知圣人名，果头三屈律。'巢大怒。盖巢头丑，掠鬓不尽，疑'三屈律'之言是讥也，遂及祸。"（第51页）。第三、第四种说法，陆游《老学庵笔记》道："《该闻录》言：'皮日休陷黄巢为翰林学士，巢败被诛。'今《唐书》取其事。按尹师鲁作《大理寺丞皮子良墓志》，称：'曾祖日休，避广明之难，徙籍会稽，依钱氏，官太常博士，赠礼部尚书。祖光业，为吴越丞相。父璨，为元帅府判官。三世皆以文雄江东。'据此，则日休未尝陷贼为其翰林学士被诛也。光业见《吴越备史》颇详。孙仲容在仁庙时，仕亦通显，乃知小说谬妄，无所不有。师鲁文章传世，且刚直有守，非欺后世者，可信不疑也。故今表而出之，为袭美雪谤于泉下。"（《老学庵笔记》卷十，李剑雄、刘德权点校，中华书局1979年版，第134页）。第四种说法最早则见于宋人陶岳《五代史补》卷一《杨行密钱塘侵掠》条："初，顾之围城也，尝遣使候钱鏐起居，鏐厚待之。将行，复与之小饮，时罗隐、皮日休在坐，意以顾之师无能为也，且欲讥之，于是日休为令……"（《丛书集成续编》第274册，台北新文丰出版公司，1989年，第68页）。

[③] 《全唐文》卷八二九，第8741页。

第六章 晚唐三大政治变故之际文人仕进心态

'我尚不仕天子,安能从贼?'巢怒斩朴。"① 林慎思,《全唐文》小传载:"慎思字虔中,长乐人,咸通中进士,复中宏词科。历校书郎水部郎中万年县令。黄巢入长安,迫以伪官,不屈,骂贼死。"② 刘允章,《资治通鉴》卷二百五十四"僖宗广明元年"载:"丁卯,黄巢陷东都,留守刘允章帅百官迎谒。巢入城,劳问而已,闾里晏然。"③ 而其率百官迎谒,不过是为求自保而已,并无降附之意,《新唐书》卷一百四十六:"黄巢陷洛,礛挟尚书八印走河阳,时留守刘允章为贼胁,遣人就礛索印,拒不与。允章悟,亦不臣贼。"④ 罗隐,曾于僖宗乾符三年(876)作《与招讨宋将军书》敦促宋威尽快讨贼:"今闻群盗已拔睢阳三城,大梁亦版筑自固。……复俾将军诛翦草寇者乎?……且二贼之啮寿春,呣颍上,刷亳社,掠合肥,经营于梁、宋,其为老者杀,少者伤,驱人之妇女,辇人之货财,将军固知之矣。"⑤ 更可注意的是,此文被罗隐自己编入行卷之集《谗书》,可见其鲜明的政治立场。司空图亦曾在巢乱中困于长安,其《段章传》道:"段章者,不知何许人。咸通十年,吾中第在京,章以自儓为驭者,亦无异于他佣也。夏归蒲,久之,力不足以赒给,乃谢去。广明庚子岁冬十二月,寇犯京,愚寓居崇义里。九日,自里豪杨琼所转匿常平廪下。将出,群盗继至,有拥戈拒门者,熟视良久,乃就持吾手曰:'某,段章也,系虏而来,未能自脱。然顾怀优养之仁,今乃相遇,天也。某所主张将军憙下士,且幸偕往通他,不且仆藉于[沟辙]中矣。'愚誓以不辱,章惘然泣下,导至通衢,即别去。"⑥ 司空图虽受段章之惠,但骨子里仍充满对黄巢军的敌视。新罗文人崔致远时在高

---

① 《新唐书》,第 6454 页。
② 《全唐文》卷八百二,第 8433 页。
③ 《资治通鉴》,第 8236 页。
④ 《新唐书》,第 4746 页。
⑤ 《罗隐集校注》,第 465 页。
⑥ 《司空表圣诗文集笺校·文集笺校》卷四,第 227 页。

骈幕，作《檄黄巢书》道："且汝素是遐甿，骤为劲敌。偶因乘势，辄敢乱常，遂乃包藏祸心，窃弄神器，侵凌城阙，秽黩宫闱，既当罪极滔天，必见败深涂地。"① 由上可见唐末大多数文人对黄巢起义是持敌视态度的，文人们也不会将仕进之心寄托在黄巢起义的前景上。

我们再来看皮日休入黄巢军中这一问题。由上分析可知，作为太常博士的皮日休，虽宦位不达，但绝不至于主动加入被大多文人视作"盗贼"的黄巢起义队伍，只能是被动地卷入其中。《唐诗纪事》卷六十四："遭乱，归吴中，黄巢寇江浙，劫以从军，至京师，以为翰林学士。"②《郡斋读书志》卷四下："乾符丧乱，东出关，为毗陵副使，陷巢贼中。"③ 相关正史亦载其接受黄巢翰林学士一职，《旧唐书》卷十九下《僖宗纪》："黄巢据大内，僭号大齐，称年号金统。悉陈文物，据丹凤门伪赦。以太常博士皮日休、进士沈云翔为学士。"④ 《新唐书》卷二百二十五下《黄巢传》："巢斋太清宫，卜日舍含元殿，僭即位，号大齐。……皮日休、沈云翔、裴渥翰林学士。"⑤ 问题是，皮日休陷黄巢军中后，不管是主动还是被逼地授受翰林学士一职，其心态如何呢？张学松通过对皮日休相关作品中反映出来的反封建暴政思想的分析后认为："即使他最初是被动'从军'，但'被劫'后，看到黄巢义军声势浩大，纪律严明，体恤百姓，又加上黄巢一贯争取读书人的政策，也许感到了未来的希望，便欣然坦然了。"⑥ 这种看法颇为有理，黄巢起义早期颇为仁义的做法，可能确实让皮日休看到了在异于唐王朝的政治势力中实现个人理想和仕途进取的前景；但黄巢起义

---

① 《全唐文》第十一册《唐文拾遗》卷三八，第10804页。
② 《唐诗纪事校笺》，第2197页。
③ （宋）晁公武：《郡斋读书志》，《四部丛刊三编》本，第13A～13B页。
④ 《旧唐书》，第708页。
⑤ 《新唐书》，第6458页。
⑥ 见张学松《晚唐诗人在农民起义中的心态表现及命运》一文分析，《上海大学学报》2005年第9期。

后期，内外交困，暴虐非常，皮日休也许开始后悔自己的选择，心生怨望亦或有之。《南部新书》载其因为黄巢作谶词被杀（见前引），谶词一般是谋大事前所写，为的是舆论宣传，以浅显好记为主。这首谶词中，第二句是"黄"字的拆分，暗指新天子姓黄；第四句是"巢"字的拆分，暗指新天子名巢，可以说做得恰到好处。但巧合的是黄巢本人头丑发屈，异于常人，遂以为皮日休故意讥刺。但有无讥刺意，只有当事双方最为清楚。皮日休如果因此被杀，应是其怨望所致，这首谶词不过是一根导火索而已。但问题是其任黄巢翰林学士之事的记载又见诸史籍，而作谶词的时间一般只会是黄巢称帝前。故相较而言，应以黄巢失败后被诛的可能性为大。①

与皮日休一同陷于巢军中尚有沈云翔、裴渥两位文人。沈云翔为"芳林十哲"之一，巴结宦官以求仕进，但《旧唐书》称其为"进士"，可见仍未及第。裴渥曾为蕲州刺史，罗隐曾投书于他求荐（见前文所论），这二人可能与皮日休一样被卷入了黄巢起义队伍。由于这二人与皮日休一样在入黄巢军后未下只言片语，且下落不明，故他们在黄巢军中形迹和心态只能简述至此。

三　唐末藩镇战乱期间文人仕进心态

唐末藩镇战乱期间，文人们呈现出非常复杂矛盾的仕进心态。一方面，唐中央政权日趋弱势，强藩巨镇的不臣之心则日渐膨胀，此时求进文人不得不多依藩镇；另一方面，强藩节帅对待文人的暴虐做法又让文人们心存犹疑，举步维艰。本文在前面论述了不第文人的怨恨心态，其中敬翔、李振等人就是典型的依赖强藩朱全忠而力图仕进。这部分文人的仕进之心的寄托对象不再是统治数百年天

---

① 萧涤非在《皮子文薮》一书附录三中对此说作了详细论述，颇为有理，可参看。第249～265页。马丕环《皮日休年谱会笺》（下）亦持此说，《宝鸡文理学院学报》1996年第2期。

下的李唐王朝，而是他们所依托的不臣藩镇。他们竭力为主帅效劳，以期主帅的实力强大至足以在乱世中独霸一方甚而改朝换代的地步，这样他们就可以在仕进之途上大有作为。这是唐末藩镇战乱期间文人仕进心态之一，但并不是主流。实际上，还有大量普通文人在仕进问题上目的较为单一，心态相对平和。下面从文人与藩镇的交往和入幕后的表现入手，论述此时这一部分文人的仕进之心。

（一）犹疑求进，如履薄冰

战乱之时，拥有军事实力是权力最有力的保障。唐末乱世中，文人们更为清楚地看到这一点，故多往依藩镇求进。前文论及殷文圭利用朱全忠登进士第但又曲为掩饰，正体现文人们在乱世中复杂矛盾的求进之心。强藩虽可依，但前途难卜，一些文人不免犹疑，且以罗隐为例。《旧五代史》卷二十四《罗隐传》："唐广明中，因乱归乡里，节度使钱镠辟为从事。"① 可见罗隐入幕为乱世之中，只是入幕时间不是在广明中，而是更晚。潘慧惠据汪德振《罗隐年谱》所编《年表》认为罗隐东归佐吴越钱镠时间为僖宗光启三年（887），时年五十五岁。② 《吴越备史》卷一：

> 初从事湖南，历淮、润、皆不得意，乃归新登。及来谒王，惧不见纳，遂以所为夏口诗标于卷末云："一个祢衡容不得，思量黄祖漫英雄"之句。王览之大笑，因加殊遇。复命简书辟之，曰："仲宣远托刘荆州，都缘乱世；夫子辟为鲁司寇，只为故乡。"隐曰："是不可去矣！"③

这条材料所记存在矛盾：罗隐是在求仕不得意的情况下请求入幕的，而且还是"惧不见纳"，怎么会写这种带有试探和刺激性的诗

---

① 《旧五代史》，第 326 页。
② 《罗隐集校注》附，第 696 页。
③ 雍文华校辑《罗隐集》，中华书局，1983 年版附录，第 325 页。

第六章 晚唐三大政治变故之际文人仕进心态

句而有意导致入幕成功率降低呢？实际情况当是如《西湖游览志馀》卷二十一记载：

> 武肃王招致贤隽，然忍褊多谴斥，独新城罗隐以诙捷亲昵。先是，隐与桐庐章鲁风齐名。武肃召鲁风司笔札，鲁风不就，执而杀之。吴仁璧者，关中人，中第，入浙谒武肃，辟入幕府，坚辞不就，又谢以诗云："东门上相好知音，数展台前郭隗金。累重虽然容食椹，力微无计报焚林。弊貂不称芙蓉幕，衰朽仍惭玳瑁簪。十里溪光一山月，可堪从此负归心。"武肃怒，沉仁璧于江。召隐为钱塘令，隐惧而受命，然亦时有訾过。一日倚宴，献诗云："一个祢衡容不得，思量黄祖漫英雄。"武肃始悔悟，加礼于隐。①

由此可见，罗隐入幕钱氏且受重用是在章、吴二文人血的教训中之后才有的。此前，论者们多注意到了罗隐晚年仕途顺利的一面，却极少关注其内心之犹疑和悲苦。要知道，罗隐是在外面流浪大半生后直至五十五岁时才归依钱氏的，其间当有迫不得已之处，而且他对自己求第之前景有着清醒的认识。《五代史补》载：

> 罗隐在科场，恃才傲物，尤为公卿所恶，故六举不第。时长安有罗尊师者，深于相术，隐以貌陋，恐为相术所弃，每于尊师接谈，常自大以沮之。及其累遭黜落，不得已，始往问焉。尊师笑曰："贫道知之久矣，但以吾子决在一第，未可与语，今日之事，贫道敢有所隐乎！且吾子之于一第也，贫道观之，虽首冠群英，亦不过簿尉尔，若能罢举，东归霸国以求用，则必富且贵矣。两途吾子宜自择之。"隐憪然不知所措者数日。邻居有卖饭媪见隐，惊曰："何辞色之沮丧如此！莫有

---

① （明）田汝成：《西湖游览志馀》，中华书局，1958年，第378页。

不决之事否?"隐谓知之,因尽以尊师之言告之。媪叹曰:
"秀才何自迷甚焉!且天下皆知罗隐,何须一第,然后为得
哉!不如急取富贵,则老婆之愿也。"隐闻之释然,遂归钱
塘。①

这则材料说明罗隐一开始并不甘心放弃科考成名的机会,但年龄和成名后的仕途前景令其灰心。同时人亦有劝其罢举者,如刘赞《赠罗隐》:"人皆言子屈,独我谓君非。明主既难谒,青山胡不归。"②乱世中,人们更为世俗的仕进之心影响了罗隐的选择,但归依钱氏前后,其心态如何呢?且以吴融、章鲁封、吴仁璧三人遭遇为例进行推测。《北梦琐言》卷第五《吴融天幸》:"钱尚父始杀董昌,奄有两浙,得行其志,士人耻之。吴侍郎,越州萧山县人,举进士,场中甚有声采。屡遭维縶,不遂观光,乃脱身西上。将及苏台界,回顾有紫绶者二人追之,吴谓必遭笼罩。须臾,紫绶者殊不相顾,促遽前去,至一津渡,唤船命吴共济。比达岸,杳然失之。由是获免。尔后策名升朝。是知分定者,必有神明助之。"③此段记载将吴融逃脱钱氏羁绊事作了描绘,其间虽有荒诞不经处,但正显出吴融逃脱之不易。同书同卷《章鲁封不幸》:"屯难之世,君子遭遇不幸,往往有之。唐进士章鲁封,与罗隐齐名,皆浙中人,频举不第,声采甚著。钱尚父土豪倔起,号钱塘八都。洎破董昌,奄有杭、越,于是章、罗二士,罹其笼罩。……以章鲁封为表奏孔目官,章拒而见答,差罗隐宰钱塘,皆畏死禀命也。"④吴仁璧不愿入钱氏幕被杀,更可恶者,则是连其女儿亦未放过。《十国春秋》卷第八十八《吴仁璧传》:"仁璧有女年十八,能诗,精于

---

① 《丛书集成续编》第274册,台北新文丰出版公司,1989年,第70页。
② 《全唐诗》卷七二七,第8411页。
③ 《唐五代笔记小说大观》,第1841页。
④ 《唐五代笔记小说大观》,第1844～1845页。"章鲁封"与上文之"章鲁风"实为同一人。

第六章 晚唐三大政治变故之际文人仕进心态

天官之学,居恒戒仁璧慎出入,无罹罗网。及仁璧被系,女泣曰:'文星失位,大人其不免乎!'未几,王并沉之东小江。"①

从吴融、章鲁封、吴仁璧三人在乱世中的遭遇,可以推测出罗隐东归钱氏后之悲苦之心。钱氏对待文人之凶残,罗隐应该心知肚明,特别是钱镠将不听话的吴仁璧连同其女一起沉江处死,罗隐不可能不感到恐怖。他小心侍候,以免惹祸上身。按当时情形,罗隐与吴仁璧二人应有所交往,查屏球发现吴仁璧有两首诗提及了罗隐,接着道:"奇怪的是,我们在罗隐集中并不能发现回赠吴仁璧的相关作品。……吴仁璧于大顺时(890~891)中进士后,南投钱镠。罗终生未得进士名,在一个新科进士面前,罗自然有自卑之叹。故吴诗中有曰:'自有声诗符至道,何须名姓在殊科。'应是对罗的安慰。《诗话总龟》前集卷四十七引《雅言杂载》也记:'武肃复遣人请撰《罗城记》,仁璧不从。武肃怒,沉于江,吴人惜之。'钱镠杀吴仁璧,是因吴不肯为其写作。现罗隐本集中有《杭州罗城记》与《安东镇新筑罗城记》两文,皆与此相关。很显然,吴死后,罗才得到写作此文的机会。罗、吴对钱镠的态度是不一样的。无论是作为竞争对手,还是作为主家罪人,罗不存与吴交往的诗,也是可以理解的。"②从不存与吴仁璧交往文字这一细节,亦可见罗隐在钱氏幕府中虽求仕进但小心谨慎、如履薄冰的心态。

罗隐在乱世中这种仕进心态,也反映在他与魏博节度使罗绍威的交往上。众多史料记载有罗绍威对其文才的仰慕,如《北梦琐言》卷第十七《邺王偷江东诗》:"邺王罗绍威喜文学,好儒士,每命幕客作四方书檄,小不称旨,坏裂抵弃,自劈笺起草,下笔成文。又癖于七言诗。江东有罗隐,为钱镠客,绍威申南阮之敬,隐以所著文章诗赋酬寄,绍威大倾慕之,乃目其所为诗集曰《偷江

---

① (清)吴任臣撰,徐敏霞、周莹点校《十国春秋》,中华书局,1983年,第1267页。
② 《从游士到儒士——汉唐士风与文风论稿》,第580页。

东》。今邺中人士,多有讽诵。"① 《旧唐书》卷一八一《罗弘信传》附《罗绍威传》云:"钱唐人罗隐者,有当世诗名,自号'江东生'。威遣使赂遗,叙其宗姓,推为叔父。隐亦集其诗寄之。威酷嗜其作,目已所为曰《偷江东集》,凡五卷,今邺中人士讽咏之。"② 罗绍威与罗隐,一为位极人臣、手握重权的节度使,一为蹭蹬科场大半生的落拓寒士,其间差别判若云泥。也许对于一般士人来说,有这样一位同宗权贵赏识自己的诗文,沾沾自喜之态哪怕再加掩饰也有可能不经意间流露出来。但对于失意大半生的罗隐来说,却显得非常冷静和清醒。《魏博罗令公附卷有回》:

> 寒门虽得在诸宗,栖北巢南恨不同。马上固惭消髀肉,幄中犹羡愈头风。蹉跎岁月心仍切,迢递江山梦未通。深荷吾宗有知已,好将刀笔为英雄。③

全诗语气婉转,表达了对对方赏识自己诗文的感谢,除此之外,并无半点其他希求之意。何况罗绍威只是倾慕罗隐之才,并非一个真正礼贤下士之人。从"每命幕客作四方书檄,小不称旨,坏裂抵弃"一句可以看出,在他幕中的文人,整天是如何战战兢兢地工作的。这样一个附庸风雅且又叶公好龙式的武人,凭着罗隐半生游幕的经历,怎么可能会产生知遇之感呢?

(二)卷入战争,心态不一

唐末藩镇间战争此起彼伏,幕府文人很容易卷入其中。《九国志》卷三《田頵传》载:

> (田頵)善抚将卒,通商惠民。复疏财,爱乐文人,时游

---

① 《唐五代笔记小说大观》,第1942页。
② 《旧唐书》,第4693页。
③ 《罗隐集校注》,第201页。

第六章 晚唐三大政治变故之际文人仕进心态

其门者杨夔、康骈、夏侯淑、殷文圭、杜荀鹤、王希羽。①

田頵与吴主杨行密初期尚好,但后来关系破裂,田拟外联汴帅朱全忠、内联寿州刺史朱延寿以制杨。当此战争关键时刻,田将外联大事交给了杜荀鹤,《旧五代史》卷一七《田頵传》载:"时延寿方守寿春,直頵之事,密遣人告于頵曰:'公有所欲为者,愿为公执鞭。'頵闻之,颇会其志,乃召进士杜荀鹤具述其意,复语曰:'昌本朝,奉盟主,在斯一举矣。'即遣荀鹤具述密议,自间道至大梁。太祖大悦,遽屯兵于宿州以会其变。"② 田頵起事未成被杀,杜荀鹤则留在大梁。《北梦琐言》卷第十六《朱延寿妻王烈女》记其事,录之以见此次战乱之惨烈:"宣州田頵、寿州朱延寿将举军以背杨行密,请杜荀鹤持笺诣淮都。俄而事泄,行密悉兵攻宛陵,延寿飞骑以赴,俱为淮军所杀。延寿之将行也,其室王氏勉延寿曰:'愿日致一介,以宁所怀。'一日,介不至。王氏曰:'事可知矣。'乃部分家僮,悉授兵器,遽阖州中之扉。而捕骑已至,不得入。遂集家僮、私皁帛,发百燎,庐舍州廨焚之。既而稽首上告曰:'妾誓不以皎然之躯,为仇者所辱。'乃投火而死,古之烈女,无以过也。"③

杜荀鹤在此次战乱中表现出积极的仕进之心。《旧五代史》卷二十四《杜荀鹤传》注引《唐新纂》云:"荀鹤进士及第、东归,过夷门,献梁太祖诗句云:'四海九州空第一,不同诸镇府封王。'是则荀鹤之受知于梁祖旧矣,不待田頵之笺问而始被遇也。"④ 此处言杜荀鹤及第回家守选途中,就已有攀附朱全忠之意,但实际上这还不是杜荀鹤最早受知于朱全忠之时间。据宋人钱希白《洞微志》:"杜荀鹤字彦之,遇知于朱梁高祖,送名于春官,于裴贽侍

---

① (宋)路振:《九国志·附拾遗》,中华书局,1985年,第37页。
② 《旧五代史》,第232页。
③ 《唐五代笔记小说大观》第1933页。
④ 《旧五代史》,第325~326页。

郎下第八人登科，乃大顺三年十月十日，荀鹤生日也。九华王希羽以诗献曰：'金榜晓悬生世日，玉书潜记上升时。九华山色高千尺，未必高于第八枝。'"① 正因为曾与朱全忠结识，所以才有田頵召其为通汴之使者事。田頵之所以将关系众人今后出路之大事交付给杜荀鹤，可推测的是杜很有可能在田面前言及自己与朱全忠的结识，这才促使田頵对他充分信任。杜荀鹤甫一登第，便如此积极参与和努力促成这样的藩镇内乱大事，其试图在仕进道路上有所作为的心态不言而喻。

　　杜荀鹤在战乱中的求进之心多为后人所非议，关键在于其所投靠的对象是强藩恶镇朱全忠。在各种史料中，朱全忠之恶可谓罄竹难书，原因在于一是其确有恶行，二是其篡唐手段恶劣残忍，三是朱梁享国短促，没有其御用文人为之文过饰非。且看杜荀鹤在入田頵幕前干谒朱全忠情形。《鉴诫录》卷九《削古风》："杜在梁朝，献朱太祖《时世行》十首，欲令太祖省徭役、薄赋敛。是时方当征伐，不洽上意，遂不见遇。旅寄寺中，敬相公翔谓杜曰：'希先辈稍削古风，既可进身，不然者，虚老矣。'杜遂课颂德诗三十章，以悦太祖。议者以杜虽有玉堂之拜，顿移教化之词，壮志清名，中道而废。"② 由此可见杜荀鹤为求仕进、一改初衷的心态变化历程。《洞微志》载："杜荀鹤谒梁高祖，与之坐，忽无云而雨，祖曰：'无云而雨，谓之天泣，不知何详？诸（注：当为'请'）作诗。'荀鹤曰：'同是乾坤事不同，雨丝飞洒日轮中。若教阴显都相似，争表梁王造化功！'高祖喜之。"③ 此诗迎合了朱全忠急欲篡唐之心，奉承拍马恰到好处。《旧五代史》卷二十四《杜荀鹤传》又言："及頵遇祸，太祖以其才表之，寻授翰林学士、主客员外郎。既而恃太祖之势，凡搢绅间已所不悦者，日屈指怒数，将谋

---

① 《诗话总龟》卷之五"投献门"引，第48页。
② 《鉴诫录》，第66页。
③ 《诗话总龟》卷三"知遇门"引，第30页。

尽杀之。苞蓄未及泄，丁重疾，旬日而卒。"① 这里将杜荀鹤一朝得志态加以渲染，恐未必令人信服。如《唐诗纪事》则云："恃势侮易搢绅，众怒欲杀之而未及。"② 但不管如何，杜荀鹤于此战乱中仕进心态的变化反映了唐末部分文人在节操和利益二者面前所做出的极其世俗功利性的选择。

与杜荀鹤一同卷入这场战争的还有殷文圭、杨夔等人。《新唐书》卷一百八十九《田頵传》载："文圭有美名，全忠、缪交辟不应。頵置田宅，迎其母，以甥事之，故文圭为尽力。夔知頵不足亢行密，著《溺赋》以戒，頵不用。"③

殷文圭由朱全忠表荐及第又得罪朱全忠事，上文已有论及。杜荀鹤积极为田頵反杨行密而联络朱全忠，殷文圭心中当是极为不情愿的，所以田頵败死后，殷文圭很自然地被杨行密父子接纳。《十国春秋》卷第十一《殷文圭传》道："頵死，事太祖父子，掌书记。以文章著名，太祖墓志铭盖其手出也。"④ 杨夔对田頵反杨行秘事并不看好，其作《溺赋》云："其嗜利则孟子所以恶交争也，其欲速则仲尼所以悲不达也。孰有轻命若粪，重贿如山，用一缕无继之力，涉万仞不测之川，践险冒危，既蔑履冰之诚，殒身覆族，空衔没齿之冤。"此处言世人贪利求达而冒生命危险必将后悔莫及；接着言人易溺于各种诱惑终遭败亡，最后总结道："始吾观涉水而溺，则恍然而内惕。今复闻不波而沉，则瞿然如大敌。且酒不可甘，甘之则沉，吾命酒曰甘波。色不可爱，忧之则溺，吾命色曰爱河。衣所以被体，食所以充肠。苟朝脯而不匮，寒暑而有装，岂假积粟于廪，储货于囊。且药所以攻百疾，百疾蠲而药不止者，鲜

---

① 《旧五代史》，第326页。
② 《唐诗纪事校笺》卷六十五，第2197页。其他诸书亦与此记载同，可参元辛文房《唐才子传》卷第九，见傅璇琮《唐才子传校笺》第四册，第272页；清吴任臣《十国春秋》第一册，中华书局，1983，第149页。
③ 《新唐书》，第5479页。
④ 《十国春秋》，第150页。

不及其殃，吾命财曰药江。士患不达之名，不立之身，苟达苟立，在守其真，何必竞升沉之路，争轻重之钧。狼子野心，昵之害人，吾命权曰狼津。噫！生于世，不溺于四水者，吾谓夫颜闵之伦。"①这段谆谆告诫性的话，正表达了作者对人贪权好名之心的否定。通篇并未言及具体之事，但句句却在提醒危险的存在，反映了作者在藩镇专权好斗的环境中难以言说的忧虑和"众人皆醉我独醒"的孤独，也反映了唐末战乱中部分文人一直在"仕"与"隐"的矛盾心理中挣扎的情状。

唐末战乱中，文人死于非命者不乏其人，较有文名者如温庭皓、罗虬、吴仁璧、李巨川、王超、路德延、剧燕、郑准均横遭杀害。在这样一个人命贱如草芥的唐末乱世，为何还有诸多文人在仕进之途上苦苦奔走？我们只能说，时代可以决定个体的命运，个人却无法选择他所生活的时代。生当乱世的唐末文人，他们或为功名，或为利禄，或为生计，或为希望，只能卑微地苟活在这个遍地战火的尘世，而进入仕途则是提高生存质量的最佳方式。他们内心或许都有过悠游林泉、啸吟风月的梦想，但残酷的现实却迫使他们不得不面对生存的竞争，这也正是唐末战乱期间文人复杂矛盾的仕进心态产生的主要原因。

第三节 唐亡后文人仕进心态

晚唐三大政治变故中，唐朝灭亡对文人仕进之心影响最大。在党争和战乱中，文人尽管在仕途中遭遇了种种磨难，但毕竟提供仕进之途的唐王朝还在，有志仕途的文人心中仍存有一丝希冀。天祐三年（907），朱全忠篡唐建立后梁，则标志唐王朝的历史进程彻底结束。本节所论的正是唐亡后文人因各种原因散处各地方政权时所表现出来的仕进心态及相应的文学创作。

---

① 《全唐文》卷八六六，第 9071~9072 页。

第六章 晚唐三大政治变故之际文人仕进心态

为求对此问题有一科学的把握和认识,特根据相关文史材料统计出《晚唐文人于唐亡后散处各地方政权者简表》。需说明的是,一是此表收录的"晚唐文人",指的是只要唐亡后仍在世并散处各地方政权,则不计入仕与否均予收录;唐亡前入幕者于唐亡后仍在地方政权者,如罗隐、韦庄等,均予收录;那些虽生于晚唐,但主要政治和文学活动均在五代十国时期的文人则不予收录,如宋齐丘、廖匡图、王仁裕、冯延巳、韩熙载等;方外文人如僧、道者,唐亡后虽有家国兴亡之感,但因与仕进问题关系不大,且前文已有论及,为免重复,不予收录论述。二是"地方政权",包括后梁在内,主要在于后梁实际控制范围和他国之态度二因素考量,本文并不将其视为中央政权而凌驾于其他政权之上;[①] 且从本论题论述需要出发,只涉及唐亡后随之建立的地方政权,后续政权如后唐、后晋、后汉、后周、后蜀、南唐等离本文论题已较远,故不再加以论述。

唐亡后,文人散处各地方政权者仕进情形可分为未仕和出仕两种。下面从这两方面进行论述。

一 未仕文人心态

唐亡后,地方政权多招纳文人以加强实力。对于未仕者来说,只有少量是因为客观原因而未能入仕,如苏循、苏楷父子,因名声不好而被后梁朱温拒绝授官。其他未仕者多为主观上不愿意者,其心态概括起来有三种情形:避乱、避祸、耻事强藩。前文在分析弃官文人时,曾论及郑谷、王贞白等人,他们在朝中并未处在风口浪尖的官位,只是因为唐末战乱使得他们对仕进前程灰心而弃官。唐亡后,他们对地方军阀为逞一己之志而征战不休早已厌倦,再加上

[①] 参见刘浦江《正统论下的五代史观》一文,《唐研究》第十一卷,北京大学出版社,2005。该文认为五代时后晋以后梁为伪梁,承认后唐为正统。后周淡化正统观念。宋儒出自宋政权合法之需要,以五代为正统,但欧阳修晚年则否认这一观念。总体来看,后梁政权的正统性在当时及稍后并未得到一致的承认。

年龄等因素，不再谋求出仕。如郑谷退隐故乡后，听到唐亡消息，作有《黯然》、《寂寞》、《欹枕》等诗，《黯然》悲唐之亡，《寂寞》："江郡人稀便是村，踏青天气欲黄昏。春愁不破还成醉，衣上泪痕和酒痕。"① 诗意沉痛。《欹枕》："欹枕高歌日午春，酒酣睡足最闲身。明明会得穷通理，未必输他马上人。"② 诗言自己隐居生活比那些只知杀伐的武人要惬意得多，借以表达对战乱的不满。王贞白于唐亡后隐居著书，且对于那些到处谋求仕进者加以劝诫。《五代诗话》载："建帅陈诲之子德诚，罢管沿江水军，入掌禁卫，颇患拘束。方宴客，贞白在坐，食蟹，德诚请咏之。贞白云：'蝉眼龟形脚似蛛，未曾下面向人趋。如今钉在盘筵上，得似江湖乱走无？'众客皆笑。"③ 此诗虽不一定为王贞白所作，但诗中劝人不要四处干谒之意明显。

司空图、韩偓两人则是典型地为避祸而不仕。司空图避祸心态前文已论，此处不赘述。韩偓避居闽地时，虽然其抱着全身远祸的心态而不仕，但仍被人猜疑，他只好在《此翁》一诗中表白道："高阁群公莫忌依，依心不在宦名中。"④ 这种两难境地，在《暴雨》中道："欲去更迟留，胸中久交战。"⑤ 最后，他终于彻底摆脱此一烦恼，在《南亭》中道："行簪隐士冠，卧读先贤传。"⑥ 韩偓对唐王朝忠心不二，特别感念昭宗的知遇之恩，再加上差点死于后梁朱温之手，宦海险恶他比谁都认识得更为清楚；尽管后来有征其入朝为官之事，他为求避祸更是远赴闽地，怎么会在闽谋求出仕呢？此其一。更为现实的是，闽主王审知自知力弱，一直奉中原王

---

① 《郑谷诗集编年校注》，第235页。
② 《郑谷诗集编年校注》，第235页。
③ （清）王士禛原编，郑方坤删补，戴鸿森校点《五代诗话》，人民文学出版社，1989，第88页。《唐才子传校笺》（第四册）认为贞白不太可能到南唐时，《五代诗话》所记误。第341页。
④ 齐涛：《韩偓诗集笺注》卷二，山东教育出版社，2000，第91页。
⑤ 《韩偓诗集笺注》卷二，第96页。
⑥ 《韩偓诗集笺注》卷二，第149页。

第六章 晚唐三大政治变故之际文人仕进心态

朝正朔,后梁开国时就奉其开平年号,不可能任用一个朱梁仇视的唐朝著名大臣为官。为说明这一点,且看徐寅的遭遇。《十国春秋》卷第九十五《徐寅传》载:"尝游大梁,以赋谒梁王朱全忠,误触其讳,梁王变色,寅狼狈出,欲遁去,恐不得脱,乃作《过大梁赋》以献,略曰:'千金汉将,感精魄以神交;一眼伧夫,望英风而胆落。'梁王得赋大喜……已而走归家里,太祖辟掌书记。唐灭梁,闽使贺庄宗登极,庄宗遽问使曰:'徐寅无恙乎?归语尔主,父母之仇,不共戴天。寅指斥先帝,尔国何以容之?'使回,具以告。太祖曰:'如此,则上直欲杀徐寅尔,今但不用可矣。'即日戒阍者,不得引接。"① 由此可以看出,闽主在吸收中朝文人入仕时是有所顾忌的,韩偓即使想入仕怕也不是那么容易。何况他作为京兆人远逃此地,主要就是为避祸而来,再加上其入闽时年已六十五岁,入仕不仅无多少意义,还有损其唐室忠臣之名,所以说韩偓之不仕心态正在于全身远祸之虑。正因为基于这一心态,韩偓才做出了对他来说最为合适的仕隐抉择,成就了他"唐末完人"的清誉:"偓为学士时,内预秘谋,外争国是,屡触逆臣之锋,死生患难,百折不渝。晚节亦管宁之流亚,实为唐末完人。"②

耻事强藩者怀有对唐王朝忠义之心,对于地方政权统治者采取不合作的态度。在吴越,唐亡前有吴仁璧因不与钱镠合作而父女同遭沉江的惨剧,有章鲁风、罗隐等委曲求全的文人依附幕中。唐亡后,仍有不愿依附钱氏的文人。如孙郃,"明州奉化人也。自幼负气岸,博学高才。唐末为左拾遗。朱全忠篡唐,著《春秋无贤人论》,即脱冠裳,服布衣,归隐于奉化山,著书纪年,悉用甲子,以示不臣之义。"③ 钱镠在唐末五代乱世中安定吴越一方起了积极的作用,但他对不合作文人的恶行却让不少文人敬而远之。另外,

---

① 《十国春秋》,第 1374 页。
② (清)纪昀:《四库全书总目》卷一五一《集部·别集类四》,中华书局,1965,第 1302 页。
③ 《十国春秋》卷第八十八,第 1268 页。

忠于唐王朝的文人可能对一直向后梁等中原政权称臣的钱氏颇为不满，这也应是唐亡后为何有不少文人不愿出仕吴越钱氏政权的原因之一。《十国春秋》中与孙郃同载的两位出生于唐末的文人方昊、石延翰就是如此，他们二人同样是以出仕吴越钱氏为耻的。[①] 福建王审知建立的闽政权虽在黄滔的主导下吸引了大量文人（详见下文），但仍有部分文人采取不合作的态度，原因仍是耻事强藩。《十国春秋》载："王仁缋，福唐人。少有志操。太祖闻其贤，命试大理评事，仁缋耻事强藩，固辞，隐居龙山，终其身。杨廷式，泉州人。唐末明经登第，除太子舍人。黄巢之乱，避归黄浦村中，以清苦名节自立。太祖镇威武军，屡辟不至，人皆称之。翁郃字季长，长安人。唐昭宗朝，官至尚书左仆射、河西节度使。梁篡唐，郃耻事二姓，以父、祖官闽，知其地偏僻可避乱，遂携家来建阳居焉。"[②] 更有甚者，宁死亦不肯出仕。同书载黄岳事："唐末，由乡贡入太学。黄巢寇闽，避地者无所衣食，岳好施予，鲜倦容，从之者如市。太祖为威武节度使，闻其名，累辟为属，力辞不就。无何，太祖受王封，必欲起岳，岳度不能拒，遂投渊而死。岳妻林曰：'夫能为忠臣，妾独不能为忠臣妇乎！'亦投渊从之。邦人为立祠祀于其地。一云：'岳死时，父母、妻子、二弟、一白犬皆赴水死。又，来徵岳者崇、舒、赵、田四人亦死。'"[③] 此处记载相当独特，因为闽主王审知虽然奉后梁正朔，不过是安境保民需要，实际上是相当独立的，故黄滔等大量文人归附之。同时也并未见其有何对待文人恶行，与后梁有过节的韩偓、与后唐有过节的徐寅均赖其而终，为何这位黄岳文人对其如此反感？不仅自己自尽，全家人畜也都纷纷赴水而死，竟然连执行命令的人员也要自尽？看来此事绝非耻事强藩那么简单，限于材料，只能留待后考。在荆南，梁震

---

① 《十国春秋》卷第八十八，第1268页。
② 《十国春秋》卷第九十七，第1391~1392页。
③ 《十国春秋》卷第九十七，第1392页。

第六章 晚唐三大政治变故之际文人仕进心态

虽辅助高氏两代，却不愿入仕，《北梦琐言》卷第七"梁震无禄"言梁震于唐末登第后，"却思归蜀，重到渚宫。江路梗纷，未及西溯，淮师寇江陵，渤海王邀致府衙，俾草檄书，欲辟于府幕，坚以不仕为志，渤海竟诺之。二纪依栖，竟麻衣也。"① 在前蜀，有张道古，唐景福中进士登第，官右拾遗，上昭宗疏，言"五危二乱"事，被贬。《资治通鉴》卷二百六十一"昭宗乾宁四年"："右拾遗张道古上疏，称：'国家有五危、二乱。……'上怒，贬道古施州司户。仍下诏罪状道古，宣示谏官。"② 入蜀，又有《上蜀王》诗，云："封章才达冕旒前，黜诏俄离玉座端。二乱岂由明主用，五危终被佞臣弹。西巡凤府非为固，东播銮舆卒未安。谏疏至今如可在，谁能更与读来看。"③ 诗中希望蜀王能够重视自己忧国忧民之心，亦可见其对当年上书之事的自负。《十国春秋》载："高祖开国，召为武部郎中。至玉垒关，谓所亲曰：'吾唐室谏臣，终不能拳跽与鸡犬同食，虽召必再贬。死之日，当葬我于关东不毛之地，题曰'唐左补阙张道古墓。'入朝，果不为时所容，复贬茂州。武成元年，卒于灌州。'"④ 从中可以看出，其虽出仕，实仍以唐臣自居，不屑与其他投仕者同列，故一贬再贬而死，其耻事强藩心态亦是极为明显的。

唐亡后，各地方政权多愿意接受来奔文人，不愿意出仕者无论是为了避乱、避祸还是耻事强藩，究其根本还是唐王朝近三百年的封建正统的影响力起了决定作用。作为赖以生存、仕宦和效忠的唐王朝一旦崩溃，这批文人心中一时还无法接受。如朱葆光，《十国春秋》载："其先京兆人，徙家南阳。朱氏篡唐，葆光与颜荛、李涛辈复携家来湖南，侨居潭州。每遇元会、长至节，必整衣立南岳

---

① 《唐五代笔记小说大观》，第1870页。
② 《资治通鉴》，第8512~8513页。
③ 《全唐诗》卷六九四，第8056页。
④ 《十国春秋》卷第四十二，第617页。

祠前，北望号恸，殆二十年。"① 这三位文人当中，颜荛曾官昭宗朝中书舍人，他们这种遗民心态，正是唐亡后一批不愿出仕地方政权者的心理缩影。

二　出仕文人心态

唐亡后，晚唐文人因各种原因散处于各地方政权控制的地域之中。出仕于地方政权者，心态也是各种各样的。有的积极主动，继续其未竟之仕进梦想；有的消极被动，出仕之举实属无奈；还有的善识时务，巧于仕宦，在仕途上游刃有余。

唐亡于后梁朱温，其他地方政权中首先表示不臣并且建帝称号者为前蜀王建。在此过程中，韦庄起了重要的作用。他拒梁使、思复仇、首劝进、再入相，一系列过程中既体现其卓越的政治才能，也体现了他在一步步地实现其位极人臣的仕进梦想。其《长年》诗道："大盗不将炉冶去，有心重筑太平基。"② 可见其颇有大志。他于唐末入蜀，王建辟其为掌书记。朱温篡唐时，关键一步是弑昭宗，韦庄建议回绝朱温使者，并作《为蜀高祖答王宗绾书》：

> 吾蒙主上恩有年矣，衣襟之上，宸翰如新。墨诏之中，泪痕犹在。犬马尚能报主，而况人之臣子乎？自去年三月东还，连贡二十表，而绝无一使之报。天地阻隔，叫呼何及。闻上至谷水，臣僚及宫僚千馀人，皆为汴州所害。至洛果遭弑逆。自闻此诏，五内糜溃。方枕戈待旦，思为主上报仇。今使来，不知以何宣告。③

此文中言为昭宗报仇之事，不过是为了激起蜀地军民同仇敌忾之

---

① 《十国春秋》卷第七十五，第1028页。
② 《韦庄集笺注·浣花集》卷第二，第81页。
③ 《韦庄集笺注·遗文》，第466~467页。

情，为接下来的自立为帝张本。《资治通鉴》卷二百六十六"太祖开平元年"载："蜀王会将佐议称帝，皆曰：'大王虽忠于唐，唐已亡矣，此所谓天与不取者也。'冯涓独献议请以蜀王称制，曰：'朝兴则未爽称臣，贼在则不同为恶。'王不从，涓杜门不出。王用安抚副使、掌书记韦庄之谋，帅吏民哭三日；己亥，即皇帝位，国号大蜀。辛丑，以前东川节度使兼侍中王宗佶为中书令，韦庄为左散骑常侍、判中书门下事。"① 韦庄之所以劝进，正在于凭其敏锐的政治洞察力看到了王建欲称帝之心，故以痛哭遮掩以完成僭号的前奏。冯涓未尝没有看到这一点，但其心存唐室，认为称帝是与贼同恶之举。韦、冯二人同为唐室遗臣，在王建称王还是称帝问题的态度上看似差之毫厘，实则失之千里，二人在蜀政权中的仕进心态区别是很明显的。

闽之文人于唐亡后可以黄滔为代表论之，《十国春秋》载其事："天复元年，受太祖辟，以监察御史里行充威武军节度推官，旋使钱塘，与罗隐相得甚欢。梁时强藩多僭位称帝，太祖据有全闽，而终其身为节将者，滔规正有力焉。中州名士避地来闽，若韩偓、李洵数十辈，悉主于滔。"② 黄滔为闽泉州莆田人，光化三年（900）归闽，唐亡后，多引中原名士入闽，据《五代诗话》："中州名士避地于闽者，若李绚、韩偓、王涤、崔道融、王标、夏侯淑、王拯、杨承休、杨赞图、王倜、归传懿辈，悉主于滔。"③ 他为闽主招纳大量文人，显示其积极的仕进之心。同时，他还出使吴越、与后梁册闽使翁承赞诗歌唱和、为闽主所设无遮大会撰写《丈六金身碑》等行为，无不表示其在王闽政权中积极求进之心。④

朱温篡唐时，唐王朝中被其认为不顺从的文臣均遭到了清洗，

---

① 《资治通鉴》，第8685页。
② 《十国春秋》卷第九十五，第1373页。
③ 《五代诗话》卷六，第255页。
④ 参见彭万隆《黄滔行年考》，《唐五代诗考论》，浙江大学出版社，2006，第365~378页。

其余居高位且为其完成所谓禅让仪式者主要有张文蔚、杨涉、张策、赵光逢、薛贻矩、苏循等六人，欧阳修特作《唐六臣传》，在叙写了此六人在唐梁更替仪式中的作用后感叹道："唐之亡也，贤人君子既与之共尽，其余在者皆庸懦不肖、倾险狯猾、趋利卖国之徒也。不然，安能蒙耻忍辱于梁庭如此哉！"① 欧阳修以忠义立言，对此六人的指责不无道理，特别是薛贻矩、苏循二人，急于卖国求荣而唯恐被人抢去拥戴头功的丑恶行径令人生厌。后人的指责不仅见于欧阳修，再如《困学纪闻》卷一八《评诗》："罗昭谏《咏松》曰：'陵迁谷变须高节，莫向人间作大夫。'其志亦可悲矣。唐六臣彼何人哉！昭谏说钱镠举兵讨梁，见《通鉴》，其忠义可见，视奴事朱温之杜荀鹤犹粪土也。"② 这里将罗隐之忠义之心与杜荀鹤对比，对媚事朱梁者大加挞伐，唐六臣更是等而下之而不屑一提。但我们如果从另一角度考量，这六人又何尝不是惧祸而为之？"白马之祸"殷鉴不远，这些唐末大臣身家性命俱系于其一念之间，螳臂当车之举非不能为，实不敢为。如杨涉，杨收之孙，"世守礼法，而性特谨厚，不幸遭唐之乱。拜相之日，与家人相对泣下，顾谓其子凝式曰：'吾不能脱此网罗，祸将至矣，必累尔等。'"③ 在禅让仪式上，杨涉为押传国宝使，其子凝式谏道："'大人为宰相，而国家至此，不可谓之无过，而更手持天子印绶以付他人，保富贵，其如千载之后云云何？其宜辞免之。'时太祖恐唐室大臣不利于己，往往阴使人来探访群议，搢绅之士及祸甚众，涉常不自保，忽闻凝式言，大骇曰：'汝灭吾族。'于是神色沮丧者数日。凝式恐事泄，即日遂佯狂，时人谓之'杨风子'也。"④ 由此，我们是否还可以说唐末入后梁且出仕的大量文人都是无节操的小人？恐怕应从历史和人性的角度来分析文人身当其中

---

① 《新五代史》卷三十五，第376页。
② （宋）王应麟撰，翁元圻注《困学纪闻》，世界书局，1937，第905页。
③ 《新五代史》卷三十五，第377页。
④ 《五代史补》卷一"杨凝式佯狂"条，第67~68页。

的无奈可能更为客观公正一些。

　　唐亡时还有一部分普通文人，他们可能没有多高仕进的理想，也没有特别大的出仕压力，不过是顺应潮流、善识时务地游走于地方政权之间，以寻求个人仕进利益的最大化。如翁承赞，曾于唐昭宗天祐元年（904）年以右拾遗使闽，册封王审知为琅琊郡王；又于后梁开平三年（909）以户部员外郎使闽，册封王审知为闽王。在途中作有《奉使封王次宜春驿》，云："微宦淹留鬓已斑，此心长忆旧林泉。不因列土封千乘，争得衔恩拜二天。"① 诗中以自己能够风光地奔走于南北两个地方强权中而庆幸。对此，韩偓有《余卧疾深村闻一二郎官今称继使闽越笑余迂古潜于异乡闻之因成此篇》一诗，叙及翁承赞二次使闽事："枕流方采北山薇，驿骑交迎市道儿。雾豹只忧无石室，泥鳅唯要有洿池。不羞莽卓黄金印，却笑羲皇白接篱。莫负美名书信史，清风扫地更无遗。"② 诗题中"笑余迂古"者正是这位使闽文人翁承赞。翁承赞讥笑不求仕进的韩偓"迂古"，即不识时务，并以在强权中出仕为荣；而韩偓看来正是其无节操的表现，故嘲其"不羞"，最后会落得个名声扫地的结局。当然，二人所处境遇不同，仕进之心自然有很大区别。翁承赞这次入闽后，留闽为福建盐铁副使，后入闽相，大兴文教，造福一方。《十国春秋》载："承赞劝太祖建四门学，以教闽士之秀者。"③ 再如郑良士，《十国春秋》载其："博学，善属文。唐昭宗景福二年，献诗五百篇，授国子四门博士，累迁康、恩二州刺史，兼御史中丞。天复元年，弃官归隐。贞明元年，应太祖辟命，转左散骑常侍。"④ 可见其在仕和隐的处理上较识时务，能够顺应潮流，获得较好的仕宦结果。

　　总的说来，唐亡后出仕各地方政权的文人之仕进心态有上述三

---

① 《全唐诗》卷七〇三，第8165页。
② 《韩偓诗集笺注》卷二，第120页。
③ 《十国春秋》卷第九十五，第1376页。
④ 《十国春秋》卷第九十五，第1378～1379页。

种。这些心态在具体到每一文人时，还会受到两个宏观因素的影响，一是地方政权统治者对待文人的态度，二是文人自身的来源地。以王闽政权来说，王审知平民出身，俭朴节约，好文礼士，《十国春秋》论曰："昭武立国，宾至如归，唐衣冠卿士跋涉来奔，若李洵、韩偓……"① 这样，唐末闽地文人于唐亡后多归依故乡，在战乱中寻找到了难得的乡情。再如前蜀政权，《资治通鉴》卷二六六"太祖开平元年"载："蜀主虽目不知书，好与书生谈论，粗晓其理。是时唐衣冠之族多避乱在蜀，蜀主礼而用之，使修举故事，故其典章文物有唐之遗风。"② 但入前蜀政权的文人却大多不是蜀地人，这与闽有很大不同。原因在于蜀地一直是被唐人视为可避战乱的安全之地，玄宗、僖宗曾避居其地；再加上西川节度使驻地成都一直是唐代数一数二的大镇，当时就有"扬一益二"的说法，故中原士人于战乱中多奔往蜀中。留在中原的文人若出仕的话绝大多数入了后梁政权，这部分文人主要是北方人，家在南方的文人大多于此时避乱回乡。

对唐末文人来说，身当唐亡这一近三百年未有之变局，心中感受是难以名状的。唐王朝有过辉煌的历史，多少文人在她的感召下付出了一生的年华去追求建功立业的梦想！她又让多少文人成就功业而青史流芳！唐王朝有过濒临灭亡的危难关头，但她还是在仁人志士的拼力挽救下回到了历史的正轨；但这一次不同以往，内忧外患令其日趋末路并最终走完了其历史进程。唐末文人面对自己为之奋斗的王朝轰然倒塌，错愕、彷徨、伤感之余，开始思索自己的人生出路。深受儒家思想教育的文人当此关乎自己人生命运的重大抉择时，独善其身还是兼济天下的矛盾可能一直是大多数文人心中真实的写照。独善其身者可能心存忠义，但唐末并不是一个推崇忠义的时代。洪迈评价唐末文人道："唐之末世，王纲绝纽，学士大夫

---

① 《十国春秋》卷第九十五，第1372页。
② 《资治通鉴》，第8685页。

第六章 晚唐三大政治变故之际文人仕进心态

逃难解散,畏死之不暇。非有扶颠持危之计,能支大厦于将倾者,出力以佐时,则当委身山樔,往而不反,为门户性命虑可也。"① 虽有以偏概全之嫌,但不无道理。《旧唐书》卷二十下《哀帝本纪》道:

> 史臣曰:悲哉! 土运之将亡也,五常殆尽,百怪斯呈,宇县瓜分,皇图瓦解。昭宗皇帝英猷奋发,志愤陵夷,旁求奇杰之才,欲拯沦胥之运。而世途多僻,忠义俱亡,极爵位以待贤豪,螫珍奇而托心腹。殷勤国士之遇,罕有托孤之贤,豢丰而犬豕转狞,肉饱而虎狼逾暴。五侯九伯,无非问鼎之徒;四岳十连,皆畜无君之迹。虽萧屏之臣扼腕,岩廊之辅痛心,空衔毁室之悲,宁救丧邦之祸?②

这也许是对唐末忠义道丧的最好刻画,上文所论的心存忠义而耻事强藩文人是值得后世称道的,但这远远不够。在战乱频仍、民不聊生的乱世之中,那些虽出仕地方强权却具有兼济之心的文人可能更值得推崇。兹举数例:

> 时有县令扰民者,庄为高祖草牒曰:"正当凋瘵之秋,好安凋瘵;勿使疮痍之后,复作疮痍。"一时以为口实。③
> 先是,峡上有堰,或劝高祖宜乘江涨决之,以灌江陵,文锡谏曰:"高季昌不服,其民何罪? 陛下方以德怀天下,忍以邻国之民为鱼鳖食乎!"高祖乃止。④
> 王初授镇海节度,命沈崧草谢表,盛言浙西繁富,以示隐,隐曰:"今浙西兵火之余,日不暇给;朝廷执政,方切贿

---

① 《容斋随笔·续笔》卷十四《卢知猷》,第 382 页。
② 《旧唐书》,第 812 页。
③ 《十国春秋》卷第四十,第 590 页。
④ 《十国春秋》卷第四十一,第 609 页。

赂。此表入奏,岂无意要求耶?乃请更之。略曰:'天寒而麋鹿常游,日暮而牛羊不下。'"朝廷见之曰:此罗隐之词也。①

高祖继立,首言刺史不宜用武流,当广延中州人士置之幕府,选为刺史,俾宣政教,则民受其福,从之。②

上述韦庄、毛文锡、罗隐、杨洞潜等唐末文人,于唐亡后继续出仕于地方政权。他们于乱世中并没有独善其身,而是积极仕途,心怀仁义,为苍生福祉进言,实为唐末文人之榜样。

小结

其一,晚唐牛李党争、唐末战乱、唐朝灭亡三大政治变故对社会人心造成了巨大冲击,并直接影响文人仕进心态和文学创作。本章以此作为研究背景,既是个案与整体的结合,也是将全文的研究推向纵深,并形成整体纵向性的收束。

其二,牛李党争是一场源于政治利益纷争而形成的官员群体性参与的内耗性派系斗争。在党争发展过程中,牛党人物插手科场,多行不法之事,杨虞卿兄弟、令狐绹父子是突出代表。这样,文人们多选牛党人物作为干谒对象,以图仕进成功。反观李党魁首李德裕,由于其施政方略上有意对浮华朋比的进士科大加改革,再加上其个人持身端正,故投文干谒者很少。在党争成败之际,文人仕进心态表现不一:一是见风使舵,言辞乖常。典型者如杜牧,他出自个人仕宦前景、个人恩怨、家庭利益的考虑对李德裕大加挞伐。二是坚守信念,不图巧进。李商隐、温庭筠在李党全面失势之际,不改初衷,政治操守上表现出可贵的进步意义。三是只求仕进,无意牛李。下层文人如赵嘏者,以个人仕进为第一要务,无缘或无意去

---

① 《五代诗话》五卷,第223页。
② 《十国春秋》卷第六十二,第888页。

关注牛李之间的纷争。

其三,唐末战乱,民不聊生。人民起义期间,文人仕进心态复杂,其中皮日休的遭遇最受论者关注。从周朴、刘允章、罗隐、司空图、崔致远等人对起义军的敌视可知,皮日休应该是被动卷入黄巢军中。其间他的思想有可能倾向义军一方,甚至有过仕进的愿景,最终极有可能是被唐廷诛杀。藩镇战乱期间,文人仕进心态不一而足:一是犹疑求进,如履薄冰。罗隐入幕吴越钱氏,并非君臣遇合的佳话,从吴融、章鲁封、吴仁璧的遭遇中可以推测,罗隐是迫于压力、委曲求全的。二是卷入战争的文人,突出的如杜荀鹤、殷文圭、杨夔等人,他们游走于强藩大镇之间,冒死求进,功名利禄之心并未完全泯灭。

其四,唐亡后文人散处各地方政权,未仕者心态有三:避乱、避祸、耻事强藩。郑谷避乱而不仕,司空图、韩偓避祸而不仕。耻事强藩者在吴越、闽、蜀、荆南均有,正统思想的影响起了决定作用。出仕者有积极主动者,如韦庄、黄滔,为了延续未竟的仕进梦想,他们交好府主,锐意前程;有消极被动者,如杨涉等六臣,为了全身避祸,不得不屈事朱梁;有游走地方政权以求仕进利益最大化者,如翁承赞,出入梁闽,两面逢源。乱世之中,积极仕途者只要心怀仁义,为苍生福祉建言,其行为还是值得肯定的。

馀　论

　　文人仕进心态，受各种自然和社会因素影响。晚唐作为一个特定的时期，是"唐宋变革"之际关键的一段。[①] 唐宋变革完成了中国古代社会一次大的转型，传统的门阀贵族等权势阶层逐渐退出了历史舞台，平民阶层开始崭露头角，并通过努力进入统治的上层。这一历时近两百年的历史变革，晚唐可以说是黎明前最为黑暗的时期。此时文人的仕进艰难程度超过初、盛、中唐时期，仕进制度的不完善并由此引发的各种弊端空前爆露出来，这主要表现在如下方面。

一　仕进话语权大多为科举既得利益者所把持

　　晚唐仕进多门，但与文人密切相关的则集中于科举一途。科举制度的不完善，使得文人在追求仕进的每一个环节都会受到非才学因素的干扰。在求贡过程中，尽管有藩镇重金解送文人的记录，但这只是个案，没有普遍意义。绝大部分时期，文人能否被解送取决于地方长官的个人意志，经济上的支持更是无原则性可言，仕进的话语权及经济支持完全掌控在这些权要手中，社会政治、经济资源

[①] "唐宋变革"说，最先由日本内藤湖南提出，此后日本和中国学者多有批判和发明，用力甚多。该说核心观点认为唐宋之际，中国社会在政治、经济、文化等各方面发生了重大变革，是中国中古社会向近古社会过渡的转型时期。

余 论

的分配一直处于无序状态。求贡既遂后的求第过程更是仕进话语权人较量权势、比拼关节的重要舞台。科举既得利益者多为高门权要，他们控制了文人仕进之路，出自地域、家族、党派利益的考虑，多行拉拢心腹、排斥异己的勾当。晚唐科场公道的存在是有一定的时间和范围的，皇权的偶尔介入也只是在矛盾激化的时候，晚唐有限的几次寒士受到优待的记载，恰恰从反面说明了其余时期举场潜规则的大行其道。

二 文人仕进心态的世俗功利性大大得以强化

强权把持的仕进之路，一方面弱化了文人积极入世、济世为民的仕进理想，另一方面却又强化了他们入仕求俸、高居要路的世俗心态。纵览晚唐诗文，我们不难发现，文人们直言不讳地渴求功名利禄，其中哀伤和企羡心态被大大地渲染和夸张了；而关注民生疾苦、直面黑暗现实的作品较之盛中唐时已大为减少。这样，晚唐曹邺、皮日休、陆龟蒙、罗隐、聂夷中、杜荀鹤等人文集中为数不多的批判现实类作品才显得尤为珍贵，但这些呐喊面对末世狂欢的奢靡统治者来说又是多么乏力！何况上述文人本身也难免在追求仕进的道路上弯下他们曾经挺直的腰杆，又如何能够将这些呐喊变成时代的强音而发聋振聩？

三 文人人生价值观念大幅度地蜕变

晚唐为多事之秋，牛李党争、唐末战乱、唐朝灭亡这三大政治变故中包含了大大小小无数次事件，其中不乏诸多文人灰暗甚而丑陋的身影。牛李党争中，钩心斗角的双方主要是文人，成败双方最为获利和最为遭殃者也均是文人。此时此际，修齐治平的儒家仁义济世观念早已蜕变为你死我活的尔虞我诈。唐末战乱中，坚守统治者阵营的文人固然不值得推崇，加入起义队伍的文人也不见得值得完全肯定。这些卷入战乱的文人出自各自不同的仕进之心，选择了自己的人生道路，人生价值观念已大幅度蜕变为赤裸裸的功利追

求，苍生黎元已渐次抛至脑后。唐朝灭亡是对文人人生价值观念的一次极大考验，在这一重大变故中，随遇而安、树倒猢狲散的心态占据了主流，坚守理想而不委屈心志者寥若晨星。

仕进制度的弊端，使得官员多所选非人。这自然引发晚唐文官群体整体济世情怀的缺失，尸位素餐、大言不惭、浮华朋比者充斥朝堂，少数坚守节操、为民请命者被当作异类遭到打压。张扬个性、崇尚事功的盛唐仕风在晚唐官场再难出现，代之而起的是内敛谨微、明哲保身的为官心态。这些官场习气大大阻碍了政令的推行，一个不能有效运转的政体只能坐以待毙。

仕进制度本身的不完善是造成弊端的直接原因，但不是根本原因。根本原因实际上在于晚唐统治者自身的腐朽和内外交困的社会现实。在这样的仕进困局中，大量的平民文人身当其中，他们的利益受到冲击和损害也就在所难免，各种仕进心态的生成也就找到了较为恰当的解释。不平则鸣乃人之常情，文人们用其最为擅长的文学创作形式表达内心在仕进之途上的种种感受。本文的研究正是基于仕进心态与文学创作二者关系之上，同时又期待有更新的研究拓展空间：一是将晚唐文人的仕进心态研究延伸至五代时期，希望从更为具体的个案入手，认识唐五代至宋这一时代转型期间文人求进之心态。二是将晚唐文人仕进心态研究不仅仅运用传统的文史结合的方法，而是向其他学科如社会学、心理学方面推进，既从宏观的视角把握这一段历史进程，又从微观的角度去求证"唐宋变革"时期先贤们做出的种种推论和假设。三是古为今用。希望能借助这一历史变革前夕文人仕进心态的研究成果，探究我国历史不同阶段对这一社会最为活跃、变动也最为频繁的文人阶层是如何管理的，其间成败得失，我们又能如何赋予其新的时代意义，做到知古而鉴今。正所谓长路漫漫而求索未止！

附 录

晚唐文人于唐亡后散处地方政权者简表

地方政权	姓 名	仕宦成就	备 注
梁	张文蔚	曾相昭宗	河间人,多救朝士
	杨 涉	曾相哀帝	
	张 策	入相	河西敦煌人,唐末中书舍人、翰林学士
	赵光逢	入相	唐末吏部侍郎、太常卿
	薛贻矩	入相	河东闻喜人,翰林学士承旨、吏部尚书、御史大夫。
	苏 循	未仕	媚梁未得进,入晋
	苏 楷	未仕	苏循子,媚梁未得进,入晋
	杜 晓	入相	唐相杜让能子,仕唐为翰林学士,梁时死于乱兵中
	敬 翔	入相	唐末举子
	李 振	户部尚书、崇政院使	唐末举子,仕梁为台州刺史
	李殷衡	右补阙	后入仕南汉为相
	李 珽	右散骑常侍	河西敦煌人,唐末登第
	李 琪	入相	李珽弟,天复元年中博学宏词科,官殿中侍御史
	孙 鹭	左散骑常侍	公乘亿婿,被杀
	张 俊	盐铁判官、礼部郎中	唐末万年令
	张 衍	右谏议大夫	唐末登第,官翰林学士
	罗 衮	吏部侍郎	大顺元年登第,曾与苏楷一同驳昭宗谥
	翁承赞	右谏议大夫充福建盐铁副使	福唐人,乾宁三年登第,唐户部员外郎,仕梁为谏议大夫,入闽为相

续表

地方政权	姓名	仕宦成就	备注
梁	罗绍威	唐末魏博节度使	喜诗,慕罗隐诗名,有《偷江东集》
	路德延	河中节度使朱友谦掌书记	光化元年登第,路岩侄,被杀
	刘赞	崇政殿学士	桂阳人,宰相刘瞻子,登第
	裴说	补阙、礼部员外郎	桂州人,天祐三年状元
	裴谐	桂岭假官宰	裴说弟
	司空图	不仕	河中人,咸通中登第,官礼部郎中
	薛廷珪	礼部尚书	中和进士,昭宗时礼部侍郎
	卢文纪	刑部侍郎、集贤殿学士	京兆人,祖卢简求、父卢嗣业,入后唐为御史中丞
	吴蔼	未详	光化二年登第
	于兢	入相	曾官唐补阙
	姚洎	翰林学士、兵部尚书、知贡举	唐末翰林学士
	韩定辞	尚书祠部郎中	唐末诗人
	王易简	左拾遗	唐末举子,梁乾化中登第
晋	卢汝弼	节度副使	范阳人,景福中登第
	苏循	节度副使	媚梁未得进,入晋
	苏楷	后唐时为尚书员外郎	苏循子,媚梁未得进,入晋
吴	殷文圭	翰林学士	乾宁中登第,池州人
	杨夔	入幕田頵,又依歙州刺史陶雅	袁州宜春人
	沈文昌	节度牙推	湖州人
	沈颜	翰林学士	天复登第,官校书郎
	康骈(一作"軿")	入幕田頵	池州人,乾符五年登第,官校书郎
	王希羽	入幕田頵	天复元年登第,时年七十三岁
	徐延休	江都少尹	乾符中登第
	游恭	知制诰	建安人,唐末登第
	孙鲂	宗正郎	
	郑谷	不仕	袁州人,光启二年登第,官都官郎中
	王贞白	不仕	信州永丰人,乾宁二年登第,官校书郎

附录

续表

地方政权	姓名	仕宦成就	备注
前蜀	冯涓	御史大夫	大中四年宏辞进士登第，昭宗进为祠部郎中、眉州刺史
	周庠	入相	唐龙州司仓
	韦庄	入相	杜陵人，乾宁登第，任左补阙，奉使入川
	张格	入相	河间人，唐左仆射张濬子，蜀亡降后唐
	许寂	入相	会稽人，曾入道
	王锴	入相	奉使入川
	毛文锡	礼部尚书	高阳人，年十四登第，蜀亡降后唐，又事后蜀
	毛文晏	翰林学士、兵部侍郎	毛文锡弟
	张道古	武部郎中、耻事强藩	沧州人，景福中登第，官右拾遗
	李仁表	刑部侍郎	唐末投诗薛能，招为婿
	侯翩	节度判官、掌书记	成都人，光启中判拔萃出身，官中书舍人、翰林学士
	王保晦	翰林学士承旨	阆州人，与岐王超并称"二王"，善笺奏
	卢延让	刑部侍郎	范阳人，光化中登第
	张蠙	金堂令	清河人，乾宁中登第，官犀浦令
	刘隐辞	王宗宪甯江节度掌书记	
	陈詠	未仕	唐末登第
	牛峤	给事中	乾符五年登第，官拾遗、补阙
	牛希济	翰林学士、御史中丞	牛峤侄，后降后唐
	陈陶	未仕	入蜀后曾与贯休游处
南汉	赵光裔	入相	光启三年登第
	杨洞潜	入相	唐末邕管巡官
	李殷衡	入相	曾仕梁为右补阙
	倪曙	入相	中和五年及第
	何泽	从事	韶州曲江人
	刘濬	入相	
	陈用拙	知制诰	连州人，天祐中登第，恶朱全忠所为，南归
	王定保	入相	光化三年登第
	周杰	司天监	开成中登第
	赵损	入相	赵光裔长子
	黄损	尚书、左仆射	连州人，梁初登第

续表

地方政权	姓名	仕宦成就	备注
楚	戴偃	未仕	金陵人,唐末避乱于湘阴,上书谏楚王,被逼死
	朱葆光	未仕	
	颜尧	未仕	昭宗时官中书舍人
	李涛	未仕	
吴越	罗隐	谏议大夫、给事中、发运使	新城人,十上不第,归依吴越钱氏
	章鲁风	苏州刺史	桐庐人,唐末入钱氏幕
	沈崧	掌书记、浙西营田副使、入相	闽人,乾宁二年登第
	皮光邺	两浙观察使、入相	皮日休子
	皮光鄴	温州刺史	皮光邺弟
	方昊	不仕	青溪人,唐亡耻非所仕,隐居不受召
	孙郃	不仕	明州奉化人,唐末为左拾遗
	谢鄂	不详	唐末举子
闽	韩偓	不仕	京兆人,唐龙纪元年登第,唐兵部侍郎承旨
	崔道融	未仕而卒	唐右补阙
	杨沂丰	汀州士曹参军	唐宰相杨涉从弟,被杀
	王淡	幕职	
	李洵	未详	
	王标	未详	
	夏侯淑	未详	
	杨承休	未详	
	王滌	未详	
	王拯	未详	
	杨赞图	未详	
	王倜	未详	
	归传懿	未详	
	黄滔	节度推官	泉州莆田人,乾宁二年登第,唐四门博士
	徐寅	掌书记	莆田人,乾宁登第
	陈郯	幕职	
	倪曙	幕职	后入南汉
	翁承赞	入相	福唐人,乾宁三年登第,唐户部员外郎,仕梁为谏议大夫
	刘山甫	节度判官	彭城人

续表

地方政权	姓　名	仕宦成就	备　　注
闽	郑良士	左散骑常侍	仙游人,唐康、恩州刺史
	章仔钧	持节高州诸军事	浦城人
	王绩缋	耻事强藩,不仕	福唐人
	杨廷式	屡征不出,不仕	泉州人,唐明经登第,太子舍人
	翁郜	耻事二姓,不仕	长安人,唐尚书左仆射、河西节度使
	黄岳	宁死不仕	福州人,唐末由乡贡入太学
	陈乘	幕客	仙游人,乾宁初登第,秘书郎
	刘赞	御史中丞	据全唐诗小传
荆南	王保义	平江军节度使	江陵人
	司空薰	幕客	司空图族子
	梁震	耻事强藩,白衣侍主	唐末登第
	孙光宪	节度副使	唐时为陵州判官
	李载仁	郎中	唐室远裔

说明:

1. 本表主要根据清吴任臣《十国春秋》和《旧五代史》、《新五代史》等史料进行统计,同时还参阅了其他相关史料和笔记材料。

2. 为避烦冗,仕宦成就一般记在地方政权最高职事官名,加、试、兼官则不记;若无职事官,则记加、试、兼官名。

3. 备注中记籍贯、科第、唐亡前履历及其他有关事由。登第若无特别注明,皆为登进士第。有明确籍贯者,均加以注明。

4. 唐时僧人能文者众,唐亡之际入地方政权者很多,论文中已就僧人仕进心态作了简述,且与本节论题关系不大,为求统计的简明扼要,故不录。

参考文献

班固撰，颜师古注《汉书》，中华书局，1962。
刘昫等撰《旧唐书》，中华书局，1975。
欧阳修、宋祁撰《新唐书》，中华书局，1975。
司马光撰《资治通鉴》，中华书局，1956年点校本。
李林甫等撰，陈仲夫点校《唐六典》，中华书局，1992。
杜佑撰《通典》，中华书局，1984。
宋敏求撰《唐大诏令集》，中华书局，2008。
薛居正等撰《旧五代史》，中华书局，1976年点校本。
欧阳修撰，徐无党注《新五代史》，中华书局，1974。
吴任臣撰，徐敏霞、周莹点校《十国春秋》，中华书局，1983。
路振撰《九国志·附拾遗》，中华书局，1985。
陶懋炳撰《五代史略》，人民文学出版社，1985。
陶岳：《五代史补》，《丛书集成续编》第274册，台北新文丰出版公司，1989。
王溥撰《唐会要》，上海古籍出版社，2006。
裴庭裕撰，田廷柱点校《明皇杂录·东观奏记》，中华书局，1994。
何光远撰《鉴戒录》，中华书局，1985。

参考文献

王谠撰，周勋初校正《唐语林校正》，中华书局，2008。

钱易撰，黄寿成点校《南部新书》，中华书局，2002。

马端临撰《文献通考》，中华书局，1986。

徐松撰，赵守俨点校《登科记考》，中华书局，1984。

孟二冬补正《登科记考补正》，北京燕山出版社，2003。

〔朝〕金富轼著，孙文范校勘《三国史记》，吉林文史出版社，2003。

傅璇琮主编《唐才子传校笺》（1～4册），中华书局，1990。

傅璇琮主编《唐才子传校笺·补正》（第五册），中华书局，1995。

董诰等编《全唐文》，中华书局，1983。

陈鸿墀撰《全唐文纪事》，中华书局，1959。

陈尚君编《全唐文补编》，中华书局，2005。

彭定求等编《全唐诗》，中华书局，1999。

计有功撰，王仲镛校笺《唐诗纪事校笺》，中华书局，2007。

鲁迅辑《唐宋传奇集》，文学古籍刊行社，1955。

李昉等编《文苑英华》，中华书局，1966。

李昉等编，汪绍楹点校《太平广记》，中华书局，1961。

王钦若等编《册府元龟》，中华书局，1960。

周绍良、赵超主编《唐代墓志汇编》，上海古籍出版社，1992。

周绍良、赵超主编《唐代墓志汇编续集》，上海古籍出版社，2001。

李德裕著，傅璇琮、周建国校笺《李德裕文集校笺》，河北教育出版社，2000。

许浑著，罗时进笺证《丁卯集笺证》，江西人民出版社，1998。

李商隐著，冯浩笺注《玉谿生诗集笺注》，上海古籍出版社，1979。

李商隐著，刘学锴、余恕诚校注《李商隐文编年校注》，中华书局，2002。

杜牧著，陈允吉校点《樊川文集》，上海古籍出版社，1978。

杜牧著，欧阳灼校注《杜牧集》，岳麓书社，2001。

温庭筠著，刘学锴校注《温庭筠全集校注》，中华书局，2007。

赵嘏著，谭优学注《赵嘏诗注》，上海古籍出版社，1985。

曹邺著，梁超然、毛水清注《曹邺诗注》，上海古籍出版社，1985。

皮日休著，萧涤非整理《皮子文薮》，上海古籍出版社，1981。

陆龟蒙著，宋景昌、王立群点校《甫里先生文集》，河南大学出版社，1996。

罗隐著，雍文华校辑《罗隐集》，中华书局，1983。

罗隐著，潘慧惠校注《罗隐集校注》，浙江古籍出版社，1995。

郑谷著，傅义校注《郑谷诗集编年校注》，华东师范大学出版社，1993。

韦庄著，聂安福笺注《韦庄集笺注》，上海古籍出版社，2002。

司空图著，祖保泉、陶礼天笺校《司空表圣诗文集笺校》，安徽大学出版社，2002。

黄滔著《莆阳黄御史集》，中华书局，1985年影印本。

韩偓著，齐涛笺注《韩偓诗集笺注》，山东教育出版社，2000。

胡嗣坤、罗琴编著《杜荀鹤及其〈唐风集〉研究》，四川出版集团巴蜀书社，2005。

颜之推撰，余金华注《颜氏家训》，华夏出版社，2002。

《唐五代笔记小说大观》，上海古籍出版社，2000。

参考文献

阮阅撰，周本淳校点《诗话总龟》，人民文学出版社，1987。

尤袤撰《全唐诗话》，中华书局，1985。

洪迈撰《容斋随笔》，上海古籍出版社，1996。

郑樵撰《通志略》，上海古籍出版社，1990。

高棅撰《唐诗品汇》，上海古籍出版社，1982。

胡应麟撰《诗薮》，上海古籍出版社，1979。

胡震亨撰《唐音癸签》，上海古籍出版社，1981。

胡震亨撰《唐诗谈丛》，中华书局，1985。

王夫之撰《读通鉴论》，中华书局，1975。

王士祯原编，郑方坤删补，戴鸿森校点《五代诗话》，人民文学出版社，1989。

纪昀：《四库全书总目》，中华书局，1965。

〔法〕丹纳：《艺术哲学》，人民文学出版社，1963。

〔美〕包弼德著《斯文：唐宋思想的转型》，刘宁译，江苏人民出版社，2001。

陈寅恪：《隋唐制度渊源略论稿　唐代政治史论述稿》，三联书店，2001。

陈寅恪：《金明馆丛稿二编》，三联书店，2001。

陈寅恪：《元白诗笺证稿》，三联书店，2001。

程千帆：《唐代进士行卷与文学》，上海古籍出版社，1980。

钱穆：《国史大纲》，商务印书馆，1996。

岑仲勉：《唐史余沈》，中华书局，2004。

黄留珠：《秦汉仕进制度》，西北大学出版社，1985。

韩国磐：《隋唐五代史论集》，三联书店，1979。

黄永年：《唐史史料学》，上海书店出版社，2002。

阎文儒：《唐代贡举制度》，陕西人民出版社，1989。

阎步克：《察举制度变迁史稿》，辽宁大学出版社，1991。

黄正建主编《中晚唐社会与政治研究》，中国社会科学出版社，2006。

余英时：《士与中国文化》，上海人民出版社，2003。

贺仲明：《中国心像》，中央编译出版社，2002。

谢海平：《唐代留华外国人生活考述》，台湾商务印书馆，1978。

石云涛：《唐代幕府制度研究》，中国社会科学出版社，2003。

童庆炳：《中国古代诗学心理透视》，天津百花文艺出版社，1993。

罗宗强：《隋唐五代文学思想史》，上海古籍出版社，1986。

傅锡壬：《牛李党争与唐代文学》，台北东大图书有限公司，1984。

周祖譔《中国文学家大辞典》（唐五代卷），中华书局，1992。

周勋初：《唐人笔记小说考索》，江苏古籍出版社，1996。

陈尚君：《唐代文学丛考》，中国社会科学出版社，1997。

高明士：《隋唐贡举制度》，台北文津出版有限公司，1999。

谭优学：《唐诗人行年考》，四川人民出版社，1981。

谭优学：《唐诗人行年考续编》，巴蜀书社，1987。

王炎平：《牛李党争——中唐中枢政权的倾轧》，西北大学出版社，1996。

吴宗国：《唐代科举制度研究》，辽宁大学出版社，1997。

丁鼎：《牛僧孺年谱》，辽海出版社，1997。

傅璇琮：《唐五代文学编年史》（晚唐卷），辽海出版社，1998。

傅璇琮：《李德裕年谱》，河北教育出版社，2001。

傅璇琮：《唐代科举与文学》，陕西人民出版社，2003。

傅璇琮：《唐翰林学士传论》（晚唐卷），辽海出版社，2007。

卞孝萱：《唐传奇新探》，江苏教育出版社，2001。

王勋成：《唐代铨选与文学》，中华书局，2001。

陶敏、李一飞：《隋唐五代文学史料学》，中华书局，2001。

毛汉光：《中国中古社会史论》，世纪出版集团、上海书店出版社，2002。

毛蕾：《唐代翰林学士》，中国社会科学文献出版社，2000。

贾晋华：《唐代集会总集与诗人群研究》，北京大学出版社，2001。

刘宁：《唐宋之际诗歌演变研究》，北京师范大学出版社，2002。

傅道彬，陈宏：《歌者的悲欢——唐代诗人的心路历程》，河北大学出版社，2001。

程国赋：《唐代小说与中古文化》，台北文津出版社，1999。

程国赋：《唐五代小说的文化阐释》，人民文学出版社，2002。

张兴武：《五代作家的人格与诗格》，人民文学出版社，2000。

张兴武：《五代十国文学编年》，人民文学出版社，2001。

李浩：《唐代三大地域文学士族研究》，中华书局，2002。

李浩：《唐代关中士族与文学》，中国社会科学出版社，2003。

陈飞：《唐代策试研究》，中华书局，2002。

李德辉：《唐代交通与文学》，湖南人民出版社，2003。

戴伟华：《地域文化与唐代诗歌》，中华书局，2006。

戴伟华：《唐代文学综论》，商务印书馆，2006。

戴伟华：《唐代使府与文学研究》，广西师范大学出版社，2007。

戴伟华：《唐方镇文职僚佐考》，广西师范大学出版社，2007。

赖瑞和：《唐代基层文官》，台北联经出版事业股份有限公司，2004。

赖瑞和：《唐代中层文官》，台北联经出版事业股份有限公司，2008。

吴在庆：《唐代文人与唐诗考论》，厦门大学出版社，2006。

吴在庆：《唐代文人的生活心态与文学》，黄山书社，2006。

查屏球：《唐学与唐诗——中晚唐诗风的一种文化考察》，商务印书馆，2000。

查屏球：《从游士到儒士——汉唐士风与文风论稿》，复旦大学出版社，2005。

俞钢：《唐代文言小说与科举制度》，上海古籍出版社，2004。

李福长：《唐代学士与文人政治》，齐鲁书社，2005。

景遐东：《江南文化与唐代文学研究》，人民出版社，2005。

黄云鹤：《唐宋下层士人研究》，湖北人民出版社，2006。

尚永亮：《唐五代逐臣与贬谪文学研究》，武汉大学出版社，2007。

张少康：《司空图及其诗论研究》，学苑出版社，2005。

李定广：《唐末五代乱世文学研究》，中国社会科学出版社，2006。

胡可先：《唐代重大历史事件与文学研究》，浙江大学出版社，2007。

彭万隆：《唐五代诗考论》，浙江大学出版社，2006。

王秀林：《晚唐五代诗僧群体研究》，中华书局，2008。

查明昊：《转型中的唐五代诗僧群体》，华东师范大学出版社，2008。

金滢坤：《中晚唐五代科举与社会变迁》，人民出版社，2009。

孙国栋：《唐宋之际社会门第之消融》，《新亚学报》第4卷第1期（1959年8月）。

赵昌平：《从郑谷及其周围诗人看唐末至宋初诗风动向》，《文学遗产》1987年第3期。

周勋初：《"芳林十哲"考》，《唐代文学研究》第二辑，广西师范大学出版社，1990。

尹占华：《唐代文人社会地位的变迁与文学的发展》，《青海社会科学》1990年第1期。

董乃斌、程蔷：《唐代的士风演变与时代迁易》，《中国社会科学院研究生院学报》1994年第1期。

薛天纬：《干谒与唐代诗人的心态》，《唐代文学研究》第五辑，广西师范大学出版社，1994。

宁欣：《论唐代荐举》，《历史研究》1995年第4期。

戴伟华：《唐代使幕文人心态试析》，《扬州师院学报》1996年第3期。

戴伟华：《唐代文学与幕府关系的研究》，《淮阴师范学院学报》2000年第2期。

戴伟华：《交叉学科中的古代文学研究》，《社会科学战线》2001年第6期。

杨伟：《试论我国古代仕进制度演变的思想脉络》，《甘肃社会科学》1995年第5期。

余恕诚：《晚唐两大诗人群落及其风貌特征》，《安徽师范大学学报》1996年第2期。

欧明俊：《花间词与晚唐五代社会风气及文人心态》，《福建师范大学学报》1996年第3期。

许总：《论唐末社会心理与诗风走向》，《社会科学战线》1997年第1期。

臧清：《论唐末诗派的形成及其特征——以咸通十哲为例》，《文学评论》1997年第5期。

葛晓音：《论初盛唐文人的干谒方式》，《诗国高潮与盛唐文化》，北京大学出版社，1998。

李润强：《唐代举子是用传奇行卷的吗——兼论唐代科举与传奇的关系》，《西北师大学报》2001年第3期。

金滢坤：《中晚唐铨选制度变化与科举及第入幕的关系》，《人文杂志》2002年第4期。

金滢坤：《也谈中晚唐五代别头试与子弟之争》，《浙江师范大学学报》2008年第1期。

朱学忠：《唐代士人进取意识的强化与公关意识的自觉》，《江淮论坛》2002年第1期。

党银平：《唐代有无"宾贡科"新论》，《社会科学战线》2002

年第 1 期。

房锐：《从王铎死因看晚唐藩镇之祸及落第士人的心态》，《天津大学学报》2002 年第 1 期。

张伯伟：《"宾贡"小考》，《古典文献研究》第六辑，江苏古籍出版社，2003。

石云涛：《唐后期方镇使府宾主关系与牛李党争》，《许昌学院学报》2003 年第 1 期。

曾大兴：《中国历代文学家的地理分布——兼谈文学的地域性》，《学术月刊》2003 年第 9 期。

党银平：《从崔致远诸文看唐末与新罗的交往关系》，《南京师范大学文学院学报》2004 年第 2 期。

徐兴菊：《论温庭筠的"以文为货"》，《山西师大学报》2004 年第 2 期。

史秀莲：《唐代的"宾贡科"与宾贡之制》，《烟台大学学报》2004 年第 3 期。

宁宗一：《心灵史·心态史·经典文本》，《青年思想家》2005 年第 5 期。

王静：《靖恭杨家——唐中后期长安官僚家族之个案研究》，《唐研究》第十一卷，北京大学出版社，2005

刘浦江：《正统论下的五代史观》，《唐研究》第十一卷，北京大学出版社，2005。

蔡静波、杨东宇：《论晚唐科举与落第士子的心态——以〈北梦琐言〉为例》，《唐都学刊》2005 年第 4 期。

李德辉：《论唐代文人的反叛朝廷倾向》，《湖南科技大学学报》2005 年第 3 期。

亢巧霞、吴在庆：《皮日休及第前后思想和创作特色及原因》，《厦门大学学报》2005 年第 5 期。

张学松：《晚唐诗人在农民起义中的心态表现及命运》，《上海大学学报》2005 年第 9 期。

参考文献

查明昊、司立芳：《唐代僧人与科举》，《西南交通大学学报》2005年第9期。

莫立民：《唐代文学人才的地理分布及成因》，《中州学刊》2006年第5期。

傅剑平：《李商隐与令狐绹关系要论》，《华南师范大学学报》2006年第4期。

赵荣蔚：《杜牧的命运曲线与灵魂本真》，《盐城师范学院学报》2006年第2期。

赵荣蔚：《论晚唐"苦吟"的内蕴流变》，《南京师大学报》2006年第6期。

吴在庆、刘心：《唐代科场弊病略论——以中晚唐数次科场案为例》，《厦门大学学报》2006年第4期。

张红运：《二十世纪唐诗分期研究述略》，《南京社会科学》2006年第6期。

宋宁娜：《李商隐与李德裕》，《南通大学学报》2007年第4期。

李定广：《由诗词关系审视唐五代词的演变轨迹》，《文学评论》2008年第2期。

徐乐军：《论杜牧古文创作功能》，《华北电力大学学报》2008年第1期。

徐乐军：《唐武宣二朝文人干谒对象研究》，《求索》2008年第4期。

尹楚彬：《唐末诗人群体研究》，南京师范大学博士学位论文，1997。

陶绍清：《晚唐赋与科举及铨选之关系研究》，广西师范大学硕士学位论文，2003。

赵红梅：《从在唐新罗人看唐罗民间关系》，延边大学硕士学位论文，2003。

曾维刚：《"咸通十哲"及其诗歌创作研究》，西北师范大学硕

士学位论文，2003。

陈秀宏：《科举制度与唐宋士阶层》，东北师范大学博士学位论文，2004。

滕云：《唐代落第诗研究》，华东师范大学博士学位论文，2005。

吴器：《罗隐研究》，华东师范大学硕士学位论文，2005。

郑晓霞：《唐代科举诗研究》，华东师范大学博士学位论文，2005。

倪文波：《崔致远文学创作研究》，中央民族大学博士学位论文，2006。

王永波：《晚唐皮陆诗人群体研究》，四川大学博士学位论文，2006。

龙丽：《晚唐落第诗研究》，湘潭大学硕士学位论文，2006。

贺叶平：《中晚唐干谒散文研究》，华南师范大学硕士学位论文，2007。

艾炬：《唐末文人心态与创作研究》，山东大学硕士学位论文，2007。

吴玲玲：《唐末农民起义期间的幕府文人与诗歌创作》，陕西师范大学硕士学位论文，2007。

董敏：《唐代寒士研究》，上海师范大学硕士学位论文，2007。

李国栋：《黄滔诗文系年》，华中科技大学硕士学位论文，2009。

后 记

对唐宋文学的喜爱可能始自中师时候吧，那时的课余颇有闲暇，我常抄写和背诵一首首看上去极浪漫的诗词，去满足我这样一个在小县城求学的山里后生青春朦胧的幻梦。可幻梦毕竟是那么短暂，我还没能从县城走向更大的城市，便须回到深山的小学，而后去中学教书了。但冥冥中似乎注定了我的路途，在同龄人都忙着娶妻生子的人生大事时，我仍寒窗苦读，年近而立终于来到了广州。读硕、工作、成婚、生子，又读博。回首一看，青春已渐渐远去，不惑之年方才算是把读书之旅画上一个并不圆满的句号。这本书是在我博士论文的基础上，听取了多位专家意见修改后的成果；尽管心血所凝，仍限于学力而难以尽如人意。然情之所专而觉其美，道有所同不藏其拙，我还是愿意将其奉献给学界。

记得2006年底准备考博时，我的心里充满犹豫：自己年岁已大，工作、家庭事务繁杂，若考上后在职学习，能否坚持得下去？带着这个疑问，我还是走进了考场。复试时，我第一次见到了导师戴伟华先生。虽然此前早就听说过戴师的名字，但乍一见到仍让我有些吃惊：他的年龄并不太大，瘦高个头，江南水乡口音，与我想象中的著名学者形象似乎有些不同。不过9月份一开学上课，我就感觉到戴师渊博的知识和独特的研究方法了。戴师上课时，他的博

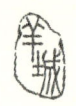

硕士研究生一起参加。他时而高谈阔论，时而谈笑风生，让我这个多年后重回华师母校的学生倍感亲切。大家侍坐于侧，如沐春风。

唐代文学是中国古代文学专业中学者耕耘最多的一块沃土，成果极为丰富。如何从看似成熟的领域中深耕细作然后再有收成，一开始着实令我茫然。好在戴师并未向我提出研究的具体时间表，而是从方法上引导我前行。在戴师的引导下，我感悟到学术研究的价值在于创新，只有富于创见的成果才能真正解决实际研究中碰到的问题。一千多年以来的唐代文学之文本研究已经相当成熟，但在通过文史结合进而解决有关问题这一方法上还存在较大的拓展空间。陈寅恪、傅璇琮等先生文史结合式的相关研究令人瞩目，戴师关于方镇使府与文学关系的研究则是这一方法下结出的丰硕成果。也就是说，要形成对文学作品穿透性的分析，必须将文学的生成环境纳入研究的范畴，这样不仅能形成新的学术增长点，还能从更为宏观的历史背景中去探求文学创作的本来面貌，进而解决一系列文学本身难以回答的问题。基于这一认识，我将学位论文的范围选定在晚唐文士仕进心态与文学创作二者关系的研究上。文章从选题到定稿过程中，都得到了戴师悉心的指导和帮助，我的收件箱中上百封的电子邮件都一一凝聚着他的智慧和心血。仕进心态是封建时代知识分子的主导心态，这一看似平常实则内涵丰富的论题一直以来为人所熟视无睹。戴师在充分肯定这一选题时告诫我必须以作品分析为基础，再结合其他相关材料才能得出可靠的结论。在写作过程中，我按照这一研究原则，尽量多视角地对不同个体进行仕进心态的分析，以免犯因人废言或爱屋及乌式的错误。其间颇多波折，亦多次向戴师讨教，哪怕是看似不起眼的注释、版本、标点等小问题，戴师都不厌其烦地给予解答，使我能按时完成这篇学位论文。

我要特别感谢恩师戴伟华先生。是他不嫌我年岁渐长且资质愚钝将我招至门下，使我获得了难得的学习机会。戴师对我这个特别的学生并未提出什么严格的要求，但他崇高的学者风范和令人高山仰止的气度已是让我丝毫不敢有所懈怠。三年来我夜以继日，独守

后　记

寂寞，哪怕是除夕之夜我也仍然对着电脑苦思冥想。记得2010年春节戴师发来短信且赋诗一首慰问时，我正为如何进一步修改好论文而烦恼。百感交集之余，写下"一杯浊酒堪惆怅，满架诗书牵远思。辛苦稻粱谋划处，文章写在不平时"，以记下心中况味。拙文中的唐人心态业已逝去千年，而今日心态又何尝不是一段让今后痛并快乐着的记忆？名山有径，学海无涯，希望拙文的完稿能报答戴师于万一。同时我还要感谢师母陈秋琴女士。多少次求教于老师家中，师母总是笑脸相迎，从没因我的不时打扰而产生任何不快，显出一位江南女性特有的温婉贤淑之本色。戴师夫妇琴瑟和谐，气质优雅，让我在略显枯燥的学术研究中倍感温馨，令我终生铭记。

我还要感谢多年来在华师求学过程中的诸位老师。我的硕士导师陈新璋先生是一位和蔼可亲的长者。记得1996年9月我一入学，陈老师就询问我在生活上有什么困难，让我这个来自大别山里的贫寒学子心中充满暖意。毕业十余年来，陈老师仍是对我颇多帮助，关爱有加。陈建森先生是我读硕士时的老师，他风趣幽默，上课富有激情，我硕士毕业后多年来一直未曾中断与他的联系，读博期间又得到他的热心指导和帮助，这一切都让我难以忘怀。王国健先生、左鹏军先生、周国雄先生、谢飘云先生、马茂军先生也都是我读硕士和博士期间的老师，他们知识渊博，待人诚恳。能够在这些可亲可敬的老师指导下完成学业，是我人生中一大幸事。

在职学习的三年多时光中，其间甘苦如人饮水，冷暖自知。三年前考回母校读博之际，本该十分高兴，却遭逢我那积劳成疾的苦命二姐凄然离世，令我悲痛万分。年届不惑而事业难成，每当夜深人静、独守孤灯之时，总会想到长眠在遥远故乡的双亲。由于交通不便，十余年来我很少返乡，为数不多的几次扫墓每每让我泪如雨下。尽管天各一方，但我总会感到背后有一双双故乡亲人期待的目光在鼓励着我的远行。读博期间，妻子不顾自身工作的繁重，主动承担了大部分家务，特别是在寒暑假期间带上孩子返回湖南老家，让我能够充分利用这一自由时间埋首学业。爱儿娇小，却相当懂

事，每当我告知他我要看书写文章的时候，他都会静静地走到房门外去玩耍，令我倍感欣慰却又愧疚不已。

毕业后的三年，我还是继续关注这一课题，并不断修改论文，其中部分内容还以单篇论文的形式发表。2010年在这篇学位论文的基础上，我申请到了广东省普通高校人文社会科学研究基金一般项目，可限于条件，一直没能将拙著正式出版。这次，广州市社会科学界联合会能够提供全额的出版资助，令我十分感动。值此交稿之际，我衷心感谢广州市社科联的领导和工作人员，是他们秉公行事，在基础理论学术著作出版无比艰难的情况下，全力支持，使拙著能够付梓。同时也对出版社的编辑老师认真地工作表达真诚的谢意，是你们的辛苦工作，才有这本书的面世。

子夜的校园一片静谧。

头顶的星空寥落高远，脚下的道路却坎坷未平。我想，既然冥冥中注定了多舛的命运，那我只能在纷繁的尘世中踽踽独行。但所谓失之东隅，收之桑榆，或许我能在前方的小径上，觅得一方传说中的净土，以栖息我迷茫的心灵。真的那样，将会是一段美好的行程。

徐乐军
二〇一三年八月二十二日夜
于广州粤垦路寓所

图书在版编目(CIP)数据

晚唐文人仕进心态研究/徐乐军著.—北京：社会科学文献出版社，2014.5
 (羊城学术文库)
 ISBN 978-7-5097-5810-6

Ⅰ.①晚… Ⅱ.①徐… Ⅲ.①文人-政治心理学-研究-晚唐 Ⅳ.①K825.6 ②D0

中国版本图书馆 CIP 数据核字（2014）第 058692 号

·羊城学术文库·
晚唐文人仕进心态研究

著　者／徐乐军

出 版 人／谢寿光
出 版 者／社会科学文献出版社
地　　址／北京市西城区北三环中路甲 29 号院 3 号楼华龙大厦
邮政编码／100029

责任部门／社会政法分社 (010) 59367156　　责任编辑／赵子光　周　琼
电子信箱／shekebu@ssap.cn　　　　　　　　　责任校对／谢　华
项目统筹／王　绯　　　　　　　　　　　　　　责任印制／岳　阳
经　　销／社会科学文献出版社市场营销中心 (010) 59367081　59367089
读者服务／读者服务中心 (010) 59367028

印　装／三河市尚艺印装有限公司
开　本／787mm×1092mm　1/20　　印　张／15.2
版　次／2014 年 5 月第 1 版　　　　字　数／263 千字
印　次／2014 年 5 月第 1 次印刷
书　号／ISBN 978-7-5097-5810-6
定　价／59.00 元

本书如有破损、缺页、装订错误，请与本社读者服务中心联系更换
▲ 版权所有　翻印必究